Rob Eagar mira las relaciones a través de la... ..... del amor y la aceptación incondicionales de Dios, dando esperanza y la increíble posibilidad de un gozo perdurable. *Pasión pura en las citas amorosas* es un gran recurso para cualquiera que busque el diseño de Dios en las relaciones duraderas».

Louie Giglio
Fundador de las conferencias Pasión

«Rob Eagar ayuda a los solteros a no sentirse más como ciudadanos de segunda clase. *Pasión pura en las citas amorosas* señala cómo la verdadera satisfacción y las relaciones estupendas se encuentran al descubrir la pasión pura por Dios y por los demás».

Shannon Ethridge
Autora del éxito librería de la serie
La batalla de cada mujer

«*Pasión pura en las citas amorosas* comunica un mensaje que las personas solteras de todas las edades necesitan oír con urgencia».

Scott Hitzel
Pastor de solteros, iglesia Saddleback

«Es evidente que Rob Eagar ofrece una rara bendición: una perspectiva masculina sobre el romance. *Pasión pura en las citas amorosas* está lleno de perspectiva, sinceridad y verdad a fin de ayudar a los solteros a forjar relaciones sanas los unos con los otros, consigo mismos y con Dios».

Camerin Courtney
Editora general de la revista
Today's Christian Woman

«Con equilibrio, profundidad y una gran sinceridad, Rob Eagar explora el corazón del romance para los solteros y las parejas que se preguntan si su relación está destinada a perdurar en verdad. *Pasión pura en las citas amorosas* es lectura obligada para cualquiera que trate de navegar por el actual escenario de las citas amorosas con integridad».

Paula Rinehart
Autora del éxito de librería
Sex and the Soul of a Woman

«Rob Eagar escribe como si estuviera en el corazón y la cabeza del lector. *Pasión pura en las citas amorosas* es imprescindible para los solteros que tienen hambre de experimentar la vida al máximo. Describe con destreza cómo es la vida apasionada y muestra cómo llegar a ella. Lo recomiendo sinceramente».

Dr. Steve McVey
Autor del éxito de librería
Grace Walk

«Rob Eagar tiene una extraordinaria capacidad para conectarse con los adultos solteros al nivel más profundo. Con amor les señala a Cristo como su fuente de integridad y de preparación para las relaciones exitosas».

Steve Grissom
Presidente de DivorceCare

«*Pasión pura en las citas amorosas* es lectura obligada para todos los solteros cristianos, al que se hará referencia y se recomendará toda la vida. Es uno de los pocos y preciosos libros que presentan una enseñanza práctica acerca de nuestra identidad en Cristo: el poder de practicar lo que proclama el autor. Rob hizo bien esto».

Dr. Bill Gillham
Autor del éxito de librería
Lifetime Guarantee

«Después de muchos años de aconsejar a parejas cristianas que se relacionan con bagaje emocional y conceptos erróneos, estoy agradecida de ver un libro que ayuda a las mujeres y los hombres solteros a entender que la satisfacción y la integridad solo se pueden encontrar en Cristo».

Dra. Anne Trippe
Terapeuta matrimonial y familiar

«Hay demasiados recursos cristianos sobre las citas amorosas que solo reflejan las populares terapias de autoayuda. *Pasión pura en las citas amorosas* da en el blanco al enseñarles a los solteros acerca de su integridad en Jesucristo. Rob Eagar les muestra a los solteros cómo el amor de Dios puede transformar todas las facetas de sus vidas, en especial el modo en que tienen citas amorosas».

Scott Tanksley
Director de Single Adult Fellowships
North Point Community Church
Atlanta, Georgia

«*Pasión pura en las citas amorosas* es algo más que otro libro de cuestiones prácticas sobre las citas amorosas. En lugar de eso, Rob Eagar enseña verdades de ser una nueva criatura en Cristo e ilustra cómo esos principios pueden manifestarse de manera apropiada en una relación de noviazgo cristiano».

Don Munton
Ministro de solteros adultos
Primera Iglesia Bautista, Houston, Tejas

«¡*Pasión pura en las citas amorosas* es un sobresaliente recurso para los solteros! Rob Eagar te ayudará a establecer sanas barreras emocionales y físicas, a atraer al sexo opuesto, a tener citas amorosas por los motivos adecuados y a disfrutar de ser íntegros en Cristo. ¡Lo recomendaría a cualquiera de mis amigos solteros!».

Holly Wagner
Autora de God Chicks *y*
When It Pours, He Reigns

Más QUE REGLAS,

Más QUE GALANTEOS,

Más QUE UNA FÓRMULA,

PASIÓN PURA EN LAS CITAS AMOROSAS

ROB EAGAR

EDITORIAL UNILIT

Publicado por
Editorial Unilit
Miami, Fl. 33172
Derechos reservados
© 2007 Editorial Unilit (Spanish translation)
Primera edición 2007

© 2005 por Rob Eagar
Originalmente publicado en inglés con el título:
Dating With Pure Passion
por Harvest House Publishers
Eugene, Oregon 97402
www.harvesthousepublishers.com
Todos los derechos reservados.

Traducción: Belmonte Traductores
Diseño de la portada: Terry Dugan Design, Minneapolis, Minnesota
Fotografía de la portada: Digital Vision

A menos que se indique lo contrario, las citas bíblicas se tomaron de la Santa Biblia
Nueva Versión Internacional. © 1999 por la Sociedad Bíblica Internacional.
Las citas bíblicas señaladas con RV-60 se tomaron de la Santa Biblia, Versión Reina
Valera 1960. © 1960 por la Sociedad Bíblica en América Latina.
Las citas bíblicas señaladas con DHH se tomaron de *Dios Habla* Hoy, la Biblia en Versión
Popular. © 1966, 1970, 1979 por la Sociedad Bíblica Americana, Nueva York.
Las citas bíblicas señaladas con LBLA se tomaron de la Santa Biblia, *La Biblia de
Las Américas*. © 1986 por The Lockman Foundation.
Las citas bíblicas señaladas con TLA se tomaron de la *Biblia para todos*, © 2003.
Traducción en lenguaje actual, © 2002 por las Sociedades Bíblicas Unidas.
Las citas bíblicas señaladas con LBD se tomaron de la Santa Biblia, *La Biblia al Día*.
© 1979 por la Sociedad Bíblica Internacional.
Las citas bíblicas señaladas con RV-09 se tomaron de la Santa Biblia, Versión
Reina-Valera 1909, Sociedades Bíblicas Unidas.
Usadas con permiso.

Producto 495468
ISBN 0-7899-1424-7
Impreso en Colombia
Printed in Colombia

Categoría: Vida cristiana/Relaciones/Vida de soltero
Category: Christian Living/Relationships/Single Living

«A mi esposa, Ashley, cuya inflexible confianza en Jesucristo y su compromiso con nuestra relación han hecho el matrimonio más apasionado de lo que soñara jamás.

Te amo.

RECONOCIMIENTOS

*N*ingún autor puede escribir un libro sin la ayuda de otros, y yo quiero dar las gracias a quienes ayudaron a hacer realidad este proyecto:

A Barry Grecu y Richard Harris, que fueron los primeros en alentarme a seguir los deseos que Cristo puso en mi corazón.

A mis padres, Bob y Betsy Eagar, mi hermana, Melanie, y mis cuñados, Joel y Judie Padgett, por apoyarme cuando dejé mi trabajo para seguir mi sueño.

A Andrea y James Fowler por donar una computadora durante el proceso de escritura del libro.

A todos los participantes en el grupo de enfoque que aportaron historias y perspectivas a este libro, incluyendo las familias Atwood y McMichael, Nancy, Jan, Jim, Andrea B., Deane, Erika, Dave, Mona, Lisa, Dave, Charles, Dawn, Kevin y Malissa.

A Lori Burton, Gray Absher, Anne Trippe, Bob Christopher, Greg Smith, Steve McVey y Tom Grady por su paciencia para leer y hacer comentarios sobre mis manuscritos.

A mi agente, Greg Johnson, por tu consejo y tu aliento.

A todos en Harvest House por apoyarme y ayudarme a difundir al mundo mi mensaje de la pasión de Cristo.

A mi esposa, Ashley: tú eres la mujer más hermosa y maravillosa del mundo. Siempre estaré agradecido por tu aliento, consejo, edición e incansable sacrificio. Soportaste mucho por causa «del libro». Sobre todo, creíste en mí cuando estuve a punto de tirar la toalla. Gracias por ser mi mejor amiga. Estoy locamente enamorado de ti.

A mi Señor y Salvador, Jesucristo, quien me creó, me rescató y me ama más que a la vida misma. ¡Que mi vida y este libro sean un reflejo de tu amor glorioso y apasionado!

CONTENIDO

1

EL PODER
DE LA PASIÓN PURA

Cómo descubres el anhelo de tu corazón

«Ni siquiera quiero volver a verte». Sus palabras hirieron cuando las escuché a través del teléfono sin poder creerlo. Alrededor de la habitación, sus fotografías me miraban. En una de las imágenes sonreía y llevaba puesto su vestido favorito. Otra foto la captaba riéndose en nuestra primera cita. Y cerca de esa, un retrato grande la enmarcaba resplandeciente con su vestido de boda.

«Te quiero. Por favor, no te vayas», le supliqué. En cambio, al otro lado la línea quedó como muerta y lo mismo le sucedió a nuestro matrimonio.

Me acurruqué en el sofá de nuestro nuevo apartamento. Solo siete meses antes nos habíamos unido con gozo como marido y mujer. ¿Qué sucedió? Creía que me amaba. ¿Cómo podía deshacerse de nuestra relación de modo tan casual? *De seguro volverá*, pensé.

Una semana después, mi mejor amigo me visitó para animarme en mi soledad. «¿Por qué querría dejarme?», le pregunté. «Estoy dedicado a ella».

«Quizá haya esperanza si sigue llevando su anillo de boda», me dijo.

Queriendo que tuviera razón, entré en nuestro dormitorio, donde aún seguían su ropa y el aroma de su perfume. Busqué en su caja de joyas y oré para no ver una pequeña y reluciente piedra...

Sin embargo, allí estaba, el precioso símbolo de mi compromiso. Era cierto, mi esposa ya no me quería. Me desplomé asombrado a la vez que mi amigo se apresuraba a agarrarme. Con angustia, mi corazón fallaba y mis pulmones luchaban por respirar. Todo mi cuerpo pareció cerrarse a la vez que lloraba sin control. Habría muerto entre lágrimas si mi amigo no hubiera estado conmigo esa noche. Al igual que un hermano, me apoyó y evitó que me volviera loco.

Mi sueño de toda una vida de intimidad se hizo añicos delante de mis ojos.

«¿Es esto?», grité. «¿Es esto lo único que tienes después de enamorarte: un corazón roto y tu nombre añadido a las estadísticas de divorcios?» Sentimientos de desesperación, ira y humillación me golpearon al mismo tiempo.

Mi vida se convirtió en un vivo infierno cuando la mujer a la que amaba de manera profunda me abandonó. En los siguientes meses, la comida perdió su sabor y mi cuerpo se despojó de ocho kilos. Por la noche me quedaba dormido llorando. En la mañana mi único solaz era quedarme en la ducha hasta que se acababa toda el agua caliente. En el trabajo me vi reducido a mirar a la pared con la mente en blanco. Nada podía aliviar el inmenso dolor que había en mi interior.

El anhelo de amor

A cada uno de nosotros lo crearon con un corazón que necesita amor con urgencia y esta necesidad no desaparece a medida que envejecemos. Solo se intensifica el anhelo. Escudos de inocencia y de esperanza guardan nuestros corazones de gran parte del dolor durante la niñez. Aun así, cuando entramos en las relaciones románticas como adultos, nuestra exposición a las crueles realidades de este mundo se hace inevitable. Al relacionarnos con otras personas solteras, descubrimos que el amor que anhelamos puede ser esquivo. Alguien nos deja, otra persona nos decepciona o el sexo opuesto nos pasa por alto. Pronto comprendemos que no puede garantizarse el amor de otras personas.

De ese modo, llevamos un anhelo en nuestro interior por alguien que nos apruebe, que nos atesore y que celebre que existimos. Aun con éxito en nuestras carreras, pasatiempos o actividades eclesiales, llegamos a la conclusión de que la vida no tiene sentido sin amor. En lo profundo de nuestro ser sabemos que la satisfacción no proviene de los logros en el mundo. Nuestros corazones quieren algo más: quieren desarrollarse en el gozo de una relación íntima.

Este deseo queda claro cuando buscamos nuestro «felices para siempre». Soñamos con nuestra alma gemela perfecta. Leemos novelas románticas y lloramos cuando dos amantes se unen con ternura. Aplaudimos en las películas cuando el héroe rescata a su hermosa dama. Es innegable. Vagamos por este planeta en busca de *amor apasionado*. Y para la mayoría de los solteros adultos, tener citas amorosas se considera el medio para lograr ese sincero objetivo.

La gran cruzada de las citas amorosas

Después de siete meses, el dolor causado por el abandono de mi esposa comenzó a menguar. Se produjo sanidad a través de mis interminables oraciones y la seguridad de amigos y familiares que se preocupaban por mí. Nunca olvidaré cómo se reunían a mi alrededor en mis momentos de oscuridad. Planeaban cenas, viajes y fiestas, todas pensadas para distraerme. Me llamaban día y noche para reafirmar su interés por mí. Mediante su afecto y atención, mi corazón comenzó a recuperarse y se desarrolló un nuevo optimismo para el romance.

A los veintinueve años de edad quería demostrarme que podía asegurar un amor que no me abandonara. Razonaba que mi primer matrimonio falló solo porque tuve citas amorosas con la mujer equivocada. Si hacía una mejor elección en el futuro, como salir con una cristiana más devota, de seguro experimentaría una relación satisfactoria.

Por lo tanto, con un corazón hambriento de amor, me embarqué en una Gran Cruzada de Citas Amorosas. Durante dos años hice una batida por la metrópolis de Atlanta, Georgia, en busca de la Señorita Adecuada. Visité cada congregación, grupo de estudio bíblico para solteros y reunión social que podía localizar. Además, mis amigos y yo andábamos por los bares de moda para solteros, esperando encontrar una mujer sabia y cristiana oculta en algún rincón lleno de humo.

Con el paso del tiempo, mi campaña romántica generó algunos resultados. En la iglesia, atraje la atención de una joven que me fascinaba por su belleza y su buena reputación. Mi corazón saboreaba cada momento a su lado cuando disfrutábamos extravagantes cenas en los mejores restaurantes que podía permitirme. Sintiéndome bien por volver a descubrir el romance, estaba convencido de que nuestro futuro tenía potencial... hasta que ella escogió irse del país como misionera. Su decisión me decepcionó, pero permanecí firme en mi misión de amor.

Varios meses después, mi corazón encontró alivio en una hermosa mujer que inició un interés en mí. Flirteaba, planeaba actividades divertidas y de un modo discreto se apoyaba en mi brazo cuando caminábamos por la ciudad. El dulce sabor de su afecto elevó a volar mi autoestima y electrizó mi confianza. La victoria en el amor parecía evidente... hasta que me dijo que le gustaría salir con otros chicos. La catalogué como otra relación que comenzó bien, pero que se estrelló en frustración de improviso.

Decidido a satisfacer mi anhelo de amor, seguí adelante y comencé una tercera empresa. Esa vez estaba seguro de que mi corazón se sentiría satisfecho. A veces, la química que había entre nosotros me entusiasmaba. Meses después, todos consideraban que éramos la pareja perfecta y comenzamos a conocer a nuestros respectivos padres.

Sin embargo, en mitad de nuestra emoción, ideas distintas sobre Dios y problemas sobre su familia nos separaron de repente. Le puse fin a nuestra relación, pero me sentí enojado porque el resultado fue otro romance infructuoso. *¿Qué se necesita para encontrar amor en este mundo?*, pensaba en silencio. No podía entender por qué la intimidad parecía ser tan evasiva. No importaba a quién conociera, el amor nunca duraba.

Práctica para el divorcio

Tengo un buen amigo que bromea diciendo que el noviazgo en nuestra sociedad actual es la práctica para el divorcio. En muchos aspectos, tiene razón. El estado del romance entre cristianos es desalentador. Examinemos el matrimonio dentro de la iglesia y descubriremos que el índice de divorcios es tan alto como el del mundo. Observemos cómo tienen citas amorosas los cristianos y descubriremos que la virginidad está pasada de moda porque hay muchas mujeres que entregan sus cuerpos a hombres hambrientos de sexo.

Sin embargo, la Biblia dice que la fe en Jesucristo conduce a una vida satisfactoria. Si es así, ¿dónde está esa vida? ¿Por qué es tan efímera la esperanza de un romance satisfactorio o un matrimonio permanente?

Considera el aspecto de tus citas amorosas. ¿Cuántas veces has pensado: *De seguro he encontrado a mi pareja ideal*, solo para ver cómo la relación se desintegraba y tu corazón permanecía vacío? ¿Es difícil conocer a otros cristianos con quienes valga la pena tener citas amorosas? ¿Te preguntas si alguna vez encontrarás el verdadero amor?

Dondequiera que voy me encuentro con individuos hastiados, desconsolados y derrotados. Una amarga ruptura o una decisión poco sabia dejaron una cicatriz en sus corazones. Con actitudes de desengaño y de dureza, parecen resignados a que una buena relación está por encima de su alcance.

Conozco a otros solteros cuyos corazones están exhaustos bajo el peso de las cosas que hacer y las que no hacer en las citas amorosas. Se les enseña a atarse a principios legalistas y vivir según ellos. Sin embargo, esa carga de obedecer reglas restringe su capacidad de ser ellos mismos o de desarrollar intimidad con otra persona.

¿Acaso no deberían ser los cristianos los que entendieran el verdadero amor? Si es así, ¿por qué son tan escasas las relaciones maduras de noviazgo dentro de la iglesia? ¿Por qué la mitad de los cristianos solteros que se casan terminan en divorcio? ¿Por qué hay tantas mujeres y hombres solteros que renuncian a su búsqueda del verdadero amor?

Cómo te atiborras de amor de chocolate

¿Has pasado alguna vez mucho tiempo sin comer y has sentido a tu estómago gruñir de hambre? En esas situaciones, ¿qué te decía tu cuerpo? Es obvio que era un clamor por recibir algunos alimentos nutritivos. Sin embargo, ¿cuántas veces has consumido chocolate por desesperación o conveniencia solo para librarte de esos dolores de hambre? Yo lo he hecho varias veces. ¿Qué sucede?

En un inicio, al alimentar tu vacío estómago con chocolate, te sientes muy bien. El dolor se va, el hambre desaparece y todo el azúcar y la cafeína que llegan a tu sistema te dan la sensación de sentirte «bien». Con la sensación de dicha, te preguntas por qué no comes chocolate para desayunar, comer y cenar.

Sin embargo, unos treinta minutos más tarde cambia todo. Un dolor más agudo que el primero se apodera de tu estómago y tu cabeza se marea un poco. Todos tus sentimientos agradables degeneran y se convierten en una incomodidad peor que el hambre original.

¿Qué produjo ese resultado de dolor? ¿Había algo malo en el chocolate? No. Es seguro comer chocolate, pero no contiene los nutrientes necesarios para que sobreviva el cuerpo. Por lo tanto, cuando tienes hambre, el chocolate solo no puede ayudarte. En su lugar, te hace sentir peor. Para que tu cuerpo se desarrolle, debe recibir una dieta regular de alimentos nutritivos. Entonces puedes disfrutar del chocolate como un divertido postre. No obstante, te enfermarás si tratas de vivir comiendo solo chocolate.

Es lamentable, pero comer chocolate con el estómago vacío ilustra el modo en que muchos solteros construyen las citas amorosas. Se acercan el uno al otro con corazones hambrientos, esperando que los alimente la otra persona. Ese estado puede ser agudo en especial cuando un hombre o una mujer se sienten solos, rechazados o con hambre de aceptación. Sin amor, la gente se desespera por algo que llene el vacío que hay en sus corazones. Un romance, con su sabor dulce en potencia y sus subidas emocionales, parece la probable solución para su hambre.

Piensa en mi Gran Cruzada de Citas. Estaba hambriento de amor y buscaba sin cesar a fin de encontrar una mujer que me llenara. Todo nuevo romance que entraba en mi vida lo sentía como una subida de azúcar del chocolate con increíbles emociones, estupendos impulsos de mi autoestima y un dulce sentimiento de seguridad. En la excitación del éxtasis romántico, mi corazón pensaba que una mujer podía satisfacerme para siempre. Sin embargo, la euforia se hundía de manera inevitable. A veces en semanas. Otras veces en meses. La felicidad de mi esposa se esfumó después de un año de noviazgo y siete meses de matrimonio.

A pesar de lo maravillosa que quizá se sienta una nueva relación de noviazgo, la dicha romántica se irá al final. Es posible que el afecto humano sepa bien, pero al igual que el chocolate, no puede darles a nuestros corazones lo que necesitan para sobrevivir. *La verdadera hambre de nuestro corazón es la aceptación incondicional.* Necesitamos algo más que simple atención, amistad o relación sexual. Anhelamos que alguien nos quiera a pesar de nuestras faltas, errores e imperfecciones. Nuestros corazones permanecen vacíos cuando nadie nos acepta por completo.

Los seres humanos, sin embargo, no pueden darse amor incondicional los unos a los otros. Nos molestamos o nos impacientamos cuando alguien no nos hace felices. Además, basamos nuestro amor por alguien en lo bien que responda esa persona. La raíz de este problema es el *pecado*, el cual causa constantes errores, conflictos y desengaños. Nadie es resignado, paciente y perdonador siempre. Por lo tanto, el amor humano es como el chocolate porque el placer no permanece. Ninguno de nosotros tenemos la capacidad de aceptar a las personas de manera incondicional. El afecto que nos damos los unos a los otros puede tener un buen sabor en un inicio, pero la emoción desaparece a la vez que nuestros motivos egoístas demandan respuesta. Y este problema dura desde la cuna hasta la tumba.

Por ejemplo, cuando eras más joven, ¿cuántas veces se burlaron de ti por tener acné, por llevar correctores dentales, por jugar con torpeza al fútbol o por no cumplir las expectativas de tus padres? Como adulto soltero, ¿cuánta presión sientes para llevar la ropa adecuada, parecer rico y exitoso o relacionarte con las personas adecuadas? Mirando hacia delante, ¿con cuánta frecuencia ves a ancianos a los que se descuida porque piensan con demasiada lentitud, ya no pueden conducir o suponen una carga económica para sus familias?

No es mi intención parecer fatalista, pero debemos reconocer la realidad de que el amor humano se basa en la respuesta. Siempre ha sido así y siempre lo será. Puedes tener citas amorosas con cualquier persona en este mundo, pero esa persona no puede darle a tu corazón la aceptación incondicional que anhela.

Esta verdad también se aplica al matrimonio. Alguien preguntó una vez a un pastor: «¿Qué opinión tiene su esposa de usted?».

«Depende del día en que le pregunte», le respondió. «Algunos días me ama. Otros días la vuelvo loca y se pregunta por qué se casó conmigo. Mi esposa y yo desearíamos poder amarnos a la perfección, pero es imposible, ya que ambos pecamos y tomamos decisiones que nos hacen daño. Dios es la única Persona que nos ama a pesar de cómo actuemos».

Como cristianos, muchos creemos que la pasión romántica nos dará satisfacción. Oramos para que Dios nos envíe un alma gemela, y luego tenemos citas amorosas con una persona tras otra, tratando de hacer que nos amen. Nuestras relaciones comienzan bien, pero luego las destruyen el rechazo y los desengaños. Mientras tanto, los solteros que se casan dicen que el matrimonio no es lo que creían que sería.

Considera a las personas que te rodean. ¿Cuántos de tus amigos casados te advierten de que el matrimonio es más difícil de lo que tú crees? Sin embargo, ¿cuántos de tus amigos solteros se quejan de sentirse incompletos sin un cónyuge?

Con demasiada frecuencia descuidamos lo que nuestros corazones necesitan en realidad y tratamos de satisfacernos con un sustituto barato llamado *romance*. En esencia, nos proponemos vivir de la relación que equivale al chocolate. Con todo, nuestros corazones no pueden sobrevivir bajo las demandas de un amor basado en las respuestas. Es inevitable que nos quememos, nos agotemos o dejemos de intentar agradar a otros.

En mi caso, tuve que llegar a la exasperación total antes de comprender que el noviazgo y el matrimonio nunca me darían satisfacción. Para muchas personas, yo parecía exitoso porque había tenido varias novias y había llegado a mi meta del matrimonio. Sin embargo, esos romances nunca me dieron satisfacción. O bien requería demasiado de una mujer o bien ella esperaba demasiado de mí. Los dos éramos sinceros en nuestro deseo de un amor duradero, pero no podíamos hacer que se produjera.

Algunos dentro de la iglesia dicen que nuestros corazones se satisfarían si solo cambiáramos nuestros métodos de noviazgo. Defienden el regresar a los galanteos, o entrar en la Internet, o volver a instituir los matrimonios concertados, o aceptar un nuevo conjunto de pautas para el noviazgo. No obstante, pasan por alto la verdad de que no importa qué estilo de noviazgo se adopte, uno siempre termina teniendo citas amorosas con una persona cuyo amor está ligado a tu respuesta.

Por consiguiente, este libro no habla de suscribirse a un nuevo conjunto de principios o técnicas en las citas amorosas. Es un ofrecimiento de perseguir lo que tu corazón quiere en verdad. Un amor perfecto espera deleitarte. Este amor, sin embargo, no puede suavizar el dolor que hay dentro de tu corazón hasta que dejes de ir tras la pasión romántica o la relacion sexual apasionada. Esas superficiales búsquedas conducen al vacío. El hambre que hay en tu corazón es por *pasión pura*.

Jesús les dijo: Yo soy el pan de la vida; *el que viene a mí no tendrá hambre* (Juan 6:35).

¿Qué es la pasión pura?

¿Cómo puedes saber con seguridad que otra persona te quiere? ¿Puedes estar seguro basándote en lo que diga? No, «Te amo» no significa mucho en estos tiempos. Incontables parejas lo dicen cuando son novios, pero luego rompen su relación. ¿Y la persona que hace un compromiso formal? ¿Puedes descansar seguro de que durará su amor? Es triste, pero las promesas de amor rara vez duran. Si lo hicieran, el divorcio no sería tan común.

Según la Biblia, sabes que alguien te ama cuando esa persona decide morir por ti. El versículo en 1 Juan 3:16 (NVI) dice: «En esto conocemos lo que es el amor: en que Jesucristo entregó su vida por nosotros». Cuando Jesús murió con inocencia en la cruz, no dejó duda alguna de que te amaba de manera profunda.

Esta verdad supuso una estupenda noticia para mi hambriento corazón. Comprendí que la muerte de Cristo era una prueba de que Él me amaba. Aun así, seguía preguntándome: *Si Jesús es santo y yo sigo pecando, ¿cómo podría amarme a pesar de mis errores? ¿Es que su amor no se basa en la respuesta como el de todos los demás?*

Pero cuando se manifestó la bondad de Dios nuestro Salvador,
y su amor hacia la humanidad, *Él nos salvó, no por obras* de justicia

que nosotros hubiéramos hecho, *sino conforme a su misericordia*, por medio del lavamiento de la regeneración y la renovación por el Espíritu Santo, que Él derramó sobre nosotros abundantemente por medio de Jesucristo nuestro Salvador (Tito 3:4-6, RV-60).

Jesucristo es la única Persona que nos ama a pesar de cómo actuemos. Su aceptación es incondicional. Por lo tanto, independientemente de lo que hagamos, su amor nunca cambia. Nada de lo que tú o yo hagamos logra que nos ame más o menos. Su amor es constante. Este tipo de amor caracteriza la pasión pura.

Busquemos la palabra *pasión* en cualquier diccionario. Además de las frases «fuerte deseo» e «intenso entusiasmo emocional», encontraremos la frase «los sufrimientos de Cristo en la cruz»[1]. ¿Cómo define la crucifixión de Cristo la pasión pura? Para responder esa pregunta debemos reconocer por qué Jesús murió por nosotros.

Puestos los ojos en Jesús, el autor y consumador de la fe, quien por el gozo puesto delante de Él soportó la cruz, menospreciando la vergüenza, y se ha sentado a la diestra del trono de Dios (Hebreos 12:2, RV-60).

Este versículo revela que la pasión pura se compone de tres elementos. Tomemos unos momentos para examinar cada uno de ellos y entender su significado para el anhelo de nuestros corazones.

Cristo inicia el amor

¿Por qué tuvo que soportar Jesús el dolor y la vergüenza mencionados en Hebreos 12:2? Murió en la cruz porque Dios quería tener una relación contigo y conmigo. Sin embargo, nosotros no podíamos llegar a Él. Cada ser humano nace con pecado y ese pecado nos separa de Dios. Por consiguiente, si alguna vez quisiéramos disfrutar de una relación significativa con Dios, alguien aparte de nosotros tenía que hacer que se produjera.

En amor, Jesús inició nuestra reconciliación con Dios. Decidió morir en la cruz por nosotros y quitar nuestro feo pecado a fin de que nuestra unión con Dios pudiera ser posible. Sin la acción de Cristo, seguiríamos estando aislados del amor que nuestros corazones necesitan con tanta desesperación.

Nosotros amamos, *porque Él nos amó primero* (1 Juan 4:19).

En Él tenemos redención mediante su sangre, el perdón de nuestros pecados según las riquezas de su gracia (Efesios 1:7).

La iniciativa de Cristo es un importante aspecto de la pasión pura porque significa que Él toma la iniciativa de amarnos. No tenemos que preocuparnos por captar su atención ni tener su aprobación. Tampoco tenemos que suplicar, complacer, ni pedir a Jesús. En este preciso momento Él está extendiéndonos su amor a ti y a mí. Esta es una importante distinción cuando pensamos en lo duro que trabaja mucha gente para ganarse el favor de un hombre o de una mujer.

Recuerdo, cuando estaba en el instituto, la frustración de tratar de atraer el interés de alguien. En mi segundo año, me enamoré perdidamente de una chica llamada Amy. Era alta, bella y una de las alumnas más inteligentes de mi grado. Solía sentarme detrás de ella en la clase de biología y soñaba despierto con ser su novio. Sin embargo, tenía un problema: no podía hacer que me prestara atención. Flirteaba, me ofrecía a llevarle los libros y le pedía que fuera mi compañera para estudiar. Durante tres años intenté ganarme su favor de cualquier modo posible, pero lo único que recibía era un saludo ocasional.

En contraste, tú no tienes que trabajar para ganarte la atención de Jesucristo. Él no espera que te le arrastres, ruegues ni destaques antes de poder asegurarte su interés. En su lugar, Él es el que se mueve primero para amarte. En pasión pura, murió en la cruz para amarte y continúa amándote durante el resto de tu vida.

El gozo del amor concreto

Hebreos 12:2 afirma que había gozo puesto delante de Jesús aun cuando soportó su crucifixión. La palabra griega para «gozo» es *cara*, que significa «el gozo de recibir de ti» o «personas que son la causa de gozo»[2]. Aplicado a este versículo, esta definición revela que las personas, incluyéndonos a ti y a mí, le daban a Jesús un subyacente sentimiento de gozo durante su horrible tortura. A Él le apasionaba tanto tener una relación con nosotros que consideró que valía la pena el dolor de su sacrificio.

Sin embargo, algunos solteros dudan de su valor para Jesús. Cuando entran y salen de la iglesia sin compañía, se cuestionan si habrá alguien que se interese por ellos. Algunas iglesias apartan aun más a los solteros haciendo una prioridad de los adultos casados y las familias. Muchas veces, a los solteros los segregan del resto de la congregación o los pasan por alto del todo.

Yo experimenté esos sentimientos de soledad y de inseguridad mientras vivía como soltero en Atlanta, Georgia, que es el hogar de varias mega-iglesias. Entraba solo en un santuario lleno de más de dos mil personas y me preguntaba si sería un simple número más en la santa manada del ganado cristiano. La iglesia no necesariamente tenía la culpa de mi aislamiento. Aun así, como cristiano adulto, era fácil que me sintiera perdido en medio de la multitud. Por lo tanto, este segundo aspecto de la pasión de Cristo se volvió muy importante para mí.

Jesús nunca te considera solo como otra cara o número. Él se siente *atraído de manera concreta* hacia ti y te ama como una persona única. Afirmó este hecho cuando les habló a los discípulos:

> ¿Qué valen cinco pajarillos? ¿Unos centavos? No mucho más. Sin embargo, Dios no se olvida de ninguno de ellos. ¡Nunca teman! ¡Dios tiene contado hasta el último cabello de sus cabezas! ¡*Para Él ustedes valen más* que muchos pajarillos!
> (Lucas 12:6-7, LBD).

Jesús estaba expresando su íntimo conocimiento de ti. Él conoce cada detalle acerca de ti, ¡incluyendo cuántos cabellos hay en tu cabeza y hasta si tu color de cabello es natural! Tú eres su valiosa creación. Por lo tanto, tú le atraes como una persona única y especial.

Jesucristo, Gobernador del universo, te conoce y te ama como un individuo distintivo. Es posible que te sientas perdido entre la multitud, pero siempre sobresales ante los ojos de Jesús. Él deriva gozo de tu personalidad única, tus intereses, tus fortalezas y hasta tus debilidades. Además, no te exige que imites a otros cristianos para asegurarte su aprobación. Su amor es incondicional y quiere que seas tú mismo. Por eso la pasión pura no solo implica que Cristo iniciara el amor, sino que también incorpora la verdad de que tú eres un individuo único que le da gozo. Exploremos el tercer elemento de su pasión por ti.

Amor sacrificial

Aunque nosotros le atraemos a Jesús como individuos, su atracción concreta no era suficiente para establecer una relación santa. Recuerda que nuestro pecado nos separaba de Dios y estábamos indefensos para hacer algo al respecto. Hebreos 12:2 dice que Jesús «soportó la cruz», significando que Él *se sacrificó* a sí mismo por nuestro beneficio tomando el castigo de nuestro pecado.

La activa participación de Cristo en nuestro desastroso estado es el elemento esencial de la pasión pura. Observa que Él no se sintió atraído hacia nosotros, inició su amor y luego esperó a que nosotros nos las arregláramos. En su lugar, hizo a un lado las comodidades del cielo y se involucró en nuestro pecado, solo para nuestro beneficio y la gloria de Dios. Su amoroso sacrificio en la cruz hizo posible nuestra relación íntima con Él. Si Jesús no hubiera estado dispuesto a entregar su vida por nosotros, seguiríamos atascados en nuestro pecado.

Es importante observar que el sacrificio de Jesús no fue solo un acto de obediencia a Dios. Lo hizo porque te amaba mucho.

Cristo sabe que tienes malos hábitos, motivos egoístas y rabietas temperamentales. A pesar de eso, estuvo dispuesto a morir por ti.

> En realidad, no es fácil que alguien esté dispuesto a dar su vida por otra persona, aunque sea buena y honrada. Tal vez podríamos encontrar a alguien que diera su vida por alguna persona realmente buena. Pero Dios nos demostró su gran amor al enviar a Jesucristo a morir por nosotros, a pesar de que nosotros todavía éramos pecadores (Romanos 5:7-8, TLA).

Amar a una persona que te trate con bondad y respeto es fácil. Sin embargo, la pasión pura implica el sacrificio de amar a alguien aun cuando cometa errores o actúe con egoísmo. Como personas imperfectas, necesitamos con urgencia este tipo de amor sacrificial. Seamos sinceros. Sabemos que a veces nos comportamos como desastres, prima donnas o imbéciles. Jesús lo comprende. Él no consiente la conducta pecaminosa, pero no nos rechaza debido a nuestras fechorías.

Entiendo si piensas que el amor incondicional de Cristo no tiene sentido en nuestro mundo basado en los actos. Me llevó algún tiempo creer que un Dios santo pudiera amarme a pesar de mi conducta pecaminosa. Solo por la fe esta verdad se convirtió en una realidad. Por lo tanto, si estás batallando con la idea, te pido que abras tu mente y pienses en las implicaciones de los versículos bíblicos que leas aquí. No tomes mi palabra; escucha la Palabra de Dios.

Nuestro pecado no detuvo a Jesús para que nos buscara. Él *inició* su amor *concreto* por nosotros al *sacrificarse* por nuestro beneficio. Eso es pasión pura: un amor tan profundo que satisface nuestros corazones por la eternidad.

¿Cómo afecta la pasión pura a las citas amorosas?

Quizá estés pensando: *Rob, reconozco que el amor de Cristo es superior al amor humano, ¿pero no es este un libro sobre el noviazgo?*

¿Qué tiene que ver toda esa teología con mi vida social? ¿Cómo experimento la pasión pura en mis citas amorosas?

Descubrir que Jesús me amó de manera incondicional transformó mis citas amorosas. Eché la mirada atrás a las luchas de mi Gran Cruzada y comprendí que me había situado en posición para sufrir desengaños. Mi corazón deseaba un amor nutritivo e incondicional, que pensaba que podría encontrar en una relación romántica, pero lo único que encontré siempre fue un «chocolate» basado en las respuestas. Podría haber salido con todas las mujeres del mundo sin experimentar la pasión pura.

En cambio, Jesús quería que yo entendiera que Él ya me ofreció todo el amor que necesitaba mi corazón. Solo tenía que aceptarlo por fe. Eso significaba que ya no tenía que buscar el afecto de una novia ni una esposa para sentirme completo. Cristo quería satisfacer mi corazón.

El hecho de que Cristo desee satisfacer nuestros corazones no sugiere que debamos evitar las relaciones románticas. Jesús *no* está en contra del romance. Él lo creó, y las relaciones de noviazgo son una estupenda oportunidad para que su amor rebose desde nuestros corazones hacia quienes nos rodean. Efesios 5:2 subraya este punto: «Andad en amor, como también Cristo nos amó, y se entregó a sí mismo por nosotros» (RV-60).

Cristo quiere encender en tu interior el deseo apasionado de compartir su amor sacrificial con una persona especial. Para Jesús, las citas amorosas no se tratan de encontrar a alguien que llene tu hambriento corazón. Más bien Él quiere que su amor te llene y se le exprese a otra persona.

Estoy convencido de que entender el amor de Jesucristo es determinante en la calidad de tus citas amorosas. Su amor quita la mentalidad de apresurarte por tener un noviazgo y casarse. Él también te libera para que seas tú mismo cuando estás con otras personas. Y Él puede guiarte a dejar de explotar a otras personas para tu felicidad personal.

La pasión te espera

Este libro es una invitación a dejar de conformarse con menos de lo que tu corazón desea en verdad. Un amor superior espera llevarte más allá de los cínicos desengaños que resultan de la mayoría de las relaciones de noviazgo. Tu corazón ya no tiene que sobrevivir con un romance vacío. Te crearon para experimentar algo más que manipulación, respuestas o indulgencia egoísta. Dios te creó para disfrutar el éxtasis del amor real, no solo cuando llegues al cielo, sino también en la vida en la tierra.

Antes de poder amar en verdad a otra persona, sin embargo, debes entender antes lo mucho que ya te aman. Por lo tanto, abre tu corazón y prepárate para la pasión que te espera.

Estudio bíblico personal

Este estudio bíblico y guía de discusión que se incluyen están pensados para ayudar tanto a individuos como a grupos pequeños a aplicar las verdades mencionadas en este libro. Después de leer cada capítulo, dedica algún tiempo para responder las preguntas del estudio bíblico personal. Luego, en grupo, usa las preguntas de discusión a fin de hablar sobre asuntos clave en las relaciones.

1. Lee 1 Juan 4:10. ¿Cómo define este versículo el amor? ¿Qué dice este versículo acerca de la iniciativa apasionada de Dios hacia ti?

2. Reflexiona en el Salmo 139, centrándote en los versículos 1-5 y 17-18. ¿Qué dicen esos versículos sobre el amor concreto de Dios por ti?

3. Lee Colosenses 1:19-23. Considera el amor sacrificial que Cristo demostró hacia ti. ¿Cuál era tu condición original? ¿Cuál es tu nueva condición?

4. Lee Juan 4:6-29. Observa que la mujer en la historia no negó que hubiera soportado cinco relaciones románticas sin éxito (versículos 17-18). ¿Qué le ofreció Jesús a esta mujer para satisfacer su corazón?

5. ¿Has tenido alguna vez una mala relación de noviazgo que en un inicio se sentía como una subida de azúcar, pero que se estrelló de repente? ¿Qué aprendiste mediante esa experiencia?

Preguntas de discusión en grupo

1. ¿Cómo se define casi siempre la pasión en nuestra sociedad? ¿Por qué Jesucristo es la mejor representación de la pasión?

2. Hablen de tres maneras en las que los hombres y las mujeres deben responder para que se acepten de manera mutua. ¿Por qué este tipo de amor condicional arruina las relaciones?

3. Hablen de las razones por las que el afecto romántico de los seres humanos a fin de cuentas no puede satisfacer nuestros corazones.

4. ¿Ha sido relevante el cristianismo para sus citas amorosas hasta ahora? ¿Cómo ayuda o pone obstáculos ser cristiano a su vida social?

5. Piensen en tres ejemplos de la promoción de los medios de comunicación de la pasión romantizada. ¿Qué mensajes erróneos comunican los medios acerca de la pasión?

6. En Juan 6:35 Jesús dijo: «Yo soy el pan de vida; el que viene a mí no tendrá hambre». ¿Cómo se aplica este versículo al hambre de sus corazones?

2

PASIÓN

DESDE EL CIELO

Cómo celebras tu matrimonio espiritual

Amados, estamos reunidos hoy aquí para celebrar esta feliz ocasión. Dos personas se han congregado, dando a entender su deseo de unirse de manera formal en matrimonio. Con la seguridad de que ninguna barrera legal, moral o religiosa obstaculiza su unión, ahora unirán sus manos y responderán a las siguientes preguntas:

¿Quieres tú, Jesucristo, tomar al lector de este libro como esposa? ¿Amarás, cuidarás, honrarás y protegerás a este lector? ¿Prometes, en presencia de Dios y de estos testigos, ser fiel al lector por toda la eternidad?

Lo prometo.

¿Quieres, lector, tomar a Jesucristo como Esposo? ¿Lo tomarás como el sacrificio por tus pecados? ¿Le amarás, honrarás y adorarás? ¿Prometes, en presencia de Dios y de estos testigos, abandonar a todos los demás y descansar en su amor por toda la eternidad?

Lo prometo.

Por la autoridad que se me otorga como Ministro del evangelio y el Creador del universo, ahora les declaro Marido y mujer. Lo que yo he unido, que no lo separe el hombre.

¡Felicidades!

¿Eres un cristiano soltero que espera casarse? Tengo estupendas noticias: ¡ya estás casado! Eres la esposa de Jesucristo. La Biblia dice que en el momento en que le aceptaste como tu Salvador y Señor, te uniste con Él en un matrimonio amoroso y espiritual.

> Porque *tu esposo es tu Hacedor*, el SEÑOR de los ejércitos es su nombre; y tu Redentor es el Santo de Israel, que se llama Dios de toda la tierra (Isaías 54:5).

> Sucederá en aquel día —declara el SEÑOR— QUE *me llamarás Ishí [Esposo]* y no me llamarás más Baalí [Maestro] [...] *Te desposaré conmigo para siempre*; sí, te desposaré conmigo en justicia y en derecho, en misericordia y en compasión; te desposaré conmigo en fidelidad, y tú conocerás al SEÑOR. (Oseas 2:16, 19-20).

Después de mis vacíos romances en mi Gran Cruzada, estuve a punto de renunciar a la idea de que existiera el verdadero amor. Entonces descubrí que ser cristiano significa más que solo asistir a la iglesia, orar o entonar cantos de alabanza. Como creyente en Jesucristo, estoy unido con Él en una relación íntima.

Hombres, entiendo que podría ser difícil que se imaginaran como una novia, pero comprendan que el amor de Cristo trasciende los géneros. Jesús ama a un hombre alentándolo, capacitándolo y celebrándolo. De igual manera, Él da un amor con significado a una mujer al quererla, protegerla y proveer para ella.

¿Por qué es importante entender la realidad de nuestro matrimonio espiritual? Como vimos en el capítulo anterior, nuestros corazones no pueden sobrevivir solo con las relaciones humanas, porque el amor humano está ligado a la conducta. Necesitamos a alguien que nos acepte de modo incondicional. Por lo tanto, *Dios diseñó nuestro matrimonio espiritual para que sea nuestra principal fuente de amor. Como nuestro Esposo, Jesús está de acuerdo en satisfacer cada necesidad de nuestros hambrientos corazones.*

El propósito del matrimonio

Si Dios quiere que el amor de Cristo satisfaga nuestros corazones, ¿cómo encajan el noviazgo y el matrimonio en nuestras vidas? ¿Está Dios en contra de que los cristianos solteros busquen relaciones humanas? El apóstol Pablo respondió estas preguntas en su carta a los Efesios:

> (El que el esposo y la esposa son un cuerpo lo afirman las Escrituras: «El hombre dejará a su padre y a su madre y se unirá a la mujer con quien se casa, para poder ser una sola carne»). Sé que esto es difícil de entender; pero *ilustra la manera en que somos partes del cuerpo de Cristo* (Efesios 5:31-32, LBD).

Estos versículos afirman que el matrimonio terrenal ilustra el matrimonio espiritual que se produce entre Cristo y la Iglesia. Dios sabía lo difícil que sería para nosotros entender nuestro matrimonio con un Espíritu al que no podemos ver, oír ni tocar. Por lo tanto, Él ofrece las relaciones matrimoniales terrenales como una representación física de nuestra unión con Jesús.

Fui testigo del poder de esta ilustración cuando asistí a la boda de un amigo llamado Kevin Lawson. Mientras se ponía el sol en una estupenda tarde de octubre, Kevin estaba delante de nosotros para recibir a su novia, Melissa. Esperando al lado de Kevin estaba su padre, el reverendo Lawson, quien oficiaba la ceremonia nupcial. El momento era imponente porque presentaba un maravilloso cuadro del Padre celestial uniendo a su Hijo, Jesús, a su Novia.

Cuando Melissa avanzaba hacia el altar con su deslumbrante vestido blanco, tanto Kevin como su padre resplandecían con deleite. La sonrisa del señor Lawson era tan grande que apenas podía contener su felicidad. Uno podía sentir su emoción cuando miraba a su hijo y a su nueva nuera.

Kevin tomó la mano de Melissa y con amor recitó sus votos. Cuando Kevin concluyó diciendo: «Sí, quiero», su padre le dijo con alegría: «¡Bien!». Después, cuando Melissa declaró su amor por Kevin al decir: «Sí, quiero», el señor Lawson sonrió, la miró a los ojos y le dijo: «Estoy muy orgulloso de ti y muy contento de que seas parte de mi familia».

La felicidad del papá de Kevin era innegable. Si un padre terrenal puede sentir tanta emoción por la nueva esposa de su hijo, piensa cuánto más deleite siente tu Padre celestial cuando tú te casas con su Hijo, Jesucristo. Dios rebosa de gozo por ti como Esposa de su Hijo. Desde luego, el señor Lawson sabía que Melissa no era perfecta, pero aun así la seguía queriendo como nuera. De la misma manera, Dios sabe que tú no eres perfecto, pero eso no le detiene. Con alegría te da la bienvenida a su familia.

Dios creó el matrimonio terrenal como una ilustración de nuestro matrimonio espiritual con Jesucristo. Mike Mason comenta sobre este paralelismo en su libro *El misterio del matrimonio*:

> Conocer al Señor es que nos lleven a una relación personal tan extraordinaria y abrumadora que el matrimonio es solo una burda imagen de ella. Aun así, el matrimonio es la analogía más cercana en la experiencia terrenal, y por eso la Biblia usa con tanta frecuencia el cuadro de una boda, y de la novia y el novio, para comunicar algo de lo que significa para los seres humanos estar unidos a Dios en amor[1].

Cuando un hombre elige a una mujer para salir en cita, su búsqueda refleja la manera en que Jesús te busca y te ama como individuo. De igual modo, cuando un esposo se compromete en matrimonio con su esposa, refleja la promesa de Cristo de nunca abandonarte ni dejarte (Hebreos 13:5). Además, la dicha íntima que un esposo disfruta con su esposa dibuja el deleite que Cristo siente hacia ti.

Sin embargo, debes tener en mente que Jesús lleva tu matrimonio espiritual un paso adelante al hacer lo que ningún cónyuge humano puede hacer: Él te ama de manera incondicional. Ni hombres ni mujeres pueden ofrecerse el uno al otro ese tipo de relación. El amor entre cónyuges terrenales a menudo se debilita cuando surgen dificultades o decaen las emociones de felicidad. En contraste, el amor sacrificial de Jesús siempre obra para tu beneficio, sin tener en cuenta cuáles sean tus sentimientos o tu conducta.

Tus regalos de boda celestial

Después de la ceremonia de Kevin y Melissa, hablé con el señor Lawson y supe que en la emoción de tener a Melissa ya en su familia le organizó un regalo de boda especial. La familia Lawson descubrió que ella había estado comprando sillas para el comedor de su nuevo hogar con Kevin. Un día, en una mueblería, Melissa vio algunas sillas elegantes que pensó que serían perfectas, pero cuando miró la etiqueta y vio el precio tan caro, cambió de parecer porque no podía darse ese lujo. Sin embargo, cuando los Lawson se enteraron, en secreto le compraron a Melissa esas sillas y se las entregaron como regalo sorpresa de boda. Melissa quedó del todo abrumada por su acto de amor.

¿Sabías que cuando te casas con Jesús, Dios también te colma de regalos de boda? Con puro gozo, tu Padre celestial te da una dote de regalos para que los disfrutes por la eternidad. Al igual que los Lawson le dieron regalos a Melissa en abundancia, Dios te regala con generosidad sus bendiciones espirituales. Tú no haces nada para merecerlas; eres digno de los regalos de Dios solo porque Él te ama. Lo único que te pide es que los *recibas*.

Descubramos los regalos de boda que Dios te da y comprendamos las maneras en que pueden beneficiar tus citas amorosas.

A fin de realzar nuestra discusión, imaginemos que acabas de recitar tus votos nupciales con Jesús. Debido a que eres un nuevo miembro en la familia de Dios, Él te da una inmensa recepción de boda. La música y los entusiastas aplausos dan comienzo a la magnífica celebración. Tú eres el centro de la atención a la vez que tu Padre celestial anuncia con alegría que tiene algunos regalos especiales para ti.

Primer regalo: Perdón

Dios sonríe cuando te entrega su primer regalo, con la etiqueta de *Perdón*. Lo aceptas sorprendido, preguntándote por qué te otorgaría un regalo tan maravilloso. De manera expresiva, te dice: «No tienes motivo alguno para temerme nunca. Tu Esposo quitó el castigo que merecía tu pecado: Jesús».

> Porque también Cristo murió por los pecados una sola vez, el justo por los injustos, para llevarnos a Dios (1 Pedro 3:18).

> Por esta voluntad hemos sido santificados mediante la ofrenda del cuerpo de Jesucristo una vez para siempre [...] *Y NUNCA MÁS ME ACORDARÉ DE SUS PECADOS E INIQUIDADES*. Ahora bien, donde hay perdón de estas cosas, *ya no hay ofrenda por el pecado* (Hebreos 10:10, 17-18).

El pasaje de 1 Pedro dice que Cristo murió una sola vez por todos tus pecados. Por lo tanto, cuando peques en el futuro, no necesitarás rogar a Dios más perdón.

Recuerdo el alivio que sentí cuando la gracia de Dios se hizo realidad para mí. Un día, había caído reiteradas veces en la tentación de los pensamientos lujuriosos y me preguntaba cómo Dios podría seguir perdonándome. ¿Acaso no tenía límite su tolerancia? Entonces, cuando leí los versículos en Hebreos, descubrí que la muerte de Cristo en la cruz satisfizo el castigo por todos mis pecados. Me perdonaban a pesar de los errores que cometí en mi vida. Esta verdad no hizo que desaparecieran de manera automática mis pensamientos lujuriosos, pero se produjo una transformación de modo que pasaba menos tiempo revolcándome en la culpabilidad y más tiempo respondiendo a su amor.

Dios te perdonó una vez por siempre, y su perdón se aplica a toda tu vida: pasado, presente y futuro. Él puede perdonar todos tus pecados porque no está atado por el tiempo. Ya conoce cada error futuro que cometerás. Por consiguiente, cuando Jesús murió por ti, pagó por tus pecados futuros al igual que por los pasados.

¿Cómo puede esta verdad realzar tus citas amorosas? Piensa que cada relación afronta conflicto y desengaño. De ahí que si una pareja quiere mantener intimidad, será vital su capacidad de perdonarse el uno al otro.

Hebreos 10:17 dice que Dios ya no se acordará de tus pecados. Eso significa que Él conoce tus pecados, pero no seguirá pensando en ellos ni los sacará a la luz en el futuro para avergonzarte. Debido a que Dios te dio su perdón, tú le puedes ofrecer perdón a la persona con la que sales cuando te ofenda. No puedes amar a alguien si sigues pensando en sus errores u ofensas. Por consecuencia, no tienes motivo para atormentar a otra persona por sus errores del pasado. Dios te perdonó y te pide que hagas lo mismo con las personas que tienes citas amorosas. El beneficio está en que cuando las personas saben que no te enfocarás en sus faltas, se sentirán más seguras para franquearse y entablar una relación más profunda contigo.

Segundo regalo: Adopción en la familia de Dios

Sigues sorprendido por el regalo del perdón de Dios cuando Él con rapidez te entrega otro regalo de boda. Es un resplandeciente y blanco certificado con tu nombre escrito en él. Dios explica: «Ya que eres la esposa de mi Hijo, tu nombre ya no es el de Pecador. Tu nuevo nombre es mi Hijo amado y santo. ¡Estoy muy orgulloso de adoptarte en mi familia!». Todos en el cielo aplauden y te dan la bienvenida a la familia de Dios.

Regocijaos de que vuestros nombres están escritos en los cielos
(Lucas 10:20).

El Espíritu mismo da testimonio a nuestro espíritu de que
somos *hijos de Dios*, y si hijos, también herederos; *herederos de
Dios y coherederos con Cristo*, si en verdad padecemos con *Él* a
fin de que también seamos glorificados con *Él* (Romanos
8:16-17).

Así pues, ya no sois extranjeros ni advenedizos, sino que sois
conciudadanos de los santos y sois de la familia de Dios
(Efesios 2:19).

El significado de que Dios te adopte en su familia es que Él
cambia tu identidad. Antes, se te identificaba ante todo por tus
actos o tu ocupación. Por ejemplo, quizá te conocieran como
enfermero, atleta, abogado o estudiante. Es lamentable, pero
también eras un pecador. Ahora que estás en la familia de Dios,
esos nombres ocupacionales son secundarios, y se borra el nombre
«pecador». Tu nueva identidad te distingue como hijo de Dios,
la Esposa de Cristo, un heredero, un ciudadano del cielo y un santo.

Tu posición en la familia de Dios realza tus citas amorosas
porque confirma que eres una persona adorable. Tú eres su hijo
santo y amado, así que tu valor ya no depende de si tienes una
cita el sábado por la noche.

Esta verdad me liberó de mi condenación propia cuando no
lograba conseguir una cita o cuando mi novia comenzaba a perder interés. En otro tiempo, basaba mi valor en la opinión que
tuviera una mujer de mí. Sin embargo, a medida que aprendía
que Dios me consideraba una maravillosa parte de su familia,
comenzó a menguar la presión para ganarme la aprobación de
otra persona.

A los ojos de Dios, tú nunca tienes motivo para considerarte
un patito feo. Él está siempre orgulloso de tenerte como su hijo. Por

lo tanto, a pesar del modo en que te traten otros, puedes caminar con confianza en que Dios te considera adorable y especial.

Tercer regalo: Aceptación incondicional

Tus regalos de boda siguen llegando a medida que Dios te da otro regalo marcado como *Aceptación incondicional*.

> Por tanto, aceptaos los unos a los otros, como también Cristo nos aceptó para gloria de Dios (Romanos 15:7).

El diccionario *Webster's New World* dice que *aceptación* significa «aprobación». Además, *aprobación* significa «opinión favorable»[2]. Entonces, *aceptación incondicional* significa que Dios siempre tiene una opinión favorable de ti. ¿Cómo es cierto eso? Dios te acepta debido a tu fe en Jesús, no por tu buen comportamiento. Fracasarías de manera miserable si tuvieras que comportarte siempre a la perfección. En su lugar, Dios te sigue queriendo aun cuando cometas errores. Además, no sorprendes a Dios cuando pecas, pues Él sabe todo movimiento que harás, de modo que tu elección de pecar no puede quitar su aceptación.

> Por consiguiente, no hay ahora condenación para los que están en Cristo Jesús (Romanos 8:1).

> Dios estaba en Cristo reconciliando consigo al mundo, no tomándoles en cuenta a los hombres sus pecados, y nos encargó a nosotros la palabra de la reconciliación (2 Corintios 5:19, RV-60).

Dios no juzga a los cristianos por su conducta. Es triste, pero algunos creyentes se preocupan de no gustarles a Dios si no leen sus Biblias cada mañana, si no oran cada día, si no diezman y trabajan de manera febril en la iglesia. Por consiguiente, sus temores arruinan su vida cristiana porque *las personas no pueden amar a alguien que temen*. El temor destruye las relaciones íntimas.

Solía sentir miedo de Dios cada vez que no leía mi Biblia en la mañana. Me preocupaba por si su ira podría hacer que tuviera un accidente con mi auto ese día o que perdiera a mi novia. Permanecía en ese estado de tensión hasta que leía mi Biblia a lo menos tres mañanas sin interrupción. Pensaba que tenía que ganarme el favor de Dios, y esta superstición espiritual controlaba mi vida.

Sin embargo, Romanos 8:1 dice que cuando te casas con Jesús, no hay condenación para ti. Eso significa que sin importar el modo en que te comportes, Dios siempre te amará y te aceptará. Si decides pecar, experimentarás las consecuencias naturales. Aun así, tus obras no cambian la opinión que Él tiene de ti. *No puedes hacer nada para hacer que Dios te ame más o menos.*

Cuando les exiges a las personas que se ganen tu aceptación, destruyes su libertad personal. No obstante, Dios te acepta de manera incondicional. Aplicar este regalo a tu vida te ayuda a aceptar a las personas tal como son en lugar de obligarlas a que te agraden a ti.

Por ejemplo, señoras, ¿han presionado alguna vez a un hombre para que esté de acuerdo con su opinión, para que se comporte de manera más espiritual o para que les compre algo para mantenerlas felices? De igual manera, hombres, ¿han molestado alguna vez a una mujer para que se vista de modo diferente o para que les den un beso de buenas noches para apaciguarlos?

El regalo de la aceptación de Dios puede beneficiar tus citas amorosas al reducir tu deseo de manipular a otras personas solteras. Al descansar en el favor de Él, puedes apreciar a la persona con la que sales en lugar de forzarla a hacerte feliz. Con esta actitud de apoyo, puedes alentar a las personas a ser ellas mismas y fomentar unas mejores relaciones.

Cuarto regalo: La vida de Cristo

Todavía estás sorprendido por la generosidad de Dios cuando te entrega otro regalo, este dice *La vida de Cristo*. Dijiste en tus votos nupciales que necesitabas a Cristo, y así este regalo le permite a Jesús vivir de forma directa por medio de ti.

Dios sabe que tu vida está llena de circunstancias y tentaciones que tú no puedes manejar. Tu Esposo espiritual, sin embargo, caminó en la tierra durante treinta y tres años. Durante ese tiempo, dependió de Dios por completo, amó a todos los que conoció y nunca pecó. A través de tu unión con Cristo, Jesús quiere vivir su amor y su sabiduría por medio de tu corazón y tu mente.

> Jesús respondió, y le dijo: Si alguno me ama, guardará mi palabra; y mi Padre lo amará, y *vendremos a él, y haremos con él morada* (Juan 14:23).

> *Pues el amor de Cristo nos apremia*, habiendo llegado a esta conclusión: que uno murió por todos, por consiguiente, todos murieron; y por todos murió, para que *los que viven, ya no vivan para sí, sino para aquel que murió y resucitó por ellos* (2 Corintios 5:14-15).

> Con Cristo estoy juntamente crucificado, y ya no vivo yo, mas vive Cristo en mí; y lo que ahora vivo en la carne, lo vivo en la fe del Hijo de Dios, el cual me amó y se entregó a sí mismo por mí (Gálatas 2:20, RV-60).

Si te preguntabas cómo controlarías tu conducta como la Esposa de Cristo, he aquí tu respuesta: no puedes. Tu voluntad humana está manchada por el pecado. (Es cierto que algunas personas tienen más autodisciplina que otras, pero al final todos se agotan). Puedes dedicarte de nuevo una y otra vez, pero tu débil autocontrol nunca te hará ser una mejor persona. Para arreglar el problema, Dios te permite intercambiar tu voluntad inadecuada por la perfecta vida de su Hijo. Jesús se refirió a esto cuando dijo: «Tomad mi yugo sobre vosotros y aprended de mí, que soy manso y humilde de corazón, y HALLARÉIS DESCANSO PARA VUESTRAS ALMAS» (Mateo 11:29). Sin embargo, el descanso que

Él promete solo se produce cuando renunciamos. Podemos evitar que Jesús viva por medio de nosotros si optamos por depender de nuestras propias fuerzas. Steve McVey desarrolla este punto en su libro *Grace Walk*:

> Una verdadera barrera que evita que los cristianos disfruten del descanso que prometió Jesús es el esfuerzo propio. A muchos los han condicionado tanto a creer que deben «hacer algo por Dios» que están siempre luchando por hacer cada vez más. Muchos han vuelto a dedicar el yo a Dios una y otra vez. Sin embargo, el yo es lo que se interpone en el camino de la vida cristiana victoriosa. Mientras luchemos por vivir la vida cristiana, Cristo tiene obstáculos para vivirla por medio de nosotros[3].

Al igual que yo, ¿luchas algunas veces por demostrar una conducta madura en tus relaciones? Si es así, tu Padre celestial te invita a descansar y dejar que te controle el amor de Cristo (2 Corintios 5:14). Jesús *no* quiere ayudarte a ser paciente, amable o perdonador. *Jesús quiere vivir su paciencia, bondad y perdón por medio de ti.* Existe una importante diferencia entre esas dos cosas.

No es tarea tuya reunir amor sacrificial por alguien. Jesús quiere darte sus deseos de amar, aceptar y respetar a otra persona. La pregunta es: ¿se lo permitirás?

Jesús te pide que renuncies a tus planes y aceptes los amorosos planes que Él tiene para tu vida. Eso podría significar posponer tu actividad de citas amorosas hasta el momento adecuado o abandonar el sueño de casarte con un millonario o una supermodelo. No te preocupes. Cristo siempre te dirige a lo que es mejor para ti (Romanos 8:28). Como hablaremos más adelante en este libro, tu Esposo quiere asumir la responsabilidad de tu vida. Entonces, ¿por qué luchar cuando puedes descansar?

Quinto regalo: Libertad del pecado

Tu celebración nupcial continúa cuando Dios te entrega otro presente, esta vez con la etiqueta que dice *Libertad del pecado.*

Este regalo trata con la naturaleza pecaminosa que poseías antes de convertirte en cristiano. Cuando naciste, heredaste el pecado que Adán y Eva traspasaron a cada generación (Romanos 5:12). Sin embargo, cuando te casas con Jesús, Dios quita tu vieja naturaleza y la sustituye por la santa naturaleza de Cristo. Por lo tanto, ahora está muerta la autoridad que el pecado tenía antes sobre ti.

Nuestro viejo hombre fue crucificado con Él, para que nuestro cuerpo de pecado fuera destruido, a fin de que ya no seamos esclavos del pecado; porque el que ha muerto, ha sido libertado del pecado. Y si hemos muerto con Cristo, creemos que también viviremos con Él [...] Así también vosotros, consideraos muertos para el pecado, pero vivos para Dios en Cristo Jesús (Romanos 6:6-8, 11).

Mientras moría en la cruz, sobre su propio cuerpo llevaba nuestros pecados; es por eso que podemos morir al pecado y llevar una vida pura. ¡Sus heridas sanaron las nuestras! (1 Pedro 2:24, LBD).

Antes de casarte con Jesús, el pecado tenía control sobre tu destino y tu conducta. Sin embargo, como Esposa de Cristo, estás muerto al poder que el pecado tiene sobre ti. Ya no tienes que ceder a las tentaciones del mal. Es cierto que el pecado seguirá tratando de seducirte con pensamientos impuros e impulsos egoístas, pero ahora tienes elección: puedes ceder a la tentación como antes, o puedes pedirle a Jesús que viva su vida de autocontrol por medio de ti. A Jesús lo tentaron, pero nunca pecó, así que puede darte la sabiduría y el control para estar firme contra la tentación. Él te dice que el placer del pecado es temporal y dañino para tu corazón, pero que el placer de tu matrimonio espiritual te satisface para siempre.

Piensa en el impacto que la libertad del pecado tiene en tus relaciones de noviazgo. En cualquier momento que te sientas tentado a pelear, a sobrepasarte en lo sexual o a engañar a alguien, tienes una defensa contra esos deseos. Tienes una fuente de autocontrol disponible por medio de Jesús solo creyendo en fe que es tuya. Él puede vencer la influencia del pecado motivándote a actuar en amor, paz y paciencia. En los capítulos 6 y 8 examinaremos más aun la aplicación de esta verdad. Por ahora, regocíjate en la libertad del pecado que tu Esposo celestial ha hecho posible.

Sexto regalo: Compleción

Mirando con incredulidad a tus regalos de boda, te preguntas si el gozo permanecerá de verdad. Tu Padre celestial lee tus pensamientos, te rodea con su brazo y te susurra: «Sé que quizá te sientas inseguro por el futuro de tu matrimonio con mi Hijo. No temas. Para calmar tu mente, tengo un regalo de boda más para ti. Se llama *Compleción*, y es mi garantía de que Jesús satisfará eternamente tu corazón. Siempre serás amado, perdonado, aceptado y considerado especial».

> Y *habéis sido hechos completos en Él [Jesús]*, que es la cabeza sobre todo poder y autoridad (Colosenses 2:10).

> Y el Dios de paz os santifique en todo; para que vuestro espíritu y alma y cuerpo sea guardado *entero* [o completo] sin represión para la venida de nuestro Señor Jesucristo (1 Tesalonicenses 5:23, RV-09).

La compleción significa que no necesitas obtener nada más para madurar como cristiano. Como Esposa de Cristo, madurarás a medida que aprendas a aplicar por fe los regalos de boda que ya te ha dado Dios. Por ejemplo, ser cristiano durante veinte años no aumenta la posibilidad de que actúes con paciencia con tu pareja. La paciencia coherente se producirá a medida que confíes en Jesús para que viva su paciencia por medio de ti.

Además, la compleción significa que ya tienes todo lo que necesitas mediante el amor de Cristo. Ya no necesitas tratar de encontrar felicidad en una relación romántica, en un cónyuge, en un hijo ni en una nueva casa. Esas cosas terrenales vienen con frustraciones, y su satisfacción tiene una breve vida. Por otro lado, Jesús de manera voluntaria te proporciona todo lo que necesitas para disfrutar la vida, soportar las dificultades y amar a otras personas (2 Pedro 1:3-9).

Nuestra sociedad idolatra el romance, el compañerismo y la relación sexual. De ese modo, podríamos tender a pasar por alto el amor superior que ofrece Cristo. Dios se agrada cuando dos personas se unen como marido y mujer, pero Él nunca quiso que el matrimonio terrenal nos llenara. Por el contrario, el matrimonio de un hombre y una mujer ilustra la pasión espiritual que solo experimentamos con nuestro verdadero Esposo: Jesucristo.

Disfruta de tus regalos de boda

¿Por qué es tan importante entender los beneficios de tus regalos de boda espiritual? El escritor Bob George sugiere la respuesta en su libro *Growing in Grace*.

> Nuestra relación con Dios se transmite de forma directa a nuestras relaciones humanas. A fin de cuentas, trataremos a otros exactamente de la misma manera en que pensamos que Dios nos trata a nosotros[4].

Esa afirmación tuvo un profundo impacto en mi vida. Comprendí que aceptar a otros es difícil cuando crees que Dios no se agrada de ti. Por ejemplo, cuando creía por error que Dios me juzgaba por mi conducta, casi siempre presionaba a mi novia para que me agradara. Sin embargo, cuando descubrí que Dios me aceptaba de manera incondicional, me volví menos crítico hacia las mujeres con las que salía. Mis demandas disminuyeron en cuanto a que una mujer tuviera el mejor aspecto posible o siempre tuviera un ánimo alegre. Aprendí a dejar que las personas fueran ellas mismas, y dejé de fijarme en mi propia felicidad.

Ese es solo un ejemplo del modo en que tus regalos de boda espiritual pueden tener un impacto tangible en tus citas amorosas. Sin embargo, no puedes beneficiarte de tus regalos a menos que los recibas y los uses por fe. Si los dejas envueltos en sus cajas, no te harán ningún bien.

Además, Dios no quiere que acumules y guardes tus regalos de boda. Él quiere que sus generosas bendiciones rebosen hasta tus relaciones de noviazgo. Con todo, amar a otra persona de una manera piadosa no puede suceder hasta que el amor de Dios sea real para ti. Por consiguiente, a medida que comienzas a disfrutar del gozo de tu matrimonio espiritual, puedes afrontar en forma positiva la pregunta del siguiente capítulo: ¿Encontraré alguna vez el matrimonio en la tierra?

Estudio bíblico personal

1. Lee Isaías 54:5-10. ¿Quién es tu verdadero Esposo? ¿Qué indican sus promesas de compasión, bondad y paz acerca de tu relación con Él?

2. Lee Hebreos 8:10-12. Dios dice que Él escribirá sus leyes en tu corazón y no se acordará más de tus pecados. ¿Cómo pueden esas dos afirmaciones influir en el modo en que tratas a alguien en una cita?

3. Lee 2 Pedro 1:3-9. En el versículo 9, Pablo afirma que quienes carecen de las cualidades de carácter enumeradas han olvidado el perdón de Dios de sus pecados. ¿Por qué el perdón de Dios es un elemento crucial para unas citas amorosas piadosas?

4. Reflexiona en Romanos 8:14-17. Escribe lo que significa para ti ser considerado un hijo precioso en la familia de Dios.

5. Lee Apocalipsis 19:7-9 y medita en la realidad de tu matrimonio espiritual con Jesucristo.

6. Lee 1 Corintios 13:4-8. Luego vuelve a escribir esos versículos sustituyendo la palabra *amor* por la palabra *Dios*. Ya que Dios es amor (1 Juan 4:8), los versículos describen cómo Dios se comporta con respecto a ti.

Preguntas de discusión en grupo

1. Permite que cada persona en el grupo comente cuál de los regalos de boda de Dios influye más en su vida y por qué.

2. Hablen de lo que significa estar casado con Jesucristo y de las diferentes maneras en que su amor repercute en ustedes como hombres o mujeres.

3. ¿Cómo devalúa nuestra sociedad el matrimonio terrenal? ¿Cómo ilustra el matrimonio la unión de Cristo con la iglesia?

4. La Biblia dice que Dios ha perdonado todos nuestros pecados (pasados, presentes y futuros). ¿Cómo influye esta verdad sobre sus citas amorosas?

5. Hablen de los beneficios relacionales de Cristo viviendo su vida por medio de ustedes (cuarto regalo de boda de Dios).

6. ¿Cuáles son las diferencias entre un esposo terrenal y Cristo, tu Esposo espiritual?

3

¿DÓNDE
ESTÁ LA PASIÓN?

Cómo enfrentas la presión de casarse

omo soltero, ¿te han preguntado con frecuencia si alguna vez vas a casarte? La mayoría de nosotros soportamos esa frustrante pregunta por parte de los amigos y familiares. Insisten en que «una persona tan buena como tú debería establecerse y comenzar una familia». Sus comentarios pueden hacerte sentir incómodo por no estar casado.

Tuve un amigo de unos treinta y tantos años cuya familia a cada momento le hablaba de su estancada vida de citas amorosas. Para detener su persecución, él hizo que alguien le hiciera fotografías suyas cerca de mujeres sonrientes. Luego les enseñaba las fotos a familiares y les explicaba que su vida social iba muy bien.

La situación de mi amigo refleja el mito de que si no estás casado, algo va mal en ti. Además de hacer molestos comentarios, los familiares, los medios de comunicación y muchas iglesias presionan a las personas solteras para que se apresuren y formen parte de una pareja. Combinemos esas frases desmoralizadoras con períodos de aburrimiento o de soledad, y vivir soltero puede ser del todo depresivo. Por lo tanto, no es sorprendente que muchos individuos lleguen a obsesionarse por llegar a casarse.

En el capítulo anterior descubrimos la buena noticia de que ya estamos casados con Jesucristo. Su pasión debe ser nuestra primordial fuente de amor. No obstante, a medida que vives esa verdad, ¿qué haces con tus deseos de encontrar una pareja en la tierra? ¿Cómo manejas el observar a otras parejas disfrutar del romance? ¿Te preguntas cuándo llegará tu turno? ¿Debes esperar con paciencia a que Dios lleve una pareja a tu puerta? En este capítulo hablaremos de preguntas como esas.

¿Qué causa nuestro sufrimiento social?

En mis veintitantos años a menudo oraba a Dios por una esposa porque suponía que la soberanía de Dios determinaba el destino de mi vida amorosa. Entonces, cuando mis días de soltero se convirtieron en años, me preguntaba si Dios se había olvidado de mí o si había negado mi petición a causa de mi pecado. Mi descontento solo aumentaba conforme se casaban la mayoría de mis amigos. Sentía que la vida me pasaba de lado.

Decía que Dios era injusto hasta que Él reveló el error en mi modo de pensar. Un día, mientras leía *No Longer a Victim* de Malcolm Smith, reconocí que la soberanía de Dios no era la razón de mis problemas de citas.

> ¿Por qué permite Dios las tragedias de la vida? No hay respuesta a esa pregunta, porque es la pregunta equivocada. El hombre tiene la responsabilidad por toda la maldad, no Dios [...] Debemos asimilar la realidad de que la vida en un mundo pecaminoso no es justa. El dolor que llega a su vida es, en el mejor de los casos, consecuencia de una sociedad que se inclina a desobedecer a Dios; en el peor, son hombres malos que, de la maldad de su corazón, hacen cosas a propósito para herirlo.
>
> Dios hizo a la humanidad a su imagen y semejanza, y la increíble realidad de nuestro libre albedrío está en el núcleo de lo que eso significa [...] Quitar nuestro libre albedrío sería el final del género humano. Entonces seríamos robots, marionetas de Dios. Lo que queremos [por error] es que Dios quite el libre albedrío de otras personas; y podemos estar seguros de que hay personas que están orando para que Dios quite el nuestro[1].

En mi equivocación había culpado a Dios de mi mala fortuna en las relaciones, pero no era culpa suya. Mi sufrimiento social era el resultado del pecado: el mío y el de todos los demás. Dios no me había asignado con injusticia a la vida de soltero. La soledad, el rechazo y el dolor que había experimentado eran los resultados de vivir en un mundo de pecado.

Comprendí que las circunstancias dolorosas provienen de Satanás y del pecado humano. Esas calamidades pueden golpear a la gente ya sea que las causen o no. Por ejemplo, las tragedias como enfermedades, ataques terroristas o desastres naturales algunas veces golpean a personas inocentes (Job 1:12-19; 2:7). En cambio, las tribulaciones como el divorcio, la pena o el abuso suceden cuando hay personas que deciden hacerle daño a alguien. No obstante, a pesar de cómo se produzca el sufrimiento, siempre se remonta al pecado original de Adán y Eva. Su error y sus repercusiones afectan a cada generación (1 Corintios 15:21-22).

Cuando no era consciente de esa verdad, quería que Dios usara su soberanía para protegerme del dolor de las relaciones y traerme una pareja perfecta. Esa era una expectativa irreal. *Aunque Dios tiene el control de todo, Él no interviene de manera divina solo para hacernos la vida fácil.* Él no tenía intención de hacer que una hermosa mujer apareciera por arte de magia y se enamorara de mí. Por el contrario, Dios quería usar su poder para madurarme y que llegara a ser el tipo de hombre con el que una mujer desearía casarse. Para lograr ese objetivo, Dios tuvo que enseñarme a iniciar su amor sacrificial hacia otras personas. No hay duda de que Dios gobierna el universo. El Salmo 37:23 dice: «Por el SEÑOR son ordenados los pasos del hombre». Sin embargo, Él es tan poderoso que aunque te permite escoger, sigue obrando el resultado para su gloria.

Nuestra capacidad de escoger se conoce como *libre albedrío*, y necesitamos esa libertad para experimentar el amor verdadero. El amor solo existe cuando existe una elección; si se nos obliga a amar a alguien, estamos bajo manipulación. Por lo tanto, el libre albedrío es importante. *El amor verdadero no puede ocurrir a menos que dos personas decidan de forma voluntaria amarse el uno al otro.* Si una persona se siente forzada por la otra, ninguna de las dos disfrutará de estar juntas.

Dios quería tener una relación contigo basada en el verdadero amor. Por ese motivo te dio la libertad de decidir amarlo. Si no pudieras decidir por ti mismo, solo serías un robot, programado como siervo o como esclavo. Sin embargo, Dios no sentiría ningún placer si el único amor que recibiera proviniese de robots sin vida. Es por eso que Él nos da a ti y a mí un libre albedrío y se deleita cuando decidimos amarlo con sinceridad.

Reconocí la importancia de esta verdad cuando no pude conseguir una pareja para el baile de gala de mi instituto. Les había pedido a varias chicas que me acompañaran, pero todas me rechazaron. Cuatro días antes del gran baile, un amigo me habló de una chica llamada Tiffany que necesitaba una pareja. A decir verdad, no me atraía, pero de todos modos se lo pedí porque era mi única opción. Durante el baile, Tiffany y yo tratamos de ser cordiales, pero era obvio que ninguno de los dos tenía interés alguno en el otro. No bailamos y yo tuve que fingir una sonrisa cuando nos tomaron la foto. La mayor parte de la noche nos quedamos sentados en silencio mirando a los alumnos que nos gustaban de verdad. Mediante esa terrible experiencia aprendí que el amor no puede existir a menos que ambas partes decidan con libertad estar juntos.

Dios creó nuestros corazones con un anhelo de que alguien nos desee. Por eso esperamos encontrar a una persona que rebose de alegría al estar con nosotros. No queremos salir con alguien que solo esté de acuerdo en acompañarnos en el viaje. Anhelamos relaciones íntimas en las cuales otros sientan entusiasmo cuando están con nosotros. A la larga, cualquier cosa inferior a eso se siente sin sentido en nuestro corazón. Queremos que alguien decida amarnos de manera voluntaria, al igual que Dios deseaba que la humanidad lo hiciera con Él. A través del regalo de Dios del libre albedrío, tenemos la oportunidad de experimentar amor genuino.

Sin embargo, aunque Dios te permite decidir a quién amar, también te permite decidir cómo te comportarás. Si lo deseas, puedes tratar a alguien con respeto, paciencia y humildad. O puedes ser orgulloso, insensible o manipulador. Y si decides comportarte con egoísmo, podrías llegar a no tener pareja ni casarte. Al igual que tú, otras personas no aprecian a alguien que trate de aprovecharse de ellas.

Por consiguiente, la calidad de tu vida social es una combinación de las decisiones que tomas y de las decisiones de quienes te rodean. Por ejemplo, si un hombre se comporta a propósito de modo grosero, hará que las mujeres pierdan el interés en él. Y si es amable, sigue sin tener garantías de que cualquier mujer opte por mostrar algún interés en él.

No puedes controlar el modo en que te tratan otras personas; solo puedes controlar el modo en que tú tratas a otros. Puedes escoger hacer daño a alguien o alguien puede hacerte daño a ti. Sin considerar quién provoque el dolor, los problemas en las relaciones siempre se originan por el pecado humano y no por Dios. Además, no puedes esperar que Dios evite que las personas usen su libre albedrío para hacerte daño. *Si Dios evitara que las personas te trataran mal, también tendría que quitarte tu libre albedrío para evitar que tú trataras mal a otros.*

Dios es santo y amoroso; por lo tanto, Él no provoca rupturas, abuso o divorcio (Malaquías 2:16). Sin embargo, les permite a los seres humanos la libertad de actuar con egoísmo. De esa manera, la soledad, el dolor y la manipulación pueden entrar en nuestras vidas. La posesión del libre albedrío es un privilegio increíble porque así llegamos a experimentar el verdadero amor. Podemos abusar de esto, sin embargo, cuando decidimos pecar contra otros.

Es increíble, pero Dios no nos deja que suframos en la desgracia que causamos en las relaciones. Por el contrario, se convierte en nuestro Héroe al involucrarse en nuestros problemas y al hacer que obren para nuestro bien. Malcolm Smith comenta:

¿Se queda Dios indefenso ante los malvados planes de los hombres malos? ¡No! El milagro es que lleva a cabo con eficiencia sus amorosos planes dentro de las malas elecciones de los hombres y, cuando ponemos nuestra confianza en Él, logra su objetivo en nuestras vidas. Como el Dios de todo amor, su eficaz energía de amor procura de manera ilimitada hacer que cada libre decisión que tomemos, al igual que cada libre decisión tomada en contra de nosotros, obre para nuestro mayor bien y para su gloria[2].

Dios te ama tanto que Él se sumerge en cada detalle de tu vida. Cuando surgen los problemas, se brinda para consolarte y obrar a fin de que la situación madure tu carácter. Aun cuando decidas pecar, Dios no te rechazará. Él sigue siendo paciente con tu terquedad y espera hasta que estés listo para escuchar. Luego, en el momento en que le buscas, Él te abraza con ternura, aceptación y esperanza. Él es un Optimista incansable: «Y sabemos que a los que aman a Dios, todas las cosas les ayudan a bien, esto es, a los que conforme a su propósito son llamados» (Romanos 8:28, RV-60). Por eso nuestro Padre celestial merece nuestra más profunda alabanza.

La participación de Dios en las citas amorosas

Si tu libre albedrío decide determinar la calidad de tu vida social, ¿cuál es la participación de Dios en las citas amorosas? ¿Estás solo a la hora de encontrar intimidad con otra persona? No, la Biblia dice que Dios está activo de dos maneras distintivas.

En primer lugar, Dios usa su control soberano para traer personas a tu camino. Eso no sugiere que puedas ser perezoso y esperar a que otra persona te encuentre. Por el contrario, debes estar dispuesto a salir y relacionarte con personas. Mientras lo haces, Dios guiará tus pasos a fin de crear oportunidades para nuevas relaciones. Esta verdad se confirma en Efesios 2:10, donde el apóstol Pablo dice que fuimos «creados en Cristo Jesús para hacer buenas obras, las cuales Dios preparó *de antemano para que anduviéramos en ellas»*. Conocerás a personas en el futuro y tienes la opción de tener citas amorosas con ellas.

En segundo lugar, Dios no solo trae a personas a tu camino, sino que también crea el deseo dentro de ti de amar a esas personas. Pablo escribió en Filipenses 2:13: «Dios es quien obra en vosotros tanto el querer como el hacer, para su beneplácito». A medida que llegas a conocer a otras personas solteras, Dios se mueve en tu corazón para ofrecer respeto, bondad y sacrificio. Cuando actúas según los deseos de Él, expresas amor a otra persona. Si ese individuo decide hacer lo mismo, nace una nueva relación.

¿Y las veces en que experimentas lo que denomino «hambre de citas»? No estás conociendo a ninguna persona nueva y no has tenido una relación durante mucho tiempo. ¿Significa eso que Dios te está llamando a una vida de soltería o de celibato? ¿Acaso tienes que matar tu sincero deseo de una relación íntima a fin de agradar a Dios? Solía angustiarme con esas preguntas hasta que comprendí que había entendido mal el propósito de Dios para el matrimonio.

En el capítulo anterior hablamos de que Dios creó el matrimonio terrenal como una ilustración física de nuestro matrimonio espiritual con Jesús. Cuando un hombre va tras una mujer y se compromete a amarla de manera sacrificial, vemos un cuadro de Cristo sacrificándose a sí mismo por la iglesia. Por lo tanto, Dios considera el matrimonio terrenal tanto bueno como honroso.

[...] casarse [...] [lo cual] Dios ha creado para que con acción de gracias participen de ellos los que creen y que han conocido la verdad. Porque todo lo creado por Dios es bueno (1 Timoteo 4:3-4).

Sea el matrimonio honroso en todos (Hebreos 13:4).

Muchos solteros, sin embargo, se preocupan por su deseo de casarse cuando escuchan versículos bíblicos que dicen que «no conviene casarse» (Mateo 19:10-12; véase 1 Corintios 7:8,

25-40). Algunos piensan que Dios considera la soltería un modo de vida más elevado. Eso no es cierto. En cada caso, la sugerencia de la Escritura a permanecer soltero se refiere a personas en período de angustia, eunucos o quienes deciden no casarse. En esas situaciones, el deseo de permanecer soltero es un don especial de Dios (1 Corintios 7:7).

En ocasiones Dios llama a alguien a seguir un ministerio especial, sin las trabas de una relación. Para ayudar a esa persona, pone en su interior un inconfundible deseo de quedarse soltero. Ese deseo puede ser temporal o durar para siempre. En cualquier caso, ese deseo libera al individuo de la distracción y permite que esa persona aproveche al máximo su eficiencia en un ministerio en particular. Un ejemplo moderno podría ser un misionero que quiera servir en una región remota donde no sería posible llevar a una esposa e hijos. En esa situación, Dios le da a la persona un contentamiento especial para declinar el matrimonio. Otros ejemplos incluyen monjes, monjas, sacerdotes o cualquiera que prefiera servir al Señor sin una relación que le distraiga.

Si tú no quieres quedarte soltero, no deshonras a Dios. Por el contrario, Él te dotó con la pasión de mostrarle su amor a otra persona. Para ayudarte, Dios traerá personas a tu camino y obrará en ti para que ames a alguien. Si eso conduce al matrimonio, está bien. Si no, también está bien. Recuerda que ya estás completo en tu matrimonio con Cristo.

Tu participación en las citas amorosas

Dios obra a tu favor para ayudarte a conocer y amar otras personas. Sin embargo, tú determinas a quién aceptas y a quién rechazas. A medida que te relacionas con otras personas solteras, tienes la libertad de decidir qué dirección tomará tu relación. Puedes optar por ser romántico con alguien, ser solo amigos o terminar juntos la vida. Además, la otra persona también tiene voz en el asunto, lo cual significa que también influirá en el resultado. Por consiguiente, una relación no existirá a menos que ambos decidan amarse el uno al otro. Si tú o la otra persona toman decisiones pecaminosas, puede verse perjudicada su vida social.

Quizá desees desde lo más profundo casarte, pero las consecuencias de vivir en un mundo caído pueden evitar que logres ese objetivo. Por ejemplo, es posible que la persona con la que quieres salir te pase por alto, una enfermedad puede evitarlo o, como en mi caso, alguien que amas puede decidir abandonarte. Los pecados de la humanidad crean numerosas barreras para las buenas relaciones.

Dios alienta sin cesar a los cristianos solteros a amarse los unos a los otros, pero también permite que sus actos egoístas los separen. Permite esa tribulación a fin de que todos puedan ejercer su libre albedrío pues, sin esto, ninguno de nosotros experimentaría jamás el verdadero amor. Por lo tanto, nuestra participación en las citas amorosas gira en torno a decidir amar a otra persona de forma deliberada. Podemos mejorar nuestras oportunidades de tener citas amorosas optando por amar a las personas de modo sacrificial. O podemos optar por la conducta egoísta y destruir nuestras relaciones.

Tu futuro está en manos de Dios, pero Él no te promete el matrimonio. Encontrar un cónyuge es un proceso del libre albedrío en el cual dos personas deciden sacrificarse a sí mismos por el beneficio del otro. El matrimonio no es algún proceso predeterminado que sucede de manera misteriosa. Llegarás a frustrarte mucho si crees que Dios empareja místicamente a las personas. Él no une a las personas pasando por encima de sus mentes y sus voluntades. Dios reúne a las personas y las alienta a amarse unas a otras, pero les permite decidir el futuro de sus relaciones.

Reduce las demandas

Jennifer era una mujer soltera descontenta en mi iglesia. Tenía treinta y seis años de edad y se quejaba de que su vida se le estaba escapando. Habían pasado seis años desde su último novio y su vida de citas amorosas permanecía en el limbo. Jennifer se preguntaba si su corazón seguía teniendo la capacidad de amar. Por debajo de su hastiada disposición se enconaba una corriente subterránea de resentimiento hacia Dios.

Tras asistir a la iglesia con regularidad durante más de dos años, desapareció de repente. Tres meses más tarde me la encontré en un restaurante y le pregunté si se había trasladado a otra iglesia. Me respondió: «No, he dejado de asistir a la iglesia. A decir verdad, no puedo adorar a un Dios que me dejaría en tal estado de soledad». Jennifer llegó a la conclusión de que si iba a volver a servir al Señor alguna vez, sería mejor que Él le diera un esposo... y pronto.

¿Te has sentido alguna vez como Jennifer? ¿Te enojas con Dios porque estás soltero? ¿Le has exigido en secreto que te dé un cónyuge? Si es así, sé cómo te sientes. Al haber sufrido la pérdida de un matrimonio, y tras repetidos intentos en las citas amorosas, me sentía muy descontento cuando llegué a los treinta años de edad. Anhelaba el matrimonio, pero parecía que no podía alcanzarlo.

Siempre que me sentía molesto por estar soltero, me sentaba en la butaca de mi estudio y agarraba a Dios para hablarle de la injusticia de mi vida social. Él expresaba su misericordia permitiéndome continuar viviendo a pesar de las cosas que le gritaba. Sabía que las decisiones de mi libre albedrío influían en mis relaciones, pero el proceso del noviazgo era tan frustrante que quería que Dios hiciera suceder el matrimonio. Sabía que Él tenía el poder, así que parecía lógico esperar una esposa que viniera de Él.

Cuando demandaba que Dios me diera enseguida una esposa, Él casi siempre me respondía con una pregunta: «*Rob, ¿es el amor de Jesucristo suficiente para ti? ¿Has permitido que su completo perdón y su aceptación incondicional satisfagan tu corazón?*».

Con lágrimas de resignación admitía: «No, Señor, quiero el matrimonio más de lo que te quiero a ti». Seguía creyendo que para sentirme completo mi corazón necesitaba el afecto de una mujer.

Un día, Dios razonó conmigo de manera gentil. *Rob, has tenido más de veinte relaciones fallidas y una esposa que te abandonó. ¿No puedes ver que el amor humano es condicional? Mi amor por ti es lo único con lo que puedes contar.*

De repente, algo se activó dentro de mi mente. Le respondí: «Señor, tienes razón. ¿Por qué persigo el matrimonio cuando no puede darme el amor perfecto que anhela mi corazón? Solo tú ofreces todo lo que necesito». Por lo tanto, el 20 de abril de 1998, sentado en mi butaca, renuncié a exigirle a Dios que me casara. Seguía queriendo encontrar una esposa algún día, pero ya no consideraba que el matrimonio fuera necesario para completar mi vida. Si me quedaba soltero hasta la muerte, estaba bien... Dios prometió llenar mi corazón.

Cuando le exigimos a Dios que nos dé una pareja, bloqueamos su amor para que realce nuestra vida social. El enojo que albergamos crea un muro entre Él y nosotros. Si somos sinceros con nosotros mismos, comprendemos que nuestra demanda de matrimonio es una negación del amor de Dios porque queremos que se satisfagan nuestros deseos egoístas. Dios nunca dejará de amarnos, pero nosotros no le tenemos en cuenta cuando buscamos con desesperación un ser humano que nos haga felices. Además, cualquier cosa de la que dependamos para nuestra felicidad termina controlándonos. Si creemos que necesitamos un novio o una novia para estar satisfechos, las personas controlarán nuestras vidas en lugar de que lo haga Dios.

Usa las siguientes preguntas para considerar si podrías querer el matrimonio más de lo que quieres a Dios:

- ¿Estoy teniendo citas amorosas para encontrar alguien que pueda hacerme sentir mejor conmigo mismo?
- ¿Puedo sentirme contento y agradecido a Dios en mi soltería?
- ¿Soy cínico en cuanto a las relaciones con el sexo opuesto?
- ¿Le temo a la posibilidad de no casarme nunca?

Amigo, no permitas que la meta del matrimonio te manipule. Llegarás a sentirte desgraciado porque no puedes controlar del todo el resultado. (Recuerda que el matrimonio también requiere la elección de otra persona). Lo que es más importante, el matrimonio no puede llenarte. El propósito de Dios para tu vida no es que encuentres una pareja. Más bien su objetivo es guiarte a compartir su amor sacrificial con otras personas (Romanos 12:1; Hebreos 13:16). Sin embargo, su amor no puede beneficiar tus relaciones hasta que rindas tu derecho a casarte. No estoy diciendo que tengas que apuntarte para ser un monje o una monja. Por el contrario, cuando rindes tus derechos, permites que tu Esposo amoroso y espiritual guíe tu vida. Él quiere satisfacer tu corazón con su amor y dejar que rebose en tus relaciones.

Darle a Jesucristo la supervisión de tu vida a veces se denomina *quebrantamiento*, lo cual significa llegar al final de tus propias fuerzas. El quebrantamiento se produce cuando renuncias a tratar de hacer que la vida marche con tus propias fuerzas. Con una actitud de humildad, cedes tus derechos y demandas egoístas a Cristo (Lucas 9:23-24)[3]. En otras palabras, Jesús desprende lo malo. Cuando estás quebrantado, dejas de luchar para conseguir lo que quieres. Te dispones para los propósitos de Cristo y le permites que viva su apasionada vida por medio de ti. A ese respecto, cederle tus derechos a Él es la mejor decisión que puedas tomar jamás.

Una vez que rindes tu demanda de casarte, Cristo puede motivarte a tener citas amorosas por las razones adecuadas. Aun así, no esperes que tu vida amorosa florezca de forma automática. Es posible que Jesús te inste a posponer las citas amorosas si no es el momento oportuno o si sigues centrado en ti mismo. Sin embargo, no te desalientes; tomar un descanso no necesariamente significa que te quedarás solo para siempre. La pausa es para tu bien. Espera en Él, y en el momento adecuado te alentará a renovar el romance, cuando sea más benéfico para ti.

Un nuevo ciclo de relaciones

Si anhelas el matrimonio por encima de todas las demás cosas, la aceptación por parte del sexo opuesto controlará tu autoestima. Tu vulnerable corazón seguirá malsano porque no puedes dominar el que otras personas te acepten. Sin importar lo mucho que te esfuerces por mantener feliz a alguien, las imperfecciones humanas siempre complicarán tu relación. De ese modo, mientras esperas que las citas amorosas satisfagan tu corazón, permanecerás dentro de este círculo vicioso:

1. Eres imperfecto y tienes hambre de aceptación.

2. Así que tienes citas amorosas para encontrar a alguien que te haga feliz.

3. Tu pareja, sin embargo, también es imperfecta y hambrienta de aceptación.

4. Tratan de agradarse el uno al otro, pero al final cometen errores y se decepcionan el uno al otro.

5. Tu desilusión causa conflicto y rechazo.

6. A medida que aumenta el rechazo, comienzas a buscar otra persona que te agrade.

7. El círculo comienza de nuevo.

Este sencillo diagrama refleja el porqué muchos solteros saltan de relación en relación. Requieren más felicidad o satisfacción de las que pueden darles sus parejas. En un principio, disfrutan al estar con alguien nuevo, pero es inevitable que los errores y las imperfecciones causen desengaño. A medida que se tambalea su compromiso, terminan la relación y buscan otra persona que les haga felices. Es triste, pero buscarán siempre porque Dios nunca creó el noviazgo o el matrimonio para satisfacer nuestros corazones.

Permite que haga hincapié en que Dios no niega nuestra necesidad de relaciones humanas amorosas. No nos diseñaron para vivir como ermitaños o personas solitarias. Nacimos con la necesidad de establecer conexiones íntimas con otras personas. A pesar de eso, Dios no quiere que defraudemos nuestros corazones al hacer de las relaciones humanas imperfectas nuestra fuente primordial de aceptación, propósito o importancia. Como vimos en el capítulo 1, Dios quiere que el romance sirva como el postre de chocolate después de alimentar nuestros corazones con una dieta regular del amor apasionado de Cristo. En otras palabras, *las citas amorosas son un medio de expresar el amor que ya nos ha dado Cristo*. Eso es lo que el Señor dio a entender cuando dijo: «De lo más profundo de su ser brotarán ríos de agua viva» (Juan 7:38). Recibimos de Cristo el amor que necesitamos; luego damos ese amor a otra persona en el noviazgo.

Por favor, no me malentiendas. Dios estableció el romance como una bendición maravillosa. Con todo, ponemos en peligro el bienestar de nuestros corazones cuando consideramos obligatorio el afecto humano para nuestra autoestima. Solo la aceptación incondicional de Cristo puede completarnos. Cuando recibes el amor de Cristo y le dejas que rebose a una relación romántica, puede suceder un nuevo ciclo:

1. Eres imperfecto, pero estás satisfecho por el amor de Dios.

2. Así que, cuando tienes citas amorosas con alguien, ya no tiene que actuar a la perfección para agradarte.

3. Por consiguiente, tu pareja es libre para ser quien es.

4. Eso hace que se sienta de manera más cómoda contigo.

5. Cuando tu pareja comete un error, puedes perdonarla tal como Dios te perdonó a ti.

6. A su vez, tu pareja disfruta de tu compañía y alienta una relación más profunda.

7. Se forma un ciclo de intimidad, y ambos se acercan aun más.

Dios inicia, nosotros respondemos

Antes en este capítulo mencionamos dos maneras en que Dios participa en las citas amorosas. En primer lugar, obra para traer personas a tu camino. En segundo lugar, inicia el deseo en tu interior de amar a las personas. Pone sus deseos en ti; hace que sean una parte de ti.

Hebreos 13:21 dice que Dios nos hará «aptos en toda obra buena para hacer su voluntad, obrando Él en nosotros lo que es agradable delante de Él mediante Jesucristo». Observa que Dios obra para darte la motivación a fin de hacer su voluntad. Dado que tu matrimonio espiritual te une con Cristo, Dios puede moldear los deseos en tu mente y en tu corazón (1 Juan 4:15-16). Permíteme ilustrar el proceso de la obra de Jesús en nosotros para iniciar una nueva relación de noviazgo.

Tres meses después de rendir mis derechos a casarme, me sentía inquieto y quería conocer algunas nuevas personas solteras. (*Eso era Cristo iniciando el proceso*). No me sentía con ánimos para las citas amorosas, pero había menguado mi círculo de amistades en aquel momento y sentía como si estuviera estancado en lo social. Un día, recibí información en el correo acerca de un retiro en la playa para cristianos solteros. En cuanto leí el panfleto, sentí el deseo de asistir. (*Eso era Cristo plantando sus deseos en mí*).

A pesar de la inspiración, rechacé la idea cuando descubrí que ya se habían apuntado más de seiscientas personas. La idea de estar alrededor de tantas personas solteras me intimidaba. Además, no quería soportar el escrutinio que harían de mí en traje de baño en una playa llena de gente. Así que tiré la información a la papelera. (*Eso era Cristo permitiéndome escoger según mi libre albedrío*).

Sin embargo, el deseo de asistir a ese retiro no desaparecía. Aunque lo intentaba, no podía negar que era una estupenda oportunidad para conocer personas nuevas. (*Eso era Jesús razonando en mi corazón*). Durante doce semanas vacilé en cuanto a ir, pero cuando se acercó la fecha tope para incribirse, mi interés comenzó a aumentar. (*Jesús seguía alentándome*).

Dos semanas antes de la fecha tope, fui a comer con un amigo y él me dijo de repente: «He oído que va a haber un retiro en la playa. Yo no quiero ir solo. ¿Te gustaría ir conmigo?».

Saber que mi amigo quería ir, de pronto quitó mi renuencia. Respondí de inmediato: «Claro, eso parece estupendo». (*Eso era Jesús usando su poder para hacer que alguien se cruzara en mi camino, ¡impulsándome a tomar una decisión!*).

No es necesario decir que los deseos de Cristo eran para mi propio beneficio. El retiro resultó muy divertido. A lo largo del fin de semana conocí a muchas personas nuevas y comencé algunas nuevas amistades, en particular con una hermosa muchacha llamada Ashley. A causa de Cristo obrando en mí, regresé a casa con una vida social vigorizada.

Jesús quiere que disfrutes del amor con otras personas. Él es más sabio que tú, sin embargo, y por eso quiere supervisar tus citas amorosas y dirigirte a relaciones beneficiosas. Él no lo puede hacer hasta que tú rindas tus derechos relacionales y sigas los deseos que Él pone en tu corazón. Te aliento a dar ese paso en este momento.

Ninguna fórmula para el matrimonio

Dos falacias evitan que muchas personas solteras experimenten una apasionada relación de noviazgo. La primera falacia supone que Dios tiene a una persona especial esperándote. Lo único que necesitas es fe, y Dios hará el resto. Esta idea siempre conduce a presión y frustración.

Por ejemplo, si crees que Dios tiene a alguien oculto en algún lugar del mundo para que lo encuentres, podrías preguntarte: *¿Dónde está esa persona, y por qué no la ha traído Dios a mí aún?* Hasta podrías especular: *¿Está Dios enojado conmigo? ¿No reconocí antes a esa persona en mi vida y perdí mi oportunidad de encontrar el verdadero amor?* Pensamientos como esos causan sentimientos de temor, ansiedad y hasta ira contra Dios en lugar de paz y contentamiento.

Por otro lado, algunas personas solteras creen que el secreto para casarse es negar por completo sus deseos de hacerlo. He oído este concepto erróneo promovido por personas casadas que afirman que encontraron a sus cónyuges poco después de dejar de buscar a alguien. Eso implica que Dios te traerá una pareja en cuanto dejes de desear el matrimonio. Esa teoría es absurda. Dios no juega al ratón y el gato contigo ni te hace saltar atravesando aros para calmarlo. Él tampoco es una máquina expendedora celestial a la que debes pagar para recibir una bendición. Dios te bendice sin reservas (Efesios 2:8-9).

Algunas personas encuentran cónyuges cuando no los buscan porque *parecen más atractivas cuando están relajadas y no son egoístas.* Su serena conducta refleja madurez y la capacidad de amar a otros. Nadie quiere tener citas amorosas con alguien ansioso o centrado en sí mismo. Las personas pueden sentir cuando alguien está desesperado. Los solteros inteligentes mantienen sus ojos abiertos para quienes parecen estar contentos con el lugar en el que Dios les ha puesto. De esa manera disminuyen el riesgo de salir con alguien que tratará de manipularlos.

No existe ninguna fórmula para encontrar pareja. Como hemos dicho, el matrimonio se produce cuando dos personas se encuentran y ambas deciden en su libre albedrío amarse la una a la otra de manera sacrificial.

Deja que Jesús mejore tu vida amorosa

Si eres soltero o soltera, por favor, no creas la mentira mundana de que algo va mal en ti. A los ojos de Cristo, tú no eres un desterrado social. Jesús te considera adorable, interesante, victorioso y santo; y su opinión es la única que importa. Sin embargo, ten en mente que pueden suceder cosas fascinantes cuando el amor de Cristo se convierte en el núcleo de tu autoestima. Muchas veces, te conviertes en una persona más atractiva con la cual salir.

La mayoría de los solteros prefieren salir con personas contentas consigo mismas. Como es natural, te ves más atractivo cuando estás contento en Cristo. Su amor puede obrar en tu corazón a fin de quitar las barreras sociales que te bloquearon para tener una apasionada relación de noviazgo. Por ejemplo, descansar en la aceptación incondicional de Cristo te libera de la presión de comportarte bien para otros. A su vez, puedes sentirte libre para ser tú mismo, lo que constituye una de las cualidades más atractivas que puedes mostrar. Nadie quiere tener citas amorosas con un farsante. Por lo general, los hombres están en favor de salir con una mujer que se respete a sí misma. De igual manera, las mujeres casi siempre prefieren salir con un hombre que se sienta seguro. No podemos fingir actitudes como esas, pero podemos tenerlas cuando descansamos en el amor de Cristo.

Jesús es la única Persona que puede satisfacer tu corazón. Cuando estás satisfecho por tu matrimonio espiritual con Él, te sitúas en posición de estar preparado para el matrimonio terrenal. Deléitate en su pasión, y Él te guiará a amar a otros haciendo que sus deseos sean tus deseos.

Pon tu delicia en el SEÑOR, y Él te dará las peticiones de tu corazón (Salmo 37:4).

Estudio bíblico personal

1. Romanos 5:12-21 dice que el pecado de Adán pasó a ti cuando naciste. ¿Cómo te liberó Cristo de esa terrible condición?

2. Lee Job 1:6—2:10. Observa que Dios nunca le causó ningún daño a Job. ¿Quién instigó la tragedia de Job? ¿Qué significa esto cuando te afecta la tribulación?

3. Lee el Salmo 118:1-14 y medita en la bondad de Dios hacia ti durante una circunstancia difícil.

4. Busca Proverbios 16:9 y 20:24. Considera cómo el Señor te dirige en el camino de la vida. Pídele a Dios que te haga consciente de las oportunidades que Él crea para que les expreses amor a otras personas.

5. En 2 Corintios 5:14 el apóstol Pablo afirma que el amor de Cristo controla al cristiano. ¿Puedes señalar dos ejemplos del modo en que Jesús te motivó a amar a otra persona la semana pasada?

6. Lee Lucas 9:23-25 y 2 Corintios 12:9-10. Estos versículos describen el término «quebrantamiento» del que hablamos en el capítulo 3. ¿Por qué el quebrantamiento es beneficioso? ¿Has renunciado a tu derecho al matrimonio?

Preguntas de discusión en grupo

1. Hablen de dos maneras en que la sociedad hace que las personas solteras se sientan inferiores. ¿Cómo puede tu matrimonio espiritual con Cristo ayudarles a desechar las mentiras de la cultura?

2. Hablen sobre el modo en que la gente reacciona hacia Dios cuando golpea la tragedia o cuando pierde una relación romántica. Luego, hagan que alguien lea Romanos 8:31-39 en voz alta. A la luz de esos versículos, ¿cómo deberíamos ver a Dios en medio de la tragedia?

3. Conversen sobre los increíbles beneficios que hay en que Dios les permita tener un libre albedrío. ¿Cómo se aplica el libre albedrío a sus citas amorosas?

4. Hablen del porqué Dios estableció el matrimonio en la tierra. ¿Pueden ser personas completas siendo adultos solteros? ¿Por qué?

5. Consideren por qué las relaciones de noviazgo no pueden proporcionarles una felicidad duradera.

6. Hablen de dos maneras en que el conocimiento del amor de Cristo puede hacerles personas más atractivas con las que salir.

4

ESCOGE
TU PASIÓN

————⊗⊗⊗————

*Cómo determinas cuál es la mejor
persona con quien tener citas amorosas*

Quizá estés familiarizado con la institución educativa conocida como «Escuela de golpes duros». Siendo adulto soltero, asistí a esa estimada institución y recibí mi doctorado en citas amorosas. Me llevó mucho ganarme el doctorado, incluyendo rupturas, rechazos y corazones rotos. Y luego tuve que volver a tomar todas mis clases después que me abandonara mi esposa. Por fortuna, Dios utilizó mis relaciones dolorosas para desarrollar mi madurez. Una de sus mejores lecciones fue enseñarme a tomar decisiones más sabias con respecto a con quién tenía citas amorosas.

Gran parte de mi dolor surgió de mi confusión acerca de qué buscar en una pareja. Al crecer, me creí la mentira mundana de que las mejores mujeres eran las dotadas de cualidades superficiales, tales como belleza, encanto, estilo, humor o atletismo. Así que buscaba relaciones con chicas que poseyeran esos atributos exteriores y no pensaba mucho en su carácter, desinterés o madurez.

En la universidad, yo era tan superficial que hasta desarrollé un tonto sistema para decidir a qué mujeres perseguir. Elegía a una chica en una clase y enseguida la miraba. Si el destello de su cara me electrizaba tres veces seguidas, se convertía en mi principal objetivo. No obstante, si al mirarla parecía no sentir una sensación de hormigueo, perdía el interés. Es posible que mi método parezca torpe, pero te aseguro que no era distinto a lo que hacía la mayoría de mis amigos. Siempre que nos preguntábamos con quién tener citas amorosas, nuestra decisión final casi siempre descansaba en el factor «guapa».

Por qué fracasan las relaciones

Necesité trece años de citas amorosas para reconocer al fin mi vacío punto de vista sobre las mujeres. A través de una epifanía, Dios reveló que mis relaciones a menudo comenzaban bien, pero siempre quedaban en nada. Él me ayudó a sacar a la luz mi problema mediante el libro *Personas Seguras*, de los doctores Henry Cloud y John Townsend. Los autores visitaron una universidad cristiana y les preguntaron a los estudiantes qué cualidades deseaban en una potencial pareja. La mayoría de los estudiantes querían a alguien «ambicioso, divertido, atractivo, espiritual, inteligente o ingenioso»[1].

Esas respuestas turbaron a Cloud y Townsend debido a su experiencia en aconsejar a parejas infelizmente casadas. De su estudio, elaboraron una lista de motivos comunes de la insatisfacción matrimonial entre esposos y esposas. Cuando compararon su lista con la de los estudiantes de las cualidades de selección de pareja, observaron una drástica diferencia. Los cónyuges infelices de ordinario tienen las siguientes quejas con respecto a sus parejas:

- Él no me escucha.
- Ella es tan perfecta que no puede entender mis luchas.
- Él parece tan distante que me siento sola.
- Ella siempre trata de controlarme.
- Él hace promesas, pero no las cumple en realidad.

- Él es condenatorio y crítico.

- Ella siempre está enojada conmigo por algo que hice o no hice.

- Tiendo a sacar lo peor de mí con ella.

- No puedo confiar en él[2].

Esas quejas resultaron del trabajo de Cloud y Townsend con cientos de parejas casadas que estaban a punto de separarse. Observa cómo la lista de comentarios infelices no tiene nada que ver con la belleza, el humor, la inteligencia o la riqueza. Los matrimonios no fracasan debido a que uno de los cónyuges no sea lo bastante divertido. Tampoco las parejas se separan porque una de las personas sea demasiado inteligente. Las dificultades matrimoniales resultan de problemas más profundos.

Las relaciones fracasan cuando dos personas se niegan a amarse la una a la otra de manera sacrificial. La conducta egoísta destruye su unión porque la intimidad no puede coexistir con la inmadurez ni con una falta de carácter. Problemas como esos se originan por debajo de la superficie de una persona. Por lo tanto, aunque algunas personas quizá se vean bien, es posible que no necesariamente sean buenas para ti. Cloud y Townsend llegaron a la conclusión: «Escogemos a las personas basándonos en aspectos exteriores [...] pero luego experimentamos el dolor de estar en una verdadera relación con ellas, y salimos con las manos muy vacías»[3].

Con demasiada frecuencia los solteros escogen a las personas con quienes tener citas amorosas centrándose estrictamente en las características externas. Sabemos que los chicos pueden tener fama de juzgar a una mujer por su figura. No obstante, las mujeres hacen lo mismo cuando califican a un hombre según su popularidad, humor o riqueza. Eso no significa que esos atributos visibles no sean importantes. La belleza, el dinero y la inteligencia de una persona pueden, sin duda alguna, beneficiar una relación.

El problema con los atributos exteriores, sin embargo, es que no revelan un cuadro completo de alguien. Además, el atractivo externo no indica si una persona es o no lo bastante madura para amar de forma desinteresada. Por el contrario, las personas que se apoyan demasiado en su aspecto externo a menudo carecen de la capacidad de considerar las necesidades de otros. Llegan a ensimismarse tanto que, para ellas, sacrificarse significa que otra persona debería concederle sus deseos. Este tipo de actitud evita la pasión pura.

Mi experiencia confirma que si solo tienes citas amorosas por razones superficiales, terminarás en una relación insatisfactoria. Yo tuve citas con varias chicas que eran hermosas, inteligentes y alegres, pero que no tenían deseo de dar. Por el contrario, siempre querían que yo cediera. En otras palabras, mi mundo tenía que girar en torno al suyo. En un principio, el romance se sentía tan bien que no me importaba ceder a ellas. Con el tiempo, sin embargo, me irritaba porque sentía que siempre tenía que ser yo el que cediera.

Descubrí que no importa la cantidad de placer, emoción o afecto que ofrezca una relación de noviazgo, esas cosas no pueden satisfacer el deseo del corazón de ser amado de manera genuina. Anhelamos una relación en la que podamos sentirnos celebrados por la otra persona. Las citas amorosas son un fastidio cuando tu novio o tu novia no ofrecen confianza, cooperación ni aceptación.

La elección de con quién tener citas amorosas

Si el aspecto externo no garantiza unas buenas relaciones, ¿cómo decides con quién tener citas amorosas? ¿Sugiere Dios conformarse con alguien que sea digno de confianza pero sin brillo? No, Dios quiere que formes relaciones basadas en algo más que la piedad. Él quiere que escojas con quién tener citas amorosas por la misma razón que Cristo escogió iniciar una relación contigo: atracción concreta y amor sacrificial.

Repasemos con rapidez por qué te siguió Jesús. En el capítulo 1, descubrimos que Cristo soportó su crucifixión porque sentía un gozo concreto por ti (Hebreos 12:2). Como individuo único creado a imagen de Dios, le cautivaste (Génesis 1:26). Para Jesús, tu belleza especial fascinó su corazón. Su atracción, sin embargo, no era lo suficiente en sí misma para establecer una relación santa contigo. Tu pecado se interponía entre tú y Él. A fin de experimentar intimidad contigo, Jesús tuvo que sacrificarse por ti. Además, tú tuviste que sacrificar tu orgullo y aceptarlo a Él como tu Salvador. Una vez que se completaron esos actos, te uniste a Cristo en un glorioso matrimonio espiritual.

El capítulo 2 explicó que Dios estableció el noviazgo y el matrimonio como una ilustración terrenal para ayudarte a comprender tu unión espiritual (Efesios 5:32). Por lo tanto, cuando amas de manera sacrificial a una persona que atrae en concreto tu corazón, gustas la pasión que Cristo siente por ti. Exploremos la esencia de la atracción concreta y el amor sacrificial.

El corazón de la atracción

Siempre me he sentido atraído hacia mujeres altas y esbeltas con cabello largo y oscuro. Mientras esperaba en el vestíbulo del hotel un día, mi corazón dio un salto cuando ella se puso a la vista. De todas las mujeres que viera jamás, aquella lo tenía todo. Olas de cabello castaño caían sobre sus hombros, realzando su esbelta figura. Me quedé mirándola como si estuviera en un trance. Sus piernas eran largas y delgadas y... vaya, ella me sorprendió mirándola. Yo aparté la vista, fingiendo no prestarle atención. Sin embargo, mientras ella caminaba, pensé: *¡Sensacional! ¿Quién es ella, y cómo puedo conocerla?*

Eso sucedió durante el retiro en la playa para solteros que mencioné en el capítulo 3. Dios me había instado a asistir a fin de poder conocer algunos nuevos amigos. De repente, yo quería encontrar el modo de conocer a esa estupenda mujer. De manera sorprendente, solo tuve que esperar unas horas, porque un amigo mío me invitó a ir a cenar con su grupo y allí estaba ella.

Esa noche en el restaurante, descubrí que el nombre de aquella belleza era Ashley. Hablamos, y supe que teníamos una educación similar, ambos habíamos viajado al extranjero y habíamos aceptado a Cristo a temprana edad. Estaba fascinado mientras hablábamos... ¿mencioné su largo y oscuro cabello?

¿No serían aburridas las citas amorosas si no existiera la belleza o el encanto? El aspecto externo es una bendición, porque despierta el interés entre dos personas. Por ejemplo, cuando un hombre conoce a una mujer, la emoción de ambos por el aspecto externo o la personalidad estimula un deseo de conocerse mejor el uno al otro. Desde luego, al final deben determinar la integridad el uno del otro. Es difícil, sin embargo, comenzar una nueva relación basándose solo en el carácter, pues la virtud puede tardar meses en verificarse. Por lo tanto, la atracción externa sirve como el catalizador para que las personas establezcan nuevas relaciones.

¿Has pensado en las cualidades concretas que te atraen al sexo opuesto? ¿Con qué tipo de persona sueña tu corazón? ¿Qué características te fascinan por completo? ¿Prefieres cierto tipo de cuerpo, altura o color de cabello? ¿Prefieres un tipo distintivo de risa, pasatiempo, interés o personalidad? Cuando conozcas a alguien que posea esos atributos, es probable que te sientas atraído de manera irresistible hacia esa persona.

Es interesante que la mayoría de tus preferencias relacionales estén incorporadas. ¿Has observado que ciertos atributos del sexo opuesto siempre te cautivan, a pesar de lo mucho que trates de obviarlos o empequeñecerlos? Por ejemplo, como he mencionado, yo tengo una inclinación natural hacia las mujeres con cabello largo y castaño. No puedo explicar el porqué, pero el cabello oscuro me deslumbra por completo. Las rubias o las pelirrojas también son atractivas, pero cuando entro en una habitación llena de gente, las castañas son la que primero captan mi mirada.

Mis preferencias innatas me atrajeron a Ashley durante el retiro para solteros. Su increíble cabello oscuro me volvió loco, al igual que su figura alta y esbelta. También encantó mi corazón cuando supe que era cristiana desde hacía mucho tiempo, que le gustaba viajar y que disfrutaba del atletismo. Ashley me atrajo tanto que dos meses después me sentí impulsado a pedirle una cita. Ella también sintió una atracción hacia mí, y poco después nació nuestra relación.

El origen de la atracción

Considera las características que te fascinan sobre el sexo opuesto. ¿Dónde se originó esa fascinación? ¿Nos enseñamos a nosotros mismos en secreto cuando éramos niños a salir solo con personas de cabello oscuro o con una ingeniosa personalidad? ¿Nos dieron nuestros padres o amigos nuestras tendencias como reglas obligatorias? No, creo que los deseos que hay en nuestros corazones son regalos de Dios, diseñados para iluminarnos acerca de la atracción concreta que Jesús siente hacia ti y hacia mí. Ten en mente que si no tuviéramos gustos concretos en cuanto a las personas, no podríamos comprender el sentimiento de ser amados como individuos.

Millones de cristianos, quizá miles de millones, componen el Cuerpo de Cristo. No obstante, en medio de una familia de creyentes tan grande, Jesús no quiere que olvides que Él te ama de forma concreta a ti. Tú eres especial para Él. Para ayudarte a comprender su atracción individual hacia ti, te da un conjunto único de preferencias que te atraen hacia cierto tipo de individuo. Si ese no fuera el caso, ¿por qué pasaría Dios por toda la molestia de crear a cada ser humano diferente? Él no solo está demostrando su creatividad, sino también intentando enseñarnos acerca de su amor concreto.

Tendemos a olvidar que Dios es una Persona romántica. Debemos recordar que Él es el autor del amor, la atracción y el sexo, y nos hicieron a su imagen. Así que no deberíamos atenuar los rasgos que atraen nuestros corazones hacia el sexo opuesto. Deberíamos aceptar nuestras preferencias y permitir que nos guíen a una relación amorosa con alguien. Cuando lo hacemos, recibimos una pizca del encanto único de Dios con nosotros.

Escucha tu corazón

Es triste, pero muchos solteros pasan por alto sus sinceras preferencias porque crecen escuchando que su corazón es malvado. Las personas que creen esa idea utilizan ciertos pasajes de la Escritura para apoyar su postura, como Jeremías 17:9 o Marcos 7:21. Sin embargo, esos versículos se refieren al antiguo pacto, antes de la muerte de Cristo en la cruz. Después de su muerte y resurrección, Dios estableció un nuevo pacto, el cual permitió «que Cristo more por la fe en vuestros corazones [...] para que seáis llenos hasta la medida de toda la plenitud de Dios» (Efesios 3:17-19, RV-60).

Antes de que Cristo muriera, los corazones de todos eran malvados porque Dios no residía en ellos. Después de la muerte y la resurrección de Cristo, sin embargo, Él pudo, por la fe, limpiar tu corazón y vivir en el interior de tu espíritu (Ezequiel 36:25-26; 1 Corintios 6:17; Gálatas 2:20).

Ahora que Cristo está dentro de ti, Él pone deseos en tu corazón en los que puedes confiar. Eso le permite guiarte a nuevas relaciones. Aún tienes la elección de pecar, pero el pecado ya no mora en tu corazón. Cristo lo expulsó y te hizo una nueva criatura, santa y justa (2 Corintios 5:17, 21). Ahora que Cristo vive en ti, los deseos de Él pueden convertirse en tus deseos (Hebreos 10:16; Efesios 2:10; 1 Juan 4:16-17). (Si te preguntas por qué pecas aún, no te preocupes; hablaremos de ese asunto en el capítulo 6).

Cuando Cristo vive su vida por medio de ti, Él influye en el modo en que te relacionas con otros. Él pone en ti el deseo de amar a otra persona de modo genuino y desinteresado. Además, Él puede impartir los deseos adecuados de romance. Por lo tanto, escucha tu corazón y sigue los impulsos que Cristo te dé. Sin embargo, *no* confundas sus deseos con el deseo egoísta de tener citas amorosas solo con cualquiera que te «encienda» en lo sexual. Puedes meterte tú mismo en problemas cuando te concentras en el aspecto externo y haces caso omiso a la importancia del carácter.

Dios le dio a Jesús acceso directo a tu corazón a fin de que Él pudiera guiarte a equilibrar el romance y la integridad. Él quiere que te preocupes por igual por cosas tales como la madurez espiritual de una persona, su inteligencia, sus relaciones familiares y su ética de trabajo. Él se interesa por algo más que solo las típicas atracciones físicas entre personas. Eso no supone que Cristo te guíe a casarte con alguien feo o aburrido. Por el contrario, si decides casarte, Jesús quiere que te sientas emocionado con esa persona. Él quiere que tengas una relación que beneficie a todo tu ser. Así que no te conformes con nada menos que aquello que tu corazón desea en verdad.

Hombres, ¿saben qué características específicas les atraen del sexo opuesto? ¿Con qué tipo de mujer sueña tu corazón? No se limiten solo a la figura corporal ni al color de cabello. Piensen en todo el rango de atributos externos y creen una lista que especifique cosas tales como el nivel de educación, la participación en la iglesia, la personalidad, los vínculos familiares, el nivel de energía, las metas, los pasatiempos y hasta el modo en que se conduce. Determinen las cualidades que les inspiran a iniciar una relación con una mujer. Si pasan por alto su corazón, es probable que pierdan una oportunidad de iniciar una relación apasionada.

Mujeres, ¿han contemplado lo que su corazón desea en un hombre? Además de unos ingresos regulares y un buen aspecto, ¿desean un hombre que sea tranquilo, con el que se pueda hablar con facilidad, que sea bueno con los niños, sólido en su carrera o un líder activo? Escuchen su corazón, hagan una lista y no rebajen sus estándares solo por conseguir una cita. Si no ha llegado el barco de sus sueños, esperen con paciencia y mantengan los ojos abiertos. Ponen obstáculos a sus oportunidades de intimidad si se entregan a un hombre que no despierte pasión en ustedes.

Permite que subraye que tener citas amorosas con pasión nunca implica perseguir a alguien que sea malo para ti. El encaprichamiento o la química sexual puede que sean buenos sentimientos, pero si se convierten en la fuerza impulsora en tu relación, puede causar la muerte. Necesitas algo más que una emoción romántica para experimentar la pasión pura. Como hablaremos más adelante en este capítulo, las relaciones estupendas se centran en el amor coherente y sacrificial.

Más que amigos

La amistad es un aspecto vital de las citas amorosas porque proporciona el apoyo, la empatía y el aliento necesarios para que dos personas crezcan juntas. Si no eres buen amigo de tu novio o tu novia, tendrás dificultades para comunicarte sobre temas que sean importantes para ti. Una relación no puede desarrollarse sin un ambiente en el que puedas ser tú mismo y hablar con franqueza de tus pensamientos. También la amistad te permite disfrutar de alguien durante los momentos menos que emocionantes en la vida. Eso es importante porque, si te casas, experimentarás algunas épocas nada emocionantes.

Por otro lado, una relación apasionada de noviazgo requiere más que solo amistad, porque Jesús te ama más que como a un amigo. En Juan 15:14 Jesús te llama su amigo, pero a lo largo de las Escrituras te llama su esposa. Siempre que la Biblia se refiere a la esposa de Cristo, inspira imágenes de belleza encantadora y atracción romántica (Cantares 4; Apocalipsis 19:7-9). Por lo tanto, si quieres una relación basada en la pasión de Cristo, conformarte con una amistad platónica no será suficiente. El noviazgo apasionado incluye la llama de una mutua fascinación física.

Los opuestos se devalúan

Algunos sugieren que las personas que son opuestas forman estupendas parejas para el matrimonio. Esa es una idea errónea. Las relaciones duraderas a menudo se producen cuando dos s personas poseen muchas similitudes, porque las similitudes ayudan a crear estabilidad.

Por otro lado, cuando una pareja proviene de distintas culturas, costumbres o tradiciones, sus diferencias requieren más compromiso y ajuste. Numerosas diferencias pueden crear un increíble nivel de estrés y requieren mucha negociación.

Cuando tienes numerosas similitudes en común con alguien, mejoras tu capacidad de desarrollar una conexión a largo plazo. Además, al ver la vida de la misma manera, reduces el potencial para el conflicto. ¿Qué similitudes son más útiles? Los psicólogos citan asuntos tales como: «intelecto, espiritualidad, expresar de modo íntimo, intereses y expectativas sobre papeles a desempeñar». Las diferencias más destructivas incluyen: «nivel de energía, hábitos personales, usos del dinero y destreza verbal»[4].

Cuando tienes citas amorosas con alguien drásticamente distinto a ti, a menudo intentas cambiar a esa persona. Cuanto más tratas de cambiar los valores, metas o la personalidad de alguien, más estresante se vuelve la relación. En contraste, si posees los mismos intereses y creencias, tu relación tiene una base incorporada para la armonía.

Si te sientes atraído hacia alguien muy distinto a ti, ten cuidado de no usar a esa persona para completarte. Por ejemplo, una chica tímida quizá sienta la tentación de salir con un hombre con iniciativa a fin de que se ocupe de las cosas que le intimidan, como negociar y hablar en las fiestas. De igual modo, un hombre pasivo puede sentirse impulsado a salir con una mujer extravagante que incorporará algo de emoción a su vida.

En el capítulo 2 hablamos de que tu matrimonio espiritual con Jesús ya te ha hecho completo (Colosenses 2:10). Por lo tanto, tener citas amorosas con alguien opuesto a ti no te hará completo. Solo el amor incondicional de Cristo puede satisfacer tu corazón. Si sigues sintiendo que necesitas a una persona para completarte, aún no has aceptado a plenitud su amor. Abre tu corazón a la realidad de que Jesús quiere satisfacerte con su pasión.

El amor sacrificial sustenta una relación

Hemos hablado de cómo la atracción concreta obra para iniciar una relación. No obstante, si tienes citas amorosas basándote solo en las atracciones externas, te prepararás para el fracaso y el desengaño. La belleza y el carisma no pueden mantener juntas a las parejas cuando surgen las dificultades. A fin de experimentar una pasión duradera, dos personas deben estar dispuestas a *sacrificarse* la una por la otra.

Jesús demostró amor sacrificial cuando vino a la tierra hace dos mil años. Dejó el cielo para seguir su atracción hacia nosotros, pero nuestro pecado impedía una relación con Él. Gracias que Jesús no miró nuestras imperfecciones, perdió el interés y regresó al cielo. Por el contrario, puso su vida, se sacrificó a sí mismo en la cruz y estableció nuestro vínculo espiritual. Cristo perdió su felicidad inmediata en la tierra a fin de que nosotros pudiéramos prosperar en unidad eterna con Él.

De la misma manera, la pasión pura en las citas amorosas no puede sobrevivir solo con la atracción mutua. Las imperfecciones pecaminosas y la conducta egoísta obran sin cesar para destruir una relación. Con el objetivo de que dos personas mantengan un amor íntimo, ambas partes deben estar dispuestas a perder sus deseos para el beneficio de la otra persona.

Fui testigo de ese tipo de amor sacrificial cuando mi padre vendió su casa de vacaciones en las montañas. Siempre había soñado con un retiro privado donde pudiera jubilarse. Con todo, la casa terminó convirtiéndose en una carga para mi madre debido a su situación tan aislada. Se sentía aburrida sin la comunión de sus amigas y de la comunidad de la iglesia. Fue una decisión difícil, pero mi padre renunció a su sueño por el beneficio del matrimonio. Por medio de ese acto, comprendí el amor tan profundo que le tenía a mi madre.

El noviazgo apasionado se produce cuando dos personas en conjunto renuncian a sus deseos por el beneficio el uno del otro. Cualquier cosa menor a eso es solo dos personas que se utilizan entre sí para el beneficio personal. Por lo tanto, sigue tu corazón para tener citas amorosas con alguien que te fascine, pero no le entregues tu corazón a esa persona hasta que te muestre una disposición de amarte de manera sacrificial.

El noviazgo es la preparación para el matrimonio. *El matrimonio es un compromiso con una persona imperfecta para su más elevado bien.* Ese compromiso incluye la disposición de entregar tu felicidad, tus deseos y tus sueños para beneficio de la otra persona. El matrimonio es un mutuo dar y tomar, pero muchos solteros no comprenden que a veces una persona quizá esté dando más durante un largo período. Por ejemplo, si una esposa sufre cáncer, su esposo no continúa con su rutina. En amor, deja sus deseos de ir a pescar o a jugar al golf y cambia su horario para ocuparse de las necesidades de su esposa. Su principal enfoque es el de apoyarla y alentarle. A medida que entrega sus deseos en beneficio de su esposa, su relación se ve fortalecida.

No estás preparado para tener citas amorosas en serio si no estás preparado para amar de manera sacrificial. Es posible que seas lo bastante mayor, lo bastante encantador o lo bastante sexy para atraer a personas, pero si tu meta es encontrar a alguien que te haga feliz, tienes citas amorosas por motivos egoístas. El propósito de una relación romántica debería ser el de dar, no el de obtener, porque tu corazón ya tiene todo el amor que necesita de Cristo.

Por el contrario, el sacrificio no significa que permitas que alguien se aproveche de ti. Si tu pareja insiste en que tú seas el que da, es probable que deberías poner fin a esa relación, pues te están utilizando. Busca a alguien que esté dispuesto a entregar sus deseos a causa de su amor por ti.

El carácter del amor sacrificial

Cuando conocí a Ashley, mi atracción se basó en un inicio en su aspecto externo y en los intereses que teníamos en común. Aun así, al tener un pasado lleno de relaciones de noviazgo infructuosas y una esposa que me abandonó, comprendí que mi fascinación externa con una mujer no era indicación alguna del éxito en las relaciones. Mi corazón necesitaba algo más que una simple cara bonita. Quería compartir una pasión duradera con alguien. Si esperaba desarrollar ese tipo de relación con Ashley, tendría que estar presente el amor sacrificial.

El sacrificio es la clave para edificar cualquier relación íntima. Discernimos la capacidad de una persona para sacrificarse al determinar su carácter. Una persona tiene carácter cuando decide amar aun sin recibir ningún beneficio inmediato. Es lamentable, pero las personas no llevan puestas señales alrededor de sus cuellos informándote de que poseen honestidad, lealtad y compasión. Por lo tanto, tu tarea es determinar la virtud de la persona con la que tienes citas amorosas. No supongas ni tomes la palabra de otro sobre este asunto. Debes sacar tus propias conclusiones.

Para considerar el carácter de alguien con quien sales, repasa la siguiente lista de preguntas:

- ¿Permite mi pareja que nuestra relación progrese de modo natural en lugar de apresurarla?

- ¿Se adapta mi pareja a la situación cuando los planes cambian en lugar de quejarse?

- ¿Se viste mi pareja de modo que no tiente al sexo opuesto a pecar?

- ¿Ha puesto fin mi pareja a relaciones con esos que son dañinos?

- ¿Perdona mi pareja a las personas cuando llegan tarde o actúan de modo grosero?

- ¿Se esfuerza mi pareja por llegar a tiempo?

- ¿Acepta mi pareja a los demás o trata de cambiar a la gente?

- ¿Puede mi pareja decir no a la relación sexual cuando otras personas la fomentan?

- ¿Muestra mi pareja generosidad con el tiempo y el dinero hacia quienes lo necesitan?

- ¿Se interesa mi pareja por alguien aun cuando la persona está enferma o deprimida?

Esta lista de preguntas muestra que el carácter se centra en buscar el beneficio general de otra persona. A veces eso incluye decirle a alguien que no, como cuando sientes la tentación de ir demasiado lejos en lo sexual, a desperdiciar dinero o a pasar juntos todo el tiempo. La integridad de una persona se determina por si puede o no pasar por alto su orgullo, posponer la gratificación inmediata y considerar lo que es mejor para otra persona.

Descubrir el carácter de Ashley era mi principal enfoque cuando comenzamos a salir juntos. Jesús me instó a mirar más allá de sus cualidades externas y determinar su virtud antes de permitirme emocionarme demasiado. Así que cuando pasábamos tiempo juntos con amigos o en citas, observaba en silencio su conducta. He aquí lo que noté:

- Ashley invitaba con frecuencia a amigas desanimadas a cenar con ella y les ofrecía aliento y sabio consejo.

- Al bailar música swing con amigos, Ashley les pedía a los muchachos que no bailaban que lo hicieran con ella.

- Ashley renunciaba a veces a noches del sábado para ayudar a su madre a limpiar la casa para fiestas especiales.

- Ashley evitaba con firmeza la actividad sexual hasta el matrimonio.

- Ashley se acercaba a darles la bienvenida a las personas nuevas en la iglesia.

Esas solo fueron unas cuantas situaciones que me dieron perspectiva en cuanto al carácter de Ashley. Al reconocer que ese era su estilo de conducta con regularidad, sentí la seguridad de que Ashley entendía el valor del amor sacrificial. Ese descubrimiento alentó mi corazón, pero todavía necesitábamos más tiempo para determinar nuestro futuro.

A medida que disciernes el carácter de alguien, tómate tiempo y no esperes la perfección. Todos cometemos errores, aflojamos el ritmo y actuamos con egoísmo en ocasiones. Sin embargo, ten mucho cuidado si la integridad de una persona parece regular o imprevisible. La honestidad, la humildad y el perdón deberían ser rasgos normales y no poco comunes. Querrás tener citas amorosas con alguien cuya virtud sea coherente.

También puedes evaluar el carácter comprobando si te sientes seguro con alguien. A medida que pasan tiempo juntos, ¿sientes que son honestos, sinceros y sensibles a tus necesidades de manera coherente? Eso no significa que la virtud sea aburrida ni predecible. Por el contrario, tener citas amorosas con alguien de buen carácter debería liberarte para pasarlo estupendamente juntos.

Las personas con carácter asumen la responsabilidad por sus vidas y no culpan a otros de sus cargas. En cambio, las personas que se niegan a admitir sus errores, a manejar sus problemas o a tomar decisiones aún necesitan madurar. Puede que vivan en un cuerpo de treinta y cinco años de edad, pero su nivel de madurez es el de una persona de quince años. Los adultos permanecen atrapados en la adolescencia cuando quieren que otras personas lo hagan todo por ellos. Evita las relaciones románticas con ese tipo de personas, pues no querrás salir con un niño adulto.

Por último, ten cuidado de no equiparar la integridad con una conducta que parezca piadosa. La lectura diaria de la Biblia, la oración y el trabajo voluntario son cosas buenas, pero pueden realizarse por motivos orgullosos o egoístas. Solo porque un cristiano soltero parezca recto por fuera no significa que sus intenciones sean piadosas. Los creyentes también son capaces de comportarse con egoísmo, así que no pienses que tener citas amorosas con un cristiano automáticamente significa que tenga carácter. Tendrás que seguir saliendo con esa persona el tiempo suficiente para ser testigo de una conducta coherente y sacrificial.

Cristo, el Autor del sacrificio

Si somos sinceros con nosotros mismos, debemos confesar que existe un problema cuando tratamos de dar amor sacrificial a otra persona: *No podemos hacerlo con coherencia.* Todos poseemos alguna medida de lealtad, misericordia y autocontrol. No obstante, a medida que se producen conflictos, desengaños y la vida cotidiana, nuestro deseo de preocuparnos por otra persona tiende a desaparecer. Si tenemos el llamado al sacrificio, casi siempre esperamos algo a cambio o nos esperamos hasta que el sacrificio sea conveniente para nosotros.

Sin embargo, el amor sacrificial no se basa en la conveniencia ni en rascarse la espalda el uno al otro. Nuestras relaciones románticas deben representar el modo en que Cristo se entregó a sí mismo por nosotros (Efesios 5:22-23). Si no podemos amar de esa manera, ¿qué esperanza tenemos? Solo Jesucristo tiene el poder de ofrecer amor sacrificial sea cual sea la circunstancia. Él mostró el acto definitivo de carácter al morir con inocencia en una cruz. De la misma manera, Jesús quiere vivir su integridad por medio de nosotros. Solo por su poder podemos mostrar amor sacrificial a otra persona, en especial cuando no tenemos ganas. Lo único que tenemos que hacer es rendir nuestra voluntad a la de Él. No son necesarias oraciones muy elaboradas; solo le invitamos a Él por fe a vivir por medio de nosotros. En ese momento, Él toma el control e imparte su carácter por medio de nuestras vidas (Gálatas 2:20).

Debido a nuestra incapacidad de amar de manera sacrificial, el apóstol Pablo llamó amor, alegría, paz, paciencia, amabilidad, bondad, fidelidad, humildad y dominio propio al fruto del Espíritu (Gálatas 5:22-23, NVI). Observa que no se les llama el fruto del esfuerzo humano. Nuestras relaciones necesitan con urgencia amor, alegría, paz y bondad, pero no podemos tratar a otros de esa manera con regularidad. Por lo tanto, Jesús nos insta a apoyarnos en Él como la Fuente de esa conducta.

Con demasiada frecuencia nuestro orgullo humano trata de diluir el fruto del Espíritu a fin de que nos sea más fácil alcanzarlo. Por ejemplo, en las citas amorosas tendemos a retratar la bondad como una mujer que planea un picnic para su nuevo novio. Eso no es necesariamente una verdadera bondad. La definición de bondad de Cristo implicaría que la mujer hiciera un picnic para su novio después de una discusión en la que hubiera herido sus sentimientos. Ella puede optar por permitir a Jesús amar a su novio por medio de ella aun cuando no tenga ganas de amarlo.

Hombres, quizá piensen que el amor sacrificial es pagar mucho dinero para llevar a su novia a un concierto. Ese es un gesto amable, pero Cristo definiría el sacrificio como no ir al concierto para que ella hablara de sus frustraciones después de su horrible día en el trabajo. (También puede significar no encender la televisión mientras ella está hablando). Para un hombre, esos actos pueden parecer irrazonables o poco prácticos. Cuando te sometes a Cristo, sin embargo, Él puede darte el deseo de cambiar tus planes, sentarte con paciencia con tu novia y escuchar sus problemas... y no solo para ganarte algunos puntos extra.

El verdadero amor significa hacer a un lado tus deseos para beneficiar a otra persona. Tu unión espiritual con Cristo hace posible ese tipo de conducta. Puedes tratar de amar con tus propias fuerzas, pero te agotarás al final. Hasta que le pidas a Jesús que viva su amor sacrificial por medio de ti, amar a otra persona será siempre una lucha. Por eso Él dijo: «Para los hombres eso es imposible, pero para Dios todo es posible» (Mateo 19:26).

Además, cuando apliques esta verdad a tu vida, determina si la persona con la que tienes citas amorosas busca a Cristo como su fuente de amor sacrificial. Tomen tiempo juntos para hablar de si entienden que Cristo quiere vivir su vida en nosotros.

El carácter a prueba

También podemos descubrir el carácter de una persona al observar cómo maneja el estrés y las pruebas. Cuando se acumula la presión,

¿busca tu pareja la salida fácil? ¿Es la felicidad personal tan importante que rompe promesas, evita la culpa o termina la relación? Un individuo que actúa de esa manera no merece tu corazón.

Por otro lado, cuando alguien continúa expresando amor en medio de circunstancias difíciles, sabes que su amor es genuino.

> Y no solo esto, sino que también nos gloriamos en las tribulaciones, sabiendo *que la tribulación produce paciencia; y la paciencia, carácter probado*; y el carácter probado, esperanza; y la esperanza no desilusiona, porque el amor de Dios ha sido derramado en nuestros corazones por medio del Espíritu Santo que nos fue dado (Romanos 5:3-5).

Cuando alguien está dispuesto a amar en medio de la tribulación, Cristo puede edificar carácter en esa persona. La tribulación no es necesariamente una prueba de tortura física. Más bien es a menudo una batalla moral en la mente y la voluntad de alguien. Ante una circunstancia frustrante, la persona debe actuar según lo que cree en verdad. La tribulación saca a la luz las verdaderas convicciones y deseos de la persona.

Nuestro mundo pecaminoso garantiza multitud de tribulaciones. Uno no tiene que discernir el carácter de su pareja creando un examen ético ni haciendo muchas preguntas sobre «qué harías si...». En cambio, observa cómo te trata cuando no se llevan bien. ¿Sigue siendo sincero? ¿Controla su carácter? ¿Busca gratificación inmediata? Observa también cómo actúa tu pareja si atraviesa malas circunstancias, como una enfermedad, la pérdida del empleo o una crisis económica. ¿Culpa a Dios con enojo o sigue dependiendo de Cristo? Los solteros que permiten que Jesús viva su amor sacrificial por medio de ellos en mitad de las pruebas tienen la madurez necesaria para un matrimonio apasionado.

Busca el paquete completo

Cuando mis amigos me preguntan qué buscar en una pareja, les digo que busquen «el paquete completo»: alguien que les atraiga de manera física, mental, espiritual y sacrificial. Ashley me atrajo con muchos atributos externos, pero lo que es más importante, poseía el carácter que me permitió confiar en ella. Los solteros de este tipo son joyas raras, pero vale la pena esperarlos.

La mejor manera de atraer a «un paquete completo» es convertirte tú mismo en un «paquete completo». ¿Permites que Cristo te haga deseable tanto en carácter como en aspecto? ¿Estás dispuesto a permitir que Cristo exprese su amor sacrificial por medio de ti?

Los solteros sabios saben que la belleza y el encanto se apagarán al final. Sin embargo, la bondad, la aceptación y la falta de egoísmo pueden hacer que una relación siga siendo apasionada para siempre. Concéntrate en las cualidades que importan con el tiempo. *Tu exterior puede ayudar a que otros te observen, pero tu interior hará que te celebren.*

Estudio bíblico personal

1. Lee Mateo 7:15-21 y Gálatas 6:7-9. ¿Qué verdad acerca de discernir el carácter en otras personas se menciona en estos versículos?

2. ¿Qué perspectiva de Proverbios 22:3 puedes aplicar cuando se trata de escoger con quién tener citas amorosas?

3. Enumera cualidades del carácter descritas en 1 Pedro 3:1-7. ¿Por qué son importantes en las relaciones?

4. Lee 1 Timoteo 2:8-11 y 3:1-12. Enumera las cualidades del carácter que deberías buscar en un hombre o una mujer.

5. Lee 1 Juan 4:7-12 y reflexiona en el amor sacrificial que Jesús te ofreció. Piensa en tres maneras en que podrías amar a alguien de manera sacrificial en una relación de noviazgo.

6. Para comenzar a oír tu corazón, haz una lista de las características interiores y exteriores que más deseas en una pareja. Persigue esos deseos que Dios ha puesto en ti, y no te conformes con menos.

Preguntas de discusión en grupo

1. Hablen de los atributos que más les atraen al sexo opuesto, incluyendo características físicas, emocionales y espirituales.

2. ¿A qué se compara la atracción concreta al sexo opuesto en su relación con Cristo?

3. Consideren la lista de las razones por las que fracasan las relaciones (página 67 y 68). Luego enumeren algunas razones por las que terminaron sus anteriores relaciones de noviazgo. ¿Contribuyó a la ruptura una falta de carácter o de amor sacrificial?

4. Hablen de tres maneras en que pueden discernir el carácter relacional en la persona con la que tienen citas amorosas.

5. Identifiquen tres maneras en que el amor sacrificial podría mostrarse en una relación de noviazgo.

6. ¿Cómo puede el amor de Cristo por ustedes protegerles de escoger una mala pareja con la cual tener citas amorosas?

LA BÚSQUEDA
DE LA PASIÓN

∽∝∾

Cómo encuentras y atraes a solteros
sanos con quienes tener citas amorosas

Estaba comiendo con mi amigo Tom cuando se quejó.

—Quiero salir con una mujer madura y cristiana, pero no creo que quede alguna.

—Estoy seguro de que existen, Tom —le dije—. ¿Has pensado que quizá las mujeres sanas y cristianas te estén evitando?

—¿Por qué iban a evitarme? —respondió Tom sorprendido por mi pregunta—. Soy un hombre agradable y trato bien a las mujeres.

—Tom, ¿has pensado alguna vez en la reputación que tienes entre las mujeres en esta ciudad?—le pregunté—. Piensa en las tres últimas mujeres con las que tuviste citas amorosas. ¿Mostraban carácter o madurez espiritual? No, se comportaban de manera tonta y se vestían de modo seductor. Cuando las mujeres sabias y cristianas te ven saliendo con esas inmaduras muchachas, suponen que tú también debes de ser poco sano en tus relaciones. Así, tu reputación sufre y las mujeres inteligentes se mantienen a distancia de ti. Por eso no puedes encontrar ninguna.

Algunas veces la parte más difícil para edificar una relación apasionada de noviazgo es ante todo encontrar a alguien con quien salir. Oigo a muchos solteros quejarse de que rara vez conocen a alguien que sea atractivo y piadoso. Sin embargo, cuando hablo con esas personas frustradas, descubro que muchas sabotean sus esfuerzos. Disuaden el interés de los solteros a los que quieren conocer por su mala reputación, su conducta negativa o su inmadura capacidad para relacionarse.

Este capítulo explorará los dos factores principales que influyen en tu capacidad de encontrar y atraer a solteros deseables. En la primera sección sacaremos a la luz algunos problemas comunes en las relaciones que pueden minar tu atractivo para el sexo opuesto. En la segunda sección hablaremos de dónde conocer a personas solteras y cómo elevar al máximo tu eficiencia. Además, en las páginas 107-108 encontrarás una lista de actividades divertidas para probarlas en esas primeras citas tan importantes.

Obstáculos que inhiben tu atractivo

En un planeta tan grande como el nuestro, hay por todas partes personas solteras piadosas y a quienes les gusta la diversión. Por lo tanto, si estás batallando para encontrar al tipo de persona que desea tu corazón, podrías considerar si tú eres parte del problema. ¿Estás haciéndote tan atractivo como sea posible para el tipo de persona con la que te gustaría salir? Si quieres salir con alguien agradable, inteligente y maduro, ¿te consideraría esa persona agradable, inteligente y maduro?

Por lo general, la gente gravita hacia quienes son similares a ellas en atractivo, carácter y creencias. Por lo tanto, podrías estar buscando tu alma gemela en los lugares adecuados, pero ser ineficiente a la hora de atraerla. Para abordar este problema, veamos cinco obstáculos que pueden desalentar a las personas para querer salir contigo, y luego reconoceremos cómo el amor de Cristo puede quitar esos obstáculos.

1. Mala reputación

¿Has oído la frase «tu reputación te precede»? Esa afirmación quizá parezca injusta, pero tu capacidad de atraer a solteros maduros puede verse arruinada si la gente te considera superficial o inmaduro.

Los solteros que tienen carácter casi siempre reservan sus afectos para otros solteros que tengan carácter. En la historia que dio comienzo a este capítulo, mi amigo Tom nunca consideró la posibilidad de que las mujeres solteras pudieran tener una mala opinión de él. Sin embargo, yo había hablado con algunas de las mujeres con las que Tom deseaba salir y supe que su conducta había matado el deseo de ellas. Le habían visto salir con varias mujeres inmaduras y habían perdido el respeto por él. La calidad de tus amistades y de tus relaciones pasadas puede afectar, sin duda, a tus prospectos de relaciones.

¿Significa eso que deberías preocuparte a cada momento por las opiniones de otras personas? No. Los seres humanos somos frágiles, y te volverás loco si tratas de agradar a todo el mundo. En su lugar, comprende que los solteros deciden con quién tener citas amorosas basándose en el aspecto externo y la reputación. Los solteros inteligentes mantienen sus ojos abiertos para ver a quienes muestren carácter. Cuando los ven, se acercan a esos individuos y comienzan amistades. Por lo tanto, si no muestras carácter, puede que estés alejando de ti a solteros maduros.

Para examinar cuál es tu reputación, pregúntate: *¿Permito que Cristo viva su paciencia, honestidad y humildad por medio de mí?* Además, cuando Jesús te insta a considerar las necesidades de otros, ¿sigues esos impulsos o te concentras en ti mismo? La pasión pura permite que Cristo viva su amor sacrificial por medio de ti, y eso determina no solo tu carácter, sino también el modo en que te ven otros.

Tu reputación puede sufrir cuando persigues deseos solo para gratificarte a ti mismo. Por ejemplo, si tienes citas amorosas solo por el sexo, demandas la atención de otros o te quejas con regularidad de tus problemas, la gente te considerará inmaduro. Disminuirá tu atractivo para los solteros sabios. Por consecuencia, si luchas por conocer al tipo de persona que prefiere tu corazón, échate un vistazo.

Si descubres que tu carácter es un obstáculo para tus prospectos, no trates de comportarte bien para impresionar a la gente. Una reputación de farsante es peor que una mala reputación. En su lugar, pídele a Cristo que mejore tu carácter viviendo su vida por medio de ti. Tu posición social no mejorará de la noche a la mañana, pero a medida que respondas a los impulsos de Él de ser honesto, paciente y auténtico, la gente que te rodea lo observará.

2. Conducta negativa

Sandy era una hermosa joven, pero su belleza decayó después que terminó su relación con Ron. Un año después, su cara seguía reflejando el desengaño y la frustración de la ruptura. Sin saberlo Sandy, varios hombres habían esperado salir con ella cuando se enteraron de que estaba disponible. Sin embargo, cuando vieron la amargura que se reflejaba en su rostro, enseguida perdieron interés.

La conducta de una persona refleja sus actitudes y sus pensamientos. Como consecuencia, algunos solteros que han experimentado rechazo, abuso o fracaso siguen llevando el dolor en sus rostros. Se ven pesimistas o inaccesibles. A decir verdad, eso es un obstáculo porque a nadie le entusiasma salir con alguien que parece insensible o abatido. La vida es ya bastante difícil sin tener que tratar con una persona siempre negativa. Por ese motivo, la mayoría de las personas prefieren pasar tiempo con alguien que sea alegre o ayude a hacer la vida un poco más agradable.

Una conducta feliz atrae a la gente porque cuando sonríes, les das la bienvenida a las personas a tu vida. Por eso los hombres y mujeres sonrientes parecen más atractivos por naturaleza. Una sonrisa ayuda a otras personas a bajar la guardia y a volverse más sociables.

¿Por qué algunos solteros rara vez sonríen? El problema surge de una autoestima insegura o negativa. Si las personas se sienten inferiores o incómodas consigo mismas, sus caras pueden reflejarlo. Una sonrisa es difícil de falsificar, y un aspecto alegre no puede fabricarse. En su lugar, tiene que producirse un verdadero cambio en el interior.

Si tienes dificultad para sonreír o para disfrutar del humor, tu conducta negativa puede evitar que otras personas solteras se relacionen contigo. ¿Cómo puedes cambiar tu expresión? El cambio duradero puede suceder cuando permites que la verdad del amor incondicional de Cristo te libere de tener que agradar a los demás (Juan 8:32). Al descansar en su aceptación, tus errores pasados o las opiniones de los demás ya no determinan tu autoestima. Eres libre para ver la vida desde el punto de vista del Señor, y Él es siempre positivo. Aun durante tus pruebas, Jesús se emociona por el bien que resultará. Eso no implica que debieras pasar por alto tu tristeza o tus dificultades. Deberías aceptar y afrontar la tragedia en tu vida, pero recuerda que Cristo siempre tiene una perspectiva positiva de tu vida. Para transformar una conducta negativa, comienza repasando tus regalos de boda espiritual que se enumeran en el capítulo 2.

3. Mala capacidad para relacionarte

Un tercer obstáculo para atraer a solteros deseables es una capacidad de relación mal desarrollada. En general, las personas evitan pasar tiempo con quienes están ensimismados, hablan sin parar o son demasiado tímidos para hablar. Todos hemos experimentado la presión de relacionarnos con una persona que, o bien domina una conversación, o hace que tú lleves la conversación.

Es triste que muchos solteros nunca reciban una enseñanza sobre las relaciones ni desarrollen adecuadas capacidades sociales. Eso no significa, sin embargo, que el comportamiento inadecuado tenga que continuar. Cualquiera puede dar pasos para mejorar su comportamiento en las relaciones.

El primer paso hacia el crecimiento es evaluar con sinceridad cómo te relacionas con los demás. Pregúntate lo siguiente:

• Cuando hablo con personas, ¿casi siempre gira la conversación en torno a mí?

• ¿Permito que otras personas den sus opiniones en una conversación?

- ¿Olvido hacer preguntas sobre la otra persona durante una conversación?
- ¿Me quedo sentado con timidez y otras personas son las que hablan la mayor parte del tiempo?
- ¿Tengo problemas para mirar a alguien cuando me habla?

Si tu respuesta fue afirmativa a cualquiera de estas preguntas o no estabas seguro, tu capacidad para relacionarte podría ser una barrera en tu vida de citas amorosas. Antes de continuar, examinemos otro conjunto de preguntas:

- ¿Sé cómo mostrar interés en los temas de los que hablan otras personas?
- ¿Muestro consideración y respeto por el sexo opuesto de manera coherente?
- ¿Sé cómo leer pistas no verbales y poner fin a una conversación?
- ¿Sé cómo descubrir lo que hace que otra persona se sienta especial?
- Cuando sé lo que hace que otra persona se sienta especial, ¿lo expreso con frecuencia?

Si tu respuesta fue negativa a cualquiera de estas preguntas, es posible que necesites cultivar mejores capacidades de relación. Hay muchos recursos disponibles para ayudarte a mejorar el modo en que te relacionas con los demás. Puedes leer libros sobre comunicación interpersonal, pedirle a un buen amigo que te haga ver hábitos molestos, tomar clases sobre capacidades sociales o hablar de tu situación con un consejero cristiano.

Cuando te relacionas con personas, tienes la elección de amarlas o utilizarlas para satisfacer tus necesidades. El comportamiento inmaduro podría indicar una dependencia de que otros validen tu autoestima o te hagan feliz. No puedes entablar buenas relaciones si descuidas las necesidades de los demás.

Por ejemplo, yo tengo el mal hábito de hablar con amigos y olvidarme de preguntarles cualquier cosa acerca de sus vidas. Tiendo a hablar mucho sobre mí mismo durante toda la conversación. Para mejorar el modo en que me relaciono con la gente, le he pedido a Cristo que le avise a mi corazón cuando olvide concentrarme en los demás. Desde entonces, en varias ocasiones he sentido el deseo de Él dentro de mí de prestar atención a las preocupaciones de otra persona.

Cuando descubras cuáles son tus tendencias en las relaciones, invita a Cristo a que te haga más sensible a las maneras en que te relacionas con otros. Además, considera los intereses, deseos y sentimientos de los demás como más importantes que los tuyos (Filipenses 2:3). A medida que aprendas a relacionarte en amor, te harás un mejor candidato para una relación de noviazgo.

4. Temor al rechazo

Cuando me gradué en la universidad, me uní a un grupo de estudio bíblico para solteros en mi iglesia. Nos reuníamos una vez a la semana para orar y estudiar las Escrituras. Sin embargo, nuestras conversaciones a menudo giraban en torno al tema del noviazgo. Nos sentábamos fanfarroneando acerca de las chicas a las que creíamos que les gustábamos. Hasta desarrollamos listas individuales de mujeres a las cuales considerábamos nuestras «estrellas en las citas». Cualquier mujer que llegara a nuestro número uno se ganaba el título de «jugadora concedida», lo cual significaba que esperábamos firmar con ella un contrato para toda la vida (mujeres, estos son términos deportivos para hablar del matrimonio). Como puedes ver, no éramos modelos a imitar de madurez. Hablábamos mucho del noviazgo, pero rara vez hacíamos algo al respecto. Eso se debía a que casi todos le temíamos demasiado al rechazo o éramos demasiado despistados para pedirle con eficiencia a una chica una salida.

No puedes culpar de una mala vida de citas amorosas a que haya falta de solteros atractivos si tienes demasiado temor a implicarte. Si quieres tener citas amorosas, tienes que salir y conocer a gente. Esto se aplica por igual a mujeres que a hombres. No progresarás si tienes demasiado miedo a franquearte y relacionarte. El temor al rechazo solo te mantendrá en un estancamiento en las relaciones. Para estimular tu vida social, busca maneras de implicarte con otros solteros y hacerte a ti mismo disponible.

El rechazo en las citas amorosas es inevitable porque no puedes agradar a todo el mundo. Por consiguiente, espera que haya algunos desengaños y recuerda que el éxito de tus citas amorosas no determina tu identidad. Tu principal necesidad de amor ya está satisfecha en Jesucristo, y las relaciones de noviazgo son secundarias. Jesús dice que Él te acepta de manera incondicional aun cuando te rechacen otros. Créeme, Él entiende el rechazo porque soportó el rechazo de todo el mundo (Lucas 23:20-25). Por eso el amor de Cristo puede ayudarte a vencer tu ansiedad en cuanto al fracaso. Jesús sustituye tu temor al rechazo por la seguridad de que nunca cambiará la pasión que Él tiene por ti. Examinemos cómo el amor de Cristo puede influir en el modo en que inicias una cita.

Consejos para los hombres cuando le piden salir a una mujer

Hombres, conozco los sentimientos de nerviosismo al pedirle una cita a una mujer. Solía quedarme mirando al teléfono, aterrado porque mi voz se quebrara o porque me quedara sin cosas que decir. Sin embargo, al final tuve que dejar a un lado mi temor y emprender la acción. A continuación hay unas cuantas sugerencias que me ayudaron a comenzar:

1. En primer lugar, pregúntate si la mujer con la que quieres salir tiene un interés concreto en ti. Por ejemplo, ¿has tenido una agradable conversación con ella que durase más de un minuto? Si no, o si no estás seguro sobre su nivel de interés, podrías querer tomar más tiempo para llegar a conocerla. De otro modo, podrías parecer avasallador.

2. Antes de pedirle una cita a una mujer, determina lo que podrían tener en común, como pasatiempos, iglesia o amigos mutuos.

Usa esta información para ayudarte a romper el hielo cuando la llames.

3. Planifica las actividades para una cita antes de pedirle salir a una mujer. Las mujeres aprecian a los hombres que aportan ideas y creatividad al tiempo que pasan juntos. Mira las páginas 107-108 para una lista de ideas.

4. Al menos cuatro días antes de querer tener la cita, llámala o pídeselo en persona. No dejes un mensaje en el contestador automático ni mandes un correo electrónico porque si no tienes respuesta, no sabrás si te está obviando o si nunca recibió tu mensaje. Si no puedes hablar con ella después de llamarla dos o tres veces, espera con paciencia hasta que puedas pedírselo en persona. (Parecerás desesperado si apareces con demasiada frecuencia en su busca).

5. Si se niega a tu oferta, dile que está bien y déjala tranquila. Tu autoestima no se basa en que te apruebe. Jesús te ama sea cual sea la respuesta de ella.

6. Si te dice sí, ve a buscarla con puntualidad, diviértete y compórtate como lo haría un caballero (ábrele las puertas, dile cumplidos y paga todo). Además, no te apresures a juzgar sobre su futuro juntos. Pasarán meses antes de que la conozcas de verdad.

Consejos para las mujeres a fin de que un hombre se interese
Mujeres, quizá se pregunten si es prudente pedirle a un hombre una cita. Yo creo que son libres para intentarlo, pero mi consejo sería contrario por dos razones. En primer lugar, las mujeres resueltas son un obstáculo para la mayoría de los hombres. En segundo lugar, los hombres necesitan aprender a cómo llevar la dirección en las relaciones. Si un hombre no dirige al comienzo de una relación, es probable que no lo haga más adelante. Si conoces a un hombre con el que te gustaría salir, espera hasta que te lo pida. Sé que esperar a que un hombre te llame puede ser angustioso, pero a la larga vale la pena.

Sin embargo, no tienes que esperar de manera pasiva. Si conoces a un hombre que interesa tu corazón, puedes hacer algo para aumentar las probabilidades de que te llame:

1. Cuando estés cerca de un hombre que te gusta, comienza una conversación con él y trata de determinar su interés en ti. A medida que hablan, pregúntate con sinceridad: «¿En verdad parece sentirse atraído a mí?». En general, puedes decir si mantiene su atención en ti o no.

2. Participa en algunas de las mismas actividades de grupo en las que participe el hombre que te gusta, como grupos de voluntarios, equipos recreativos y estudios bíblicos. Eso aumentará el tiempo que estés con él y tus posibilidades de hablar. Sin embargo, no finjas un interés en las actividades. Participa porque lo desees en verdad.

3. Planea una actividad en grupo e invita a participar al hombre que te gusta. Puedes hacer una fiesta, invitar a personas a cenar, organizar un grupo para ir a bailar, asistir a un concierto o ver un evento deportivo. (Mujeres, este consejo resulta de verdad. Ashley lo utilizó conmigo cuando estaba nervioso en cuanto a pedirle que saliera conmigo).

4. Si pruebas estos métodos y ese hombre no muestra interés en ti, olvídalo y sigue adelante con tu vida. Él no era tu única posibilidad de una relación apasionada. Descansa en el amor de Cristo por ti y espera hasta atraer a otro hombre.

5. Cuando un hombre te pida una cita, aclara cuáles son sus planes. Por razones de seguridad, evita en la primera cita actividades en las cuales estén los dos a solas. En su lugar, hagan algo en un lugar público. Mira las páginas 107-108 para una lista de ideas útiles. También, si no estás segura acerca de las intenciones de un hombre, podrías antes reunirte con él para comer. Sobre todo, no entregues tu corazón a un hombre hasta que determines cuál es su carácter.

6. Por último, no le temas al rechazo en una cita porque creas que no tienes nada que ofrecer a alguien. Si estás deprimida o centrada en ti misma, es probable que no tengas mucho que aportar. Sin embargo, cuando posees integridad y el amor de Jesucristo, de seguro tienes algo que ofrecer a otra persona. No necesitas tener la cara más atractiva, el mejor cuerpo ni mucho dinero para ser interesante para el sexo opuesto. Esas cosas están bien, pero no mantienen las relaciones. Tu carácter y Cristo viviendo en ti hacen que valga la pena llegar a conocerte.

5. Falta de atractivo

La belleza está en los ojos del que mira. Si no entiendes lo que significa la belleza para el sexo opuesto, podrían considerarte poco atractivo. Puedes perjudicar tus citas amorosas si no sabes cómo hacerte atractivo para el tipo de persona con la que quieres salir. Por ejemplo, si esperas salir con una modelo, ¿estás tratando de parecer tú mismo igual de llamativo? O si quieres salir con alguien extravertido y popular, ¿eres tú también muy conocido?

Si tienes problemas para obtener una cita, quizá no seas consciente de lo que aprecia el sexo opuesto. Comienza pidiendo consejo sobre ese género a un amigo de confianza sobre cómo mejorar tu aspecto. ¿Podrías utilizar maquillaje y peluquería o un armario con ropa de moda? No hay nada poco espiritual en aumentar tu atractivo para otros solteros.

No necesitas enfocarte solamente en tu cuerpo para atraer al sexo opuesto. Actualizar tu peinado o perder peso son cosas que sin duda pueden ayudar, pero muchos cambios no físicos pueden hacerte más atractivo. Por ejemplo, algunas mujeres podrían mejorar su atractivo si fueran más femeninas, si sonrieran con más frecuencia o se comportaran con confianza. De igual manera, algunos hombres podrían mejorar si no fueran tan machos o ensimismados. Sé sincero contigo mismo y busca maneras de ser más interesante.

También puedes disminuir tu atractivo si eres unidimensional. Eso significa que otros te consideran aburrido porque tienes un número limitado de intereses o pasatiempos. Si no eres polifacético, puede que otros tengan dificultades para conectarse contigo porque tienen muy pocas cosas de las que hablar o disfrutar juntos. Es posible que necesites participar en actividades populares a fin de poder relacionarte mejor con la gente. Además, considera expandir tu alcance de capacidades o intereses. Busca nuevos pasatiempos que te fascinen. Dar pasos como esos pueden realzar tu capacidad de atraer a solteros maduros.

Una vez que descubras lo que es atractivo para el sexo opuesto, te enfrentarás a la pregunta: ¿estoy dispuesto a hacer lo que sea necesario para hacerme más atractivo? Si no, una buena razón por la que no puedes encontrar pareja eres tú mismo. El amor humano es condicional, y por eso las personas rara vez te aceptarán tal como eres. De ese modo, parte de la vida en este planeta implica agradar a la gente. En el proceso, no deberías venderte a la superficialidad. El carácter es más importante. Sin embargo, dar pasos para mejorar tu atractivo revela tu capacidad de sacrificarte por el beneficio de otra persona. Este tipo de falta de egoísmo ayuda a iniciar y mantener una relación apasionada.

Por último, sé realista en tus expectativas sobre quién podría encontrarte atractivo, pero no te vendas barato. Busca a alguien que cautive tu corazón. Si te rechaza por razones superficiales, considéralo una bendición. Esa persona te hizo un favor al exponer su inmadurez antes de que llegaran a estar demasiado implicados. Los cristianos solteros maduros no se centran por completo en los atributos físicos. Aprecian la belleza, pero desean más la integridad.

Dónde están los solteros

En esta segunda sección examinaremos los pros y los contras de las maneras más comunes de conocer a personas solteras. Ten presente, sin embargo, que no existe una manera demostrada de encontrar a una buena persona con la que tener citas amorosas. La clave es utilizar todas las opciones que haya a tu disposición.

1. La iglesia

La iglesia local es un lugar excelente para conocer cristianos solteros atractivos y maduros. Es uno de los pocos lugares donde se reúnen solteros con quizá las mismas creencias e intereses que los tuyos. En esencia, lo único que tienes que hacer es asistir, participar y conocer personas. Una iglesia grande puede ser útil en especial si tiene un ministerio para solteros. Si asistes a una iglesia que no tenga grupo de solteros, pregunta si hay otras actividades, como estudios bíblicos para solteros, reuniones mensuales o retiros.

El gran tamaño de algunas congregaciones puede parecer intimidante. Por lo tanto, es posible que te sientas inclinado a visitar solo el culto de adoración y luego irte a casa. Sin embargo, limitas tu oportunidad de conocer a solteros si adoptas una perspectiva tan estrecha. La mejor manera de entrar en un grupo grande de solteros es participando en sus actividades. La mayoría de las iglesias tienen equipos deportivos, programas de música o viajes misioneros que ofrecen estupendas maneras de conocer nuevas personas. Encuentra algún lugar donde servir a corto plazo a fin de poder relacionarte con la gente. Ofrécete como voluntario para algo que te interese, como enseñar, organizar fiestas, trabajar con jóvenes o abrir tu casa para hacer estudios bíblicos. Al participar, servirás a la iglesia con tu tiempo y también mejorarás tus oportunidades de conocer a otros solteros.

Si el grupo de solteros en tu iglesia actual se estanca, visita otra iglesia, y puedes hacerlo sin irte de tu iglesia actual. Solo busca a un amigo que se una a ti una o dos veces al mes para investigar otras iglesias que haya en la zona. También podrías visitar otra iglesia en su culto del domingo en la tarde o los que tengan entre semana. Eso te permite seguir involucrado en tu iglesia a la vez que amplías tus relaciones con otros cristianos.

Conocer solteros en una iglesia puede ser productivo, pero recuerda esta precaución: las congregaciones están compuestas de personas en varios niveles de madurez. La asistencia a una iglesia no demuestra que una persona sea cristiana. Además, profesar ser cristiano no garantiza madurez en las relaciones ni una disposición a amar de manera sacrificial.

La iglesia no es un puerto para las citas. Muchos solteros con malas intenciones se ocultan a propósito en los grupos cristianos para aprovecharse de los inconscientes (Romanos 16:17-18). Por lo general, su objetivo son los jóvenes solteros inconscientes de sus estratagemas. En muchos grupos de iglesias se han producido acosos y violaciones en las citas. Mantén afilado tu juicio, y no confíes en alguien hasta que determines su carácter.

A pesar de las manzanas podridas, la iglesia sigue siendo uno de los mejores lugares para conocer solteros sanos que sean apasionados por expresar el amor de Cristo. Aprovecha la comunión disponible para beneficiarte a ti mismo y también a quienes conozcas.

2. Recomendaciones de amigos y familia

Los amigos y la familia pueden ser otra buena fuente para ayudarte a encontrar solteros maduros. Sin embargo, no pueden recomendar candidatos atractivos hasta que tú les digas en concreto con qué tipo de persona deseas salir. Dales más información que «quiero salir con alguien agradable». Define con sinceridad lo que deseas con respecto a características tales como aspecto externo, intereses, nivel de educación y trasfondo espiritual. Como hablamos en el capítulo anterior, no querrás conformarte con cualquier persona. Querrás encontrar a alguien que cautive por completo tu corazón.

Asimismo, mantente dispuesto a alternar sugerencias de familia y de amigos. Considera sus recomendaciones si pueden explicar con claridad por qué vale la pena conocer a su candidato. Por otro lado, sé precavido con los familiares bien intencionados que solo quieren verte casado. Si carecen de discreción, puede que te hagan malgastar el tiempo al recomendarte a cualquiera que se les ocurra. Dales las gracias con amabilidad y declina su ofrecimiento.

Sobre todo, asegúrate de que tus amigos y familiares entiendan la importancia del carácter. Si no pueden confirmar la madurez de un potencial candidato, no te hacen ningún favor. No querrás acudir a una cita a ciegas. Pídeles a tus amigos que descubran más cosas concretas sobre la integridad de alguien antes de hablarte de esa persona. Si pueden presentarte a alguien que saben que es maduro, dales las gracias y acude a esa cita, pero continúa guardando tu corazón hasta que llegues a conocer a ese individuo por ti mismo.

3. Organizaciones que emparejan tus intereses

Los solteros que están explorando oportunidades de conocer a otros solteros casi siempre pasan por alto organizaciones que emparejan sus creencias e intereses. Esas organizaciones pueden incluir universidades o cualquier otra institución donde continúes tu educación. Además de la escuela, sin embargo, puedes participar en grupos tales como estudios bíblicos entre denominaciones, ministerios para jóvenes u organizaciones sin ánimo de lucro.

Otras opciones incluyen organizaciones que tratan con tus intereses favoritos, como equipos deportivos, una asociación de negocios, un programa de servicios a la comunidad o un grupo de drama. Cuando te relacionas con alguien con tus mismos intereses, ya tienes una base sobre la cual edificar una relación. Por otra parte, llegas a disfrutar de nuevas personas en un ambiente cómodo. Lo que es más, las organizaciones grandes ofrecen estupendas oportunidades de conocer personas porque a menudo tienen un ciclo constante de personas nuevas. Eso puede aumentar tu relación con muchos más individuos.

Al igual que con las iglesias, sin embargo, no des por sentado que las personas que conoces son cristianas o maduras en las relaciones. Tómate tu tiempo para llegar a conocer a la gente y mantente enfocado en una persona cuyo carácter te atraiga.

En último lugar, por respeto a esas organizaciones, no te unas a un grupo solo para conocer a gente nueva. Participa debido a un interés genuino. De ese modo, no desperdiciarás el tiempo de la organización al perder interés enseguida y decidir irte.

4. Servicios de citas

Los servicios de citas están surgiendo por todas partes, sobre todo en la Internet. Esas empresas te permiten buscar personas solteras que cumplen con tu lista de características deseadas o te emparejan con alguien que esté en su base de datos. Puedes ver la fotografía de la persona, leer su perfil y hasta enviarles preguntas estrafalarias para que las respondan. Otros servicios ofrecen rasgos como prueba de compatibilidad o un vídeo de un candidato en acción. Los servicios de citas ofrecen una manera moderna de conocer a personas nuevas, pero tienen varias desventajas que hay que considerar.

En primer lugar, los servicios de citas no pueden discernir el carácter de alguien por ti: esa es tu responsabilidad. Un servicio de citas puede localizar a alguien para ti que tenga cabello rubio y le guste el *sushi*, pero no puede confirmar que el individuo sea maduro en lo espiritual o que desee amar de manera sacrificial.

Es lamentable, pero demasiados solteros bajan la guardia una vez que el servicio de citas les dice que les encontraron una pareja. Se emocionan, suponen que la computadora del servicio de citas debe tener razón y se apresuran a una relación antes de verificar la integridad de la otra persona a lo largo del tiempo. El problema surge de las tácticas de mercadeo sin vergüenza de servicios de citas que prometen éxito y de nuestro propio deseo de acelerar el proceso. Queremos resultados lo antes posible, y los servicios de citas, ya sean en línea o no, anuncian el camino rápido hacia el romance. ¡Es paradójico que las estadísticas revelen que menos de un uno por ciento de los abonados al servicio de citas encuentra en realidad una pareja de ese modo![1]

En segundo lugar, los servicios de citas obstaculizan la capacidad de la persona para ser ella misma. Cuando los solteros utilizan un servicio de citas, están bajo escrutinio, así que muestran su mejor cara. Eso es normal, pero puede evitar que conozcas la verdad sobre la gente. Ten una precaución extra si decides salir con alguien a través de un servicio de citas. La primera vez que se citen, reúnete con los candidatos en lugares públicos. Mantén tu información personal en privado, como tu dirección, número de teléfono y situación de tu oficina. Utiliza el correo electrónico o del servicio de citas para coordinar tus comunicaciones.

Por último, sé consciente de las altas tarifas y la inestable credibilidad de algunos servicios de citas. Pide referencias para verificar que un servicio es legítimo. Tener citas amorosas ya es lo bastante caro sin contratar a alguien para que te ayude. Por consiguiente, recomiendo utilizar primero los métodos gratuitos para encontrar cristianos solteros.

5. Lugares a los que van los solteros

Lugares donde van los solteros, como bares, playas y clubes de baile pueden ser lugares que den miedo a la hora de conocer a personas nuevas. Aunque podrían ofrecer mucha diversión, también contienen un elemento de peligro, en especial para las mujeres. Si decides salir a bailar o disfrutar de un día en la playa, es mejor ir con amigos de confianza.

Recuerda que la mayoría de las personas que te encuentres en bares y playas puede que no tengan en mente tus mejores intenciones. Esos ambientes carnales fomentan el que la gente se relacione con egoísmo. Además, discernir el carácter de una persona puede ser difícil cuando está en una lugar oscuro o con humo o tomando el sol medio desnudos en la arena. Por lo tanto, considero que esos lugares son perjudiciales para encontrar solteros maduros.

No sugiero que evites las playas o los bares. Solo que no esperes conocer a muchos solteros cristianos maduros en esos lugares. Puede que estén ahí, pero tendrán subida la guardia. En último lugar, ve preparado para irte de inmediato si alguien se te acerca de manera lujuriosa o irrespetuosa.

6. La Internet y las relaciones a larga distancia

Con la llegada de la Internet, algunos solteros ahora se pasan horas tratando de desarrollar intimidad con alguien mediante una caja de plástico. El correo electrónico y la Internet y las salas de charlas te permiten comunicarte con una persona normal un día y con un asesino en serie al día siguiente. Eso es lo que hace que esos métodos en línea sean tan peligrosos; nunca sabes quién es alguien.

Lo fundamental es que nada puede sustituir a la comunicación en persona. Una separación física permite que alguien finja sus verdaderos sentimientos e intenciones. De igual manera, discernir el carácter de alguien es casi imposible a menos que se pase tiempo con esa persona. Por consiguiente, te insto a evitar tener citas en la Internet y divulgar tu información personal a extraños. De otro modo, puedes hacerte vulnerable a lobos en las relaciones.

¿Lograrías que resulte una relación de noviazgo a larga distancia? Es posible, pero tendrás que emplear un inmenso esfuerzo para llegar a conocer de verdad a alguien. Las relaciones a larga distancia te benefician poco hasta que decidas pasar juntos importantes cantidades de tiempo. Puedes saber acerca de los intereses y las creencias de una persona mediante un cable de fibra óptica, pero no puedes discernir si tiene carácter a menos que ambos estén en el mismo lugar.

Hablar no cuesta nada cuando se discierne la integridad, y tampoco cuestan nada las cartas y los mensajes de correo electrónico. Necesitas ser capaz de observar con coherencia actos de madurez antes de poder confiarle a alguien tu corazón. No es mi intención parecer duro, pero podrías estar desesperado si estás dispuesto a comenzar una relación a larga distancia con alguien a quien acabas de conocer. En su lugar, enfócate en algunos de los otros métodos de los que ya hemos hablado y encuentra a alguien con quien puedas salir en la localidad.

La mejor manera de conocer a solteros: Vive con pasión

Según mi opinión, la mejor manera de conocer solteros maduros es seguir los deseos que Cristo pone en tu corazón. La vida cristiana no se trata de citas amorosas, carreras ni de llegar a casarse. La vida cristiana se trata de vivir en unión con una Persona: Jesucristo.

Jesús te da deseos para explorar nuevos intereses y conocer a personas nuevas (Efesios 2:10). ¿Cómo reconoces esos deseos? Comienza preguntándote: *¿Qué he querido hacer siempre? ¿Dónde he querido ir siempre?* Cristo no da ideas aburridas, abstractas o irresponsables. Seguir tu corazón significa buscar algo que te haga apasionado en verdad. Podría ser comenzar un nuevo negocio, explorar un nuevo pasatiempo, viajar a un nuevo lugar, asistir a una nueva iglesia o mudarte a un nuevo lugar. Como yo, ¡podrías hasta desear escribir un libro!

Las personas respetan a quienes siguen sus sueños. Por lo tanto, si persigues las aspiraciones que Cristo pone en tu corazón, puedes llegar a ser más atractivo para otros. Además, quizá conozcas a alguien que tenga tu misma pasión, y de repente tengas un nuevo amigo.

Todos queremos vivir la vida abundante de la que Cristo habló en Juan 10:10. Sin embargo, Él dijo que esa vida abundante solo ocurriría a medida que le dejemos vivirla a Él por medio de nosotros (Juan 15:4-7). Él tiene una maravillosa aventura planeada para ti. Es posible que implique vivir en una ciudad pequeña y tranquila, o a lo mejor te lleve por todo el mundo. Sin considerar cómo sea el aspecto de su plan, te satisfará.

A fin de explorar los deseos interiores que Jesús pone en ti, considera cuál es la pasión de tu corazón. Si no estás seguro, da un pequeño paso de fe y prueba algo. Podrías comenzar por prestarte voluntario en algún lugar, tomar alguna clase o hacer un viaje misionero corto. Exponte a las cosas que quieras hacer en realidad.

Jesús es tu verdadero Esposo y Proveedor, y parte de su provisión es guiarte a nuevas relaciones. Así que persigue la pasión que Cristo ponga dentro de tu corazón. Nunca sabes a quién podrías conocer.

Estupendas actividades para una primera cita

Una divertida manera de comenzar una relación de noviazgo es aprender juntos un nuevo pasatiempo, pues ayuda a fomentar la comunicación y crea respeto. He aquí algunas ideas estupendas para una primera cita que pueden probar juntos:

- Tomen una lección de baile: swing, salsa, bailes de salón.
- Tomen una lección de deporte: tenis, golf, escalar, piragüismo.
- Tomen una clase de arte: pintura, alfarería. (Algunas ciudades tienen cafés de arte en los cuales se puede pintar o trabajar con barro mientras se disfruta de una comida juntos).

Tu primera cita debería consistir en una actividad que estimule la conversación. Aquí tienes varias ideas para ayudarte a mantener el flujo de la conversación.

- Visiten una galería de arte.
- Visiten un jardín botánico.
- Visiten un parque de recreo.
- Visiten el zoológico (de las mejores, demostrado)
- Visiten un parque estatal o un centro natural.
- Visiten un museo de historia, de arte o de ciencia.
- Visiten un culto de una iglesia o un estudio bíblico y después vayan a tomar café.
- Jueguen juntos a juegos de mesa.
- Vayan a montar a caballo.
- Vayan a patinar.

- Hagan descenso de aguas bravas con un grupo.
- Vayan a una cafetería.
- Vayan a patinar o monten en bicicleta en un parque local.
- Vayan de picnic (chicas, asegúrense de que sea en un lugar público).
- Asistan a un evento deportivo.

Algunas actividades en la primera cita evitan una buena conversación o fomentan antes de tiempo la actividad física. Aquí tienes algunas actividades que podrías querer evitar en tu primera cita:

- conciertos (demasiado alto para hablar)
- películas (ninguna oportunidad de hablar)
- el teatro (demasiado silencio para hablar)
- clubes de comedia (lenguaje sucio y sexual)
- restaurantes con mucho ruido o bares deportivos (demasiado molestos para hablar)
- alquilar una película (riesgo de actividad física prematura)
- un picnic en una zona aislada (riesgo de peligro físico)

Estudio bíblico personal

1. Reflexiona en Filipenses 2:3-8. ¿Consideras las necesidades de otros cuando hablas con ellos? ¿Haces algo que a la gente le resulte molesto? Pídele a Dios que señale cualquier actitud egoísta.

2. Lee Proverbios 13:3 y 18:6-7, 12, y considera por qué la calidad de tus capacidades para relacionarte afectan tu vida social.

3. En Lucas 23:20-25, a Jesús lo rechazaron aunque era inocente. Tú estás unido con Cristo. ¿Cómo puede Él fortalecerte contra el temor al rechazo en las citas?

4. Al leer Romanos 16:17-18, ¿qué advertencia podría sugerirse sobre conocer a solteros con los que salir en tu iglesia? ¿Qué tres señales de cautela se te aconseja que busques a la hora de evaluar el carácter de alguien?

5. ¿Qué disuasión implica 1 Juan 3:18 sobre tener citas vía correo electrónico, teléfono o salas de charlas en la Internet?

6. Efesios 2:10 y Filipenses 2:13 afirman que Dios pone deseos en tu interior de probar nuevas actividades y conocer nuevas personas. Enumera dos deseos que sientas dentro de tu corazón en este momento. ¿Cómo podría robustecer tu vida social el perseguir esos deseos?

Preguntas de discusión en grupo

1. Hablen sobre por qué una buena reputación es importante para atraer a otros solteros con carácter.

2. Dialoguen sobre algunos conceptos erróneos con respecto a las cosas que atraen a hombres y a mujeres. Por ejemplo, las actitudes machistas en general disuaden a las mujeres. Basándose en lo que se ha dicho, consideren si necesitan cambiar el modo en que se hacen atractivos para el sexo opuesto.

3. Consideren los inconvenientes de tener una cita a ciegas sin antes obtener una referencia en cuanto al carácter.

4. Enumeren tres buenos lugares para conocer solteros maduros en su zona.

5. Hablen sobre los peligros físicos y relacionales de tratar de conocer solteros maduros en los típicos sitios donde van los solteros.

6. Consideren las razones por las cuales vivir con pasión les hace más atractivos para otros solteros.

EL ENEMIGO
DE LA PASIÓN

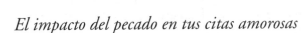

El impacto del pecado en tus citas amorosas

Chuck luchaba con el deseo de arremeter contra su novia, Leah. Mientras compraban en el centro comercial, se encontraron con el ex novio de ella, Dan. Un rápido saludo se convirtió en una conversación que Leah parecía disfrutar. Chuck era cristiano y sabía que debería ser considerado. A pesar de eso, cuanto más escuchaba a Leah reírse con Dan, más hervían unos enojados celos en su interior.

La relación hizo preocuparse a Chuck. Se decía: *Yo creía que le gustaba a Leah, pero quizá quiera volver a salir con Dan.* Su temor y sus celos de repente alcanzaron el punto de ebullición. Agarró a Leah por el brazo y anunció:

—Se acabó el tiempo, Leah. ¡Vámonos! —y la apartó de Dan en una demostración de fuerza, pero le salió el tiro por la culata.

—¡Suéltame, Chuck! ¿Cómo pudiste ser tan grosero? —exclamó ella.

—Tenemos que seguir adelante —le dijo Chuck.

—Bueno, si tienes tanta prisa, vete —le respondió Leah—. ¡Le diré a Dan que me lleve a casa!

Chuck no podía creer su estúpido arranque. Deseaba poder meterse en un agujero y desaparecer.

Pensarías que si los solteros cristianos quisieran disfrutar juntos el amor de Dios, cada una de sus relaciones serían piadosas y amorosas. Sin embargo, todos sabemos que la realidad puede ser una experiencia bastante distinta. Los cristianos quizá actúen de modo tan pecaminoso como los no cristianos.

¿Ves que el pecado hace que tus relaciones fracasen a menudo? ¿Te preguntas si el cristianismo hasta tiene algún beneficio para tus citas amorosas? ¿Parece fuera de tu alcance una sana relación de noviazgo? Yo batallaba con esas preguntas hasta que reconocí el engaño del pecado y la libertad que Cristo pone a nuestra disposición. En este capítulo expondremos el engaño del pecado, revelaremos tu victoria en Cristo y la aplicaremos a tus citas amorosas.

Tú no eres tu enemigo

¿Sabes por qué los impulsos pecaminosos pueden sentirse con tanta fuerza en tu interior? En el caso de Chuck, sabía que debía ser paciente con Leah, pero se acumuló tanto enojo en su interior que perdió el control... todo en un centro comercial. ¿Qué causó su repentino estallido?

Es lamentable, pero a muchos cristianos se les enseña que respuestas como la de Chuck son el resultado de una naturaleza pecaminosa. Esa falacia tan común la promueven personas que creen que los cristianos tienen dos naturalezas que guerrean entre sí. Dicen que una parte de ti es santa y lucha por hacer el bien. Mientras tanto, otra parte de ti es pecaminosa y desea hacer el mal. Para que se produzca un buen comportamiento, debes fortalecer tu lado bueno tanto como sea posible.

Esta teoría de una naturaleza dual presenta el mal comportamiento como una parte natural e irreprensible de ti. Clasifica el pecado como algo que haces por naturaleza. Por consiguiente, ceder a tus malos deseos es inevitable porque quieres hacerlo por naturaleza. Lo que es peor, suscita la pregunta: si Dios es santo,

¿cómo podría amar y morar en el interior de una persona tan mala como yo?

En lugar de eso, la Biblia afirma con claridad que los cristianos solo tienen una naturaleza santa. Cuando aceptaste a Jesús como tu Señor y Salvador, Dios dice que Él quitó tu vieja naturaleza y la sustituyó por la naturaleza santa de Cristo. Debido a que esta verdad es tan significativa para tus citas amorosas, dediquemos un momento para entender el cambio que Dios realizó en tu interior.

Una naturaleza sujeta a Dios

Todo ser humano nace con una inclinación natural hacia el egoísmo. Esta tendencia innata se denomina la naturaleza pecaminosa, y es el resultado del pecado de Adán y Eva en el huerto del Edén (Romanos 5:12). La maldad que cometieron la traspasaron a todos nosotros. Quizá la observes cuando estás cerca de un niño que ha llegado a los «terribles dos años». Lo que nació como el gozo de mamá es ahora una personita que se queja, tiene rabietas y es egoísta. Los padres del niño no tuvieron que enseñarle cómo comportarse mal. Todos los niños y niñas saben cómo pecar por su cuenta.

Antes de convertirte en cristiano, poseías una naturaleza pecaminosa, la cual sobrepasaba la motivación de actuar con virtud. El pecado era algo natural en ti. Por ejemplo, cuando te enfrentabas a una decisión de ser compasivo o egoísta, dudo que tuvieras que luchar para justificar una decisión egoísta. Solo hacías lo que querías hacer. Bajo el control del pecado, tenías pocos deseos de vivir para Dios o para el beneficio de los demás. Sin embargo, cuando aceptaste a Jesús en tu corazón, Dios quitó el control que el pecado tenía sobre ti crucificando tu vieja y pecaminosa naturaleza y sustituyéndola por la santa naturaleza de Cristo:

> Sabiendo esto, que *nuestro viejo hombre fue crucificado con Él,* para que nuestro cuerpo de pecado fuera destruido, a fin de que ya no seamos esclavos del pecado; porque *el que ha muerto, ha*

sido libertado del pecado. Y si hemos muerto con Cristo, creemos que también viviremos con Él (Romanos 6:6-8).

De modo que si alguno está en Cristo, nueva criatura es; *las cosas viejas pasaron; he aquí, son hechas nuevas* [...] Al que no conoció pecado, le hizo pecado por nosotros, para que fuéramos hechos justicia de Dios en Él (2 Corintios 5:17, 21).

Una vez que te convertiste en cristiano, llegaste a ser una nueva criatura. Se eliminó tu vieja y pecaminosa naturaleza, y la naturaleza justa de Cristo compone tu nueva identidad. Esto es significativo porque confirma que ya no eres malvado. No estás inmerso en una guerra civil: una naturaleza pecaminosa luchando contra una naturaleza santa. En su lugar, tu fe en la muerte y resurrección de Cristo te ha hecho cien por cien recto ante los ojos de Dios.

¿Por qué eres tentado?

Como cristiano, ya no estás atado al pecado. Quizá no lo creas, sin embargo, cuando albergas pensamientos celosos, demandantes o enojados. ¿Recuerdas el episodio de Chuck en el centro comercial? Aunque Dios quitó su naturaleza pecaminosa, Chuck siguió sintiendo una ira celosa e injusta. ¿Por qué atrajo a Chuck, que es cristiano, el mal comportamiento? El apóstol Pablo dice que el pecado que mora en el interior instigaba sus malos deseos:

Pues no hago el bien que deseo, sino que el mal que no quiero, eso practico. Y si lo que no quiero hacer, eso hago, *ya no soy yo el que lo hace, sino el pecado que habita en mí. Así que, queriendo yo hacer el bien, hallo la ley de que el mal está presente en mí* (Romanos 7:19-21).

En estos versículos, Pablo afirma con claridad que no creaba su deseo de hacer el mal. Por el contrario, quería hacer el bien. No obstante, estaba presente una entidad separada de pecado en el cuerpo de Pablo, instándolo a hacer el mal. Observa que en el versículo 20 Pablo dice: «ya no soy yo el que lo hace, sino el pecado que habita en mí». La palabra «pecado» en este versículo es un sustantivo. Pablo utiliza «pecado» como un sustantivo cuarenta veces en el libro de Romanos[1]. Afirma que su deseo de hacer el mal no provenía de él. Si el mal fuera su verdadero deseo, no se sentiría culpable ni desearía hacer el bien. Por lo tanto, una fuente independiente en el interior del cuerpo de Pablo generaba su impulso a pecar:

> Porque mientras estábamos en la carne, las pasiones pecaminosas despertadas por la ley, actuaban en los miembros de nuestro cuerpo a fin de llevar fruto para muerte (Romanos 7:5).

Cuando Dios quitó tu naturaleza pecaminosa, Él puso fin al dominio del pecado sobre tu espíritu, lo cual define quién eres tú. Sin embargo, el pecado sigue estando en tu *cuerpo*. Por eso te enfermas, te cansas y experimentas la seducción de la tentación. El pecado infecta tu cuerpo como un virus ajeno a él.

El pecado que mora en el interior también influye en tu mente como si fuera una radio unida a ti que emite programas tentadores. Por ejemplo, cuando un hombre se enfrenta a la decisión de mentirle a su novia, el pecado que mora en el interior promueve de manera sutil su deseo interior de no ser sincero. Debido al libre albedrío del hombre, puede optar por seguir esa influencia o actuar con integridad. En otro ejemplo, supongamos que una mujer se encuentra con su ex novio. El pecado en su cuerpo actúa como una radio, emitiendo la idea mental de presumir de su nuevo novio. En su libre albedrío, decide si creer y ceder a la tentación. En ambos casos, el hombre y la mujer no instigaron los malos deseos; el pecado que residía en sus cuerpos causó el problema.

Satanás utiliza el pecado que mora en el interior para avivar la idea de que serías más feliz si fueras tras deseos egoístas en lugar de confiar en Cristo. Una vez más, a ti no se te ocurre la idea de ser malo, porque eres santo. Toda tentación se origina en el uso que Satanás hace del pecado que mora en el interior para hablar a tu mente y tu corazón y llenarlos de basura. Sin embargo, la tentación por sí misma no es pecado. Caes en pecado solo cuando decides actuar siguiendo una tentación. No te maltrates ni te llames una mala persona. En Cristo, eres una persona justa que tiene la opción de seguir los encantos del pecado (Colosenses 1:21-23).

¿Por qué permite Dios que el pecado more en el cuerpo del cristiano? El pecado permanece en nuestro interior por dos razones. La primera es para que podamos mantener nuestro libre albedrío. Recuerda que en nuestra discusión en el capítulo 3 hablamos de que Dios nos dio un libre albedrío a fin de que pudiéramos experimentar el amor verdadero con Él. No existe el amor sin elección. Por eso Dios permitió la tentación de Adán y Eva en el huerto del Edén (Génesis 3:1-7). Si se pudieran tentar a los seres humanos, todos seríamos como robots e incapaces de tener relaciones íntimas.

La segunda razón por la que Dios no quita el pecado de tu cuerpo se debe a que todo tu cuerpo está destinado a perecer (1 Corintios 15:35-50). Los gastados cuerpos de piel, huesos y sangre no tienen lugar en el cielo. Dios es Espíritu, y te identifica por tu espíritu y tu alma. Por lo tanto, cuando mueras, tu cuerpo se quedará. Tu alma y tu espíritu, sin embargo, vivirán por la eternidad con Cristo. En la resurrección de los muertos, recibirás un cuerpo glorificado, libre de pecado (1 Corintios 15:42-44). Imagina lo maravilloso que será: ¡Ya no más acné ni días con el cabello horrible!

La vida en la carne

Hasta que mueras, caminarás por la tierra con un cuerpo que contiene pecado. No obstante, el verdadero propósito del pecado no es hacer que te comportes de modo tan inmoral como sea posible. En cambio, Satanás quiere convencerte de que el amor de Cristo no tiene beneficios para tu vida. Origina este engaño al alentarte a preferir algo tangible para satisfacerte, como una novia, un novio, el matrimonio, dinero... cualquier cosa excepto Jesús. Siempre que decides buscar otra cosa distinta a Cristo para tu satisfacción, vives en una pecaminosa autosuficiencia, apartado de Dios. La Biblia llama a esta mentalidad independiente «la carne».

> Porque el deseo de la carne es contra el Espíritu, y el del Espíritu es contra la carne, pues estos se oponen el uno al otro, de manera que no podéis hacer lo que deseáis [...] Pues los que son de Cristo Jesús han crucificado la carne con sus pasiones y deseos (Gálatas 5:17, 24).

En esencia, la carne es un estado en el que una persona opera según sus propios recursos, haciendo cosas a su modo[2]. Todo comenzó antes de que te convirtieras en cristiano, cuando desarrollaste ciertos métodos de encontrar felicidad o éxito en la vida apartado de Dios. Es posible que desarrollaras hábitos como el enojo, el alcoholismo, la promiscuidad, la timidez, el agradar a la gente o trabajar demasiado. El modo en que la conducta en particular se vea en la superficie no importa. Dios considera actividad carnal cualquier cosa que hagas motivado por la independencia (Proverbios 16:2; Romanos 14:23).

Cuando te convertiste en cristiano, Dios te hizo santo y justo, pero no borró tus hábitos egoístas. Así que a medida que avanzas en la vida, sigues llevando tendencias para controlar a la gente y las circunstancias. Esos hábitos permanecen almacenados en tu cerebro como técnicas egoístas de manipulación o «patrones carnales». Siempre que decides caminar de manera independiente de Cristo, tus patrones carnales pueden despertarse en un instante. Por ejemplo, si una mujer aprendió cuando era niña a obtener lo que quería con pataletas, el pecado que mora en el interior recuerda ese patrón carnal para tentarla a controlar a su novio con enojo.

La carne gobierna sin cesar las citas amorosas de una persona no cristiana, porque la gobierna la naturaleza de pecado. En un

cristiano, sin embargo, la carne sabotea una relación de noviazgo siempre que una persona decide no andar por fe en Cristo.
Además, la carne puede influir en que las personas tengan citas
amorosas por razones egoístas y, sin embargo, parezcan amorosos en la superficie. Por ejemplo, la carne instará a un hombre a
que le compre flores a su novia, le abra la puerta del auto y le
haga cumplidos, solo para obtener relación sexual a cambio. Por
otro lado, si un hombre anda por fe en Cristo, se sentirá guiado
a hacer esas cosas por humildad y sacrificio. Tus motivos, no tus
actos, determinan la conducta carnal.

Dos tipos de carne

Las tentaciones pecaminosas en las relaciones no se limitan a los
impulsos extremos a fin de obtener relación sexual, dinero o control.
El pecado que mora en el interior utiliza uno o dos tipos de patrones
carnales para controlarte: carne positiva o carne negativa. La
carne positiva trata de atraerte al pecado razonando que eres lo
bastante experto para manejar tu vida apartado de Dios. En
cambio, la carne negativa intenta persuadirte de que la vida es
tan dura que necesitas otra cosa aparte de Dios para vivirla. Examinemos primero la sutileza de la carne positiva.

Si has experimentado logros o éxito en el mundo, el pecado
puede seducirte con una actitud de orgullo. Debido a tus patrones
de competencia, puede que pienses: *Yo soy una buena persona. Les
caigo bien a todos*, o *Dios debería estar contento de tenerme en su
equipo*. Ese es el intento del pecado de convencerte para que
rechaces a Dios apelando a ti de manera «positiva».

Puedes sucumbir a ese engaño narcisista si te consideras
seguro de ti mismo, dominante, merecedor o sin faltas. En esencia,
no crees que necesites la ayuda de Dios porque crees que puedes
manejar la vida por tu cuenta. Por lo tanto, andar por fe en Cristo
parece innecesario.

La carne positiva niega que el verdadero éxito del cristiano solo
provenga de Dios (2 Corintios 3:5). Con todo, el Señor descarta

cualquier acto exitoso que hagas con orgullo. Además, cuando vives demasiado confiado, a menudo te resistes a apoyarte en Cristo hasta que se descontrolan tus circunstancias. Consideras a Dios una red de seguridad en lugar de tu fuente para la vida.

La carne positiva también daña tus citas amorosas al hacerte ensimismado o demasiado crítico con cualquiera que no cumpla tus intachables estándares. Por ejemplo, conozco a un hombre con una carne positiva que les pone a las mujeres unos estándares tan elevados que sus relaciones nunca perduran. Ninguna mujer le parece lo bastante buena. De igual manera, conozco a una mujer que tiende a considerar las citas amorosas como un juego para conquistar el corazón de un hombre. Tiene citas el tiempo suficiente para hacer que un hombre se interese por ella. Entonces, una vez que gana su afecto, rompe y sigue adelante para salir con otra persona. A veces, hasta sale con un hombre que no le interesa solo para demostrar lo popular que es.

Si observas una actitud egoísta similar en ti, comprende que el pecado que mora en el interior está utilizando un patrón de carne positiva para darte una idea equivocada. El amor no puede coexistir con el orgullo, así que te será difícil formar relaciones íntimas si crees que eres el regalo de Dios para el mundo.

Por otro lado, Satanás también puede molestarte con patrones de carne negativos, los cuales te hacen sentir sin valor. Si tienes una historia de dolor, rechazo o abuso, Satanás usará la carne negativa para magnificar tu actitud de inferioridad persiguiéndote con pensamientos de ansiedad, insignificancia, condenación propia, indefensión o autocompasión. Utiliza la carne para afirmar que solo el amor humano logra satisfacer tu corazón. Si te crees esa mentira, puedes desarrollar un anhelo de que el sexo opuesto te acepte.

En lo personal, lucho con los patrones de carne negativos que convirtieron mis citas amorosas en una desesperada búsqueda para encontrar seguridad e impulsaron mi baja autoestima. Me volví tan maniático que racionalizaba tener citas con mujeres inmaduras solo para decir que tenía novia. Cuando fracasaban mis relaciones, la carne negativa me atormentaba con pensamientos de preocupación, cinismo o depresión. Era la estratagema de Satanás para hacerme sentir tan desesperanzado como fuera posible.

El tipo de carne contra el que luches a menudo está formado por circunstancias en tu niñez y tus años de adolescencia. Sin embargo, puedes batallar con la carne tanto positiva como negativa a lo largo de tu vida. Saber el tipo de carne al que eres vulnerable te ayuda a divisar con más facilidad las mentiras de Satanás y a eliminarlas con el amor de Cristo. Por ejemplo, si luchas contra la carne positiva, puedes desarmarla al recordar apoyarte en la vida de Cristo en tu interior, en lugar de hacerlo en tus logros personales (Filipenses 3:7-8). En cambio, si batallas contra la carne negativa, puedes desarmarla renovando tu mente con la verdad de que Cristo te ama y cuida de ti (Filipenses 4:6-8). Recuerda que la carne no define quién eres; solo muestra qué tipos de mentiras eres más apto para creer.

Deberíamos ser conscientes de las tácticas carnales de Satanás para tentarnos a pecar. Sin embargo, no deberíamos hablar con la carne sin reiterar la victoria que tenemos en Cristo. No puedes mejorar la carne ni librarte de ella, y puede dominarte si te centras en la misma. Por consiguiente, Dios no quiere que mores en la carne, sino que quiere que halles consuelo en la victoria que ya te ha dado Él.

Cristo: nuestra fuente de victoria

¿Has hecho dieta alguna vez? ¿Qué sucede por lo común? Te disciplinas para hacer ejercicio y comer los alimentos apropiados. Con el tiempo, logras algún éxito, pero cuando dejas la dieta, tu cuerpo vuelve a engordar algunos kilos. Así que te dedicas a perder peso otra vez, cayendo en un frustrante ciclo. Lo que es peor, a pesar de lo mucho que intentes mejorar tu figura, tu cuerpo permanece en un estado constante de deterioro, lo cual significa que no puedes evitar la inevitable flacidez, arrugas y muerte.

La batalla contra los impulsos carnales del pecado que mora en el interior con tu fuerza de voluntad es similar a hacer dieta. Puedes tratar de desafiar a la tentación mediante el esfuerzo propio, los principios bíblicos o los grupos para rendir cuentas, pero el pecado nunca dejará de seducirte hasta que mueras. Tu autodisciplina puede producir algún éxito temporal, pero a la larga te agotarán el estrés, el aburrimiento o la fatiga. En el momento en que tu esfuerzo propio se debilite, el pecado se abalanzará sobre ti (1 Pedro 5:8). Dios ofrece una manera mejor de resistir el pecado:

> Porque la gracia de Dios se ha manifestado, trayendo salvación a todos los hombres, enseñándonos, que negando la impiedad y los deseos mundanos, vivamos en este mundo sobria, justa y piadosamente (Tito 2:11-12).

Tito 2:11-12 dice que la gracia de Dios te enseña a vivir de manera piadosa. No dice que la conducta recta se produzca mediante la autodisciplina, por memorizar la Escritura ni por seguir principios. No puedes reunir el suficiente autocontrol para detener a Satanás. En su lugar, Pablo escribe que la meta de la vida cristiana es que «nos gloriamos en Cristo Jesús, no poniendo la confianza en la carne» (Filipenses 3:3). También dice: «Porque yo sé que en mí, es decir, en mi carne, no habita nada bueno; porque el querer está presente en mí, pero el hacer el bien, no» (Romanos 7:18). ¿Cómo renuncias a tu orgullo y permites que la gracia de Dios te libere de la tentación?

> Con Cristo estoy juntamente crucificado, y ya no vivo yo, mas vive Cristo en mí; y lo que ahora vivo en la carne, *lo vivo en la fe del Hijo de Dios*, el cual me amó y se entregó a sí mismo por mí (Gálatas 2:20, RV-60).

¡Este versículo revela una de las mejores bendiciones de ser cristiano! En lugar de luchar contra el pecado con todas tus fuerzas, puedes permitir que Cristo sea el que luche por ti. Él quiere que dejes de luchar, que descanses por fe en su amor y que le dejes tomar el control.

Como ejemplo, veamos de nuevo el dilema de Chuck al comienzo de este capítulo. ¿Recuerdas cómo se molestó con su novia, Leah, por hablar con Dan? Si Chuck hubiera permitido a Cristo vivir por medio de él, podría haber respondido a sus sentimientos de enojo pensando: *¿Por qué me siento así? Yo soy santo y es obvio que estos pensamientos de enojo y celos son el intento del pecado de controlarme. Sin embargo, Jesús me liberó del poder del pecado. Señor, por favor, toma el control y vive tu paciencia por medio de mí hacia Leah en este momento.* Si Chuck hubiera seguido confiando en Cristo, podría haber permanecido calmado mientras Leah hablaba con Dan.

A pesar de lo mucho que seas tentado, el pecado nunca puede ofrecer nada superior al amor y la aceptación incondicionales que ya tienes en Cristo. Por lo tanto, solo por comparación, la tentación no vale la pena. El pecado puede ser muy sutil, sin embargo, y por eso Jesús te dice que sueltes tu disciplina y te apropies de su fortaleza a la hora de tratar con las seducciones carnales. Él quiere ayudarte a discernir las mentiras que presenta el pecado y te recuerda su amor apasionado.

Jesús conquistó el pecado para siempre cuando murió en la cruz. Además, su resurrección le capacitó para vivir su victoria por medio de tu vida. Con todo, Cristo no puede desarmar la tentación hasta que tú dejes de tratar de luchar en su contra por ti mismo.

Quizá no sigan los buenos sentimientos

Algunos cristianos niegan la participación de Cristo en sus luchas contra el pecado porque no se sienten victoriosos sobre el mismo. La ausencia de sentimientos de triunfo, sin embargo, no significa que Cristo no esté obrando en tu vida. Tus emociones no siempre siguen la verdad; las pueden engañar con bastante facilidad.

Por ejemplo, cuando ves una película de terror en la seguridad de un cine grande, tus sentimientos responderán a esas imágenes que tienes delante de ti. Reaccionas con terror cuando, en realidad, estás seguro por completo. Tus emociones responden a lo que piensas, y si meditas en pensamientos de ansiedad, se desarrollarán sentimientos de temor y de preocupación. Además, las emociones intensas pueden necesitar tiempo para apaciguarse antes de que te sientas en paz.

Satanás sabe que las emociones pueden mentir, por eso las utilizará en tu contra. Con frecuencia, afirmará que no estás muerto al pecado porque aún puedes sentir sus tentaciones. Por esta razón, la verdad espiritual no se hará real para ti hasta que aprendas a andar por fe. En *The Rest of the Gospel*, los autores Greg Smith y Dan Stone explican por qué la fe es tan importante contra la tentación:

> Se supone que te tentarán o no podría haber tal cosa como la fe. No me refiero a que debas caer en la tentación [...] Dios creó seres que Él ha determinado que operen por voluntad, elección y fe. Y tendremos las consecuencias de las libres elecciones que hagamos [...] Dios no ha declarado a tu alma ni a tu cuerpo fuera del alcance total de Satanás. Solo hay un lugar que está fuera del límite, donde estamos seguros. Se trata de nuestra unión espiritual [...] Jesús lo desarmó [a Satanás] en la cruz. Ya no tiene ningún poder sobre ti. Al instante ves que ya no tiene ningún poder sobre ti, ¿verdad que es increíble? Dejas de actuar como si tuviera poder sobre ti.
>
> Estamos muertos al pecado, pero el tentador no está muerto para nosotros. No tiene que estar muerto para nosotros, mientras exista esta esfera de lo que se ve y lo temporal. Tú y yo tenemos que estar en tensión, la tensión creativa que la tentación produce para las respuestas de fe [...] Podemos pasar nuestras vidas tratando de ocultarnos y de tener unas cuantas experiencias de fe, o podemos salir a primera línea y reconocer que ese es el modo en que funciona la vida. Como respuesta a

la tentación, aprendemos a decir: «No me tienen que controlar mis sentimientos y mis pensamientos. Estoy casado con Jesús, y la única vida que quiero poner de manifiesto por medio de mí es la vida de mi Esposo»[3].

Es posible que necesites algún tiempo para sentirte victorioso contra los deseos pecaminosos porque Satanás no deja de tentarte. Tu victoria en Cristo no se equipara a sentirte libre de tentación. En cambio, Jesús te libera de tener que ceder a la tentación. Cuando vives por fe en la fortaleza de Cristo, el pecado al fin pierde su encanto porque comprendes que no tiene nada beneficioso que ofrecer. A su tiempo, tus sentimientos seguirán a medida que renueves tu mente según la verdad de su amor.

Cómo se afronta el engaño pecaminoso en las citas amorosas

Ahora que comprendes la realidad del pecado que mora en el interior, descubramos dos maneras en que trata de hacer fracasar tus citas amorosas. En primer lugar, Satanás ha aprendido un método secreto para tentarte a que te vuelvas tan ensimismado que ya no desees amar a otra persona. En segundo lugar, utilizará la carne para tentarles de manera simultánea a ti y a tu novio o novia, esperando destruir su relación mediante el conflicto.

Juegos mentales

La conducta carnal se trata del yo: seguridad personal, autocompasión, condenación propia, fariseísmo, egoísmo, abstracción, etc. Siempre que te comportes de esas maneras, haces caso omiso de Dios y de las necesidades de otros. Las relaciones fracasan si las personas se concentran en sí mismas. La humildad, en cambio, cultiva intimidad entre las personas.

> Nada hagáis por egoísmo o por vanagloria, sino que con actitud humilde cada uno de vosotros considere al otro como más importante que a sí mismo, no buscando cada uno sus propios intereses, sino más bien los intereses de los demás (Filipenses 2:3-4).

Si la humildad, la compasión y la honestidad son características raras en tus relaciones, puede que hayas olvidado que un agente del mal está obrando contra tu mente. La conducta arrogante o manipuladora no sucede por sí misma. El pecado está obrando activamente para alentarte hacia una actitud egoísta. Es más, el pecado es la causa de cada pensamiento pesimista o egoísta que entra en tu mente.

Por otro lado, sabemos que Dios nunca te da un pensamiento negativo, porque la Biblia dice que «Él mismo no tienta a nadie» (Santiago 1:13). Además: «Por consiguiente, no hay ahora condenación [desaprobación] para los que están en Cristo Jesús, los que no andan conforme a la carne sino conforme al Espíritu» (Romanos 8:1). Dios siempre te da pensamientos positivos y alentadores, aun cuando te trae convicción. Por lo tanto, puedes analizar tus pensamientos según sus características y discernir su origen.

Sin embargo, Satanás no cede con facilidad. Por el contrario, disfraza sus tentaciones hablando a tu mente en primera persona. *Primera persona es un término del lenguaje, y describe frases que utilizan pronombres como yo o mí.* Satanás sabe que si oyes un pensamiento con las palabras *yo* o *mí*, a menudo creerás que tú creaste esa idea. De ese modo, te engaña para que pienses que quieres pecar tentándote con pensamientos en primera persona.

Satanás sabe que sus tentaciones serían fáciles de reconocer si dijera: *Oye, ¿no sería una gran idea tener relaciones sexuales con tu pareja esta noche?* Una tentación como esa es demasiado obvia. En su lugar, planta pensamientos utilizando frases en primera persona, como: *Yo en verdad quiero tener relaciones sexuales con mi pareja esta noche. Cuando oyes esa idea, espera que creas que el pensamiento es tuyo debido a las palabras yo y mi. El truco de Satanás está diseñado para hacerte pensar que tú quieres comportarte en realidad de manera no santa. A decir verdad, Satanás finge ser tú mismo.*

Satanás no es ningún tonto. Sabe que puede persuadirte con más facilidad permaneciendo oculto. Por lo tanto, aprende a examinar tus pensamientos y a determinar quién los origina.

Siempre que tengas pensamientos negativos, inmorales, egoístas, orgullosos o ansiosos, el iniciador es Satanás.

Tu unión con Cristo, sin embargo, le da a Él la misma capacidad de influir en tus pensamientos. Puedes discernir su voz, sabiendo que siempre te habla con pensamientos positivos de paz, verdad y contentamiento. Por ejemplo, si un hombre tiene una cita amorosa con una mujer hermosa, Jesús podría hablarle a su mente: *No necesitas relación sexual con ella para estar completo. Tienes todo lo que necesitas en tu matrimonio espiritual conmigo.* Jesús también podría hablar con pensamientos en primera persona, como: *Yo quiero respetar a esta mujer, y prefiero esperar por las relaciones sexuales hasta el matrimonio.*

Utiliza este conocimiento para recordar que, como cristiano, eres santo y justo. El pecado mora en tu cuerpo, pero eso no te hace malo. Tu verdadera identidad es alguien que quiere hacer el bien (Romanos 7:21).

La carne de ella, la carne de él

Cuando un hombre y una mujer tienen citas amorosas, cada uno puede ser tentado a pecar. Además, ambos albergan patrones carnales egoístas, los cuales pueden causar dificultades en la relación. Por consiguiente, en las citas, si dos personas andan en la carne, el conflicto y las tácticas de manipulación pueden destruir enseguida su relación.

Ashley y yo experimentamos los efectos destructivos de la carne al tercer mes de estar teniendo citas amorosas. Un sábado, habíamos acordado reunirnos en mi casa a las dos en punto, y yo esperaba con ilusión verla. Ashley llamó a la hora de la comida para decir que estaba de camino, pero que antes tenía que hacer unas diligencias. Sin embargo, llegaron las dos, y pasaron, y yo estaba sentado mirando al reloj y esperando que apareciera. Con el paso de cada minuto, aumentaba mi enojo. Al final, ella llegó después de las tres, pero para entonces yo estaba furioso. En cuanto se bajó de su auto, le dije:

—¿Dónde has estado?

—Haciendo diligencias, como te dije —me respondió.

Esperaba que Ashley pidiera disculpas, pero en cambio pasó por mi lado con aire despreocupado. Le grité:

—Dijiste que estarías aquí a las dos. ¿Quién te crees que eres llegando tan tarde?

—Yo nunca dije que estaría aquí a las dos —replicó Ashley—. Dije alrededor de las dos. ¿Quién eres tú para decirme lo que debo hacer?

Minutos después, discutíamos como si nos odiáramos el uno al otro.

¿Qué causó tan acalorada disputa? Por fuera, parecía un caso sencillo: La llegada tarde de Ashley. No obstante, si pudieras haber leído nuestras mentes, habrías oído todo tipo de pensamientos egoístas, avivados por Satanás a través de la carne:

La carne instó a Rob:	La carne instó a Ashley:
No es justo para mí tener que esperar a Ashley	Puedo hacer lo que yo quiera.
Quizá Ashley no se interese por mí.	¿Por qué debo disculparme? Rob es un tonto.
No quiero salir con una chica que me desagrade.	Rob debería sobreponerse a esto.

Observa cómo pensamientos que utilizaban *yo* y *mí* obraron para atizar nuestro conflicto. Lo que parecía nuestro deseo de luchar era en realidad disensión causada por Satanás mediante la carne. Como cristianos, Ashley y yo no queríamos pelear en verdad. Deseábamos desde lo más profundo permitir que Cristo nos amara por medio de nosotros. Sin embargo, ambos optamos por escuchar a la carne y responder con egoísmo.

Cuando una pareja interactúa, Satanás utiliza la carne pecaminosa para destruir su relación tentando a ambos individuos. Así comienza el conflicto. Una persona actúa según un pensamiento tentador y trata de controlar a su pareja. ¿Y cómo responde la mayoría de las personas cuando alguien intenta manipularlas? También ceden a la tentación y comienzan a discutir, y enseguida tratan de apalear la autoestima del otro. El que lanza más rechazo reclama a menudo la victoria, pero la relación termina hecha pedazos.

¿Cómo evitas que los pensamientos carnales corrompan tu relación de noviazgo? Como dijimos antes, no encontrarás la respuesta en tu fuerza de voluntad ni al adherirte a los principios relacionales. Esos métodos solo ofrecen un arreglo temporal. Amar a otra persona durante el conflicto se produce cuando le permites a Cristo vivir su amor por medio de ti. Cuando nos sometemos a Jesús, Él puede revelar las mentiras egoístas que Satanás presenta y sustituirlas por su verdad. Veamos cómo el amor de Cristo podría haber vencido la tentación de discutir para Ashley y para mí:

La carne instó a Rob: *No es justo para mí tener que esperar.*
El amor de Cristo podría haber impulsado esta respuesta: Claro que esperar a alguien no es divertido pero como cristiano ya no dependo del modo en que me trate una mujer; Jesús proporciona la aceptación que necesita mi corazón. Habría estado bien por mi parte preguntarle a Ashley por qué llegaba tarde y pedirle que llegara a tiempo. Sin embargo, no tuve excusa para abalanzarme sobre ella con enojo. La carne me engañó con la tentación de proteger mi ego.

La carne instó a Ashley: *Puedo hacer lo que yo quiera.*
El amor de Cristo podría haber impulsado esta respuesta: Soy libre para tomar mis propias decisiones, pero Cristo dice que el verdadero amor considera las necesidades de otros. En una relación, nunca somos libres para hacer lo que queramos. Dios nos llama a buscar el beneficio de la otra persona. Por lo tanto, en lugar de caer en la tentación carnal de alardear de mi independencia, permitiré que Cristo muestre comunicación y cooperación por medio de mí.

La carne no desaparece cuando dos cristianos tienen citas amorosas. Eso significa que la persona con quien salgas tiene pecado que mora en el interior que influye en ella. Si tu novio o tu novia pasan por alto este hecho, quizá nunca comprendan por qué amarte es una lucha. Alguien que comprende su unión con Cristo puede permitir que Jesús le guarde contra los destructivos engaños de Satanás.

Lo bueno, lo malo y lo carnal

El objetivo de una relación de noviazgo debería ser descubrir lo que es real acerca de otra persona. La carne pecaminosa reside en el interior de todo ser humano, y es una de las feas realidades que debes afrontar. Cuando tienes citas amorosas con alguien, observa cómo tratan con la tentación. ¿Puede tu pareja reconocer las mentiras carnales? ¿Dependen con firmeza de Cristo?

Si tu pareja no reconoce la capacidad de influencia del pecado, la carne puede engañarla con facilidad. Además, tu pareja puede que no sepa que Cristo es su única fuente de victoria contra la tentación. Como resultado, tu pareja luchará en vano contra el pecado porque su autodisciplina no perdurará.

Asimismo, cada persona carga con patrones carnales únicos, como la pasividad, el orgullo, la ansiedad, la necesidad de agradar a la gente o el perfeccionismo. Otros patrones incluyen una conducta extrema, tales como ira, adicciones, lujuria o temor al compromiso. Por consiguiente, una vez que tengas citas amorosas con alguien en serio, puede que quieras identificar sus luchas. Eso no solo te permite decidir si estás dispuesto a seguir adelante, sino que también te prepara con eficacia para la realidad de vivir con ese individuo en un matrimonio.

Cuando puedes querer a alguien, junto con su irritante estilo de la carne, aprendes a amar a una persona tal como es. Ese es el objetivo definitivo de Dios para una relación de noviazgo apasionada: que ames a alguien como Cristo te ama a ti... con lo bueno, lo malo y lo carnal.

Estudio bíblico personal

1. Lee Proverbios 16:2 y Romanos 14:23. ¿Cómo determina Dios si tus actos son pecaminosos o santos?

2. Lee 2 Corintios 3:4-6 y 1 Corintios 15:10. ¿Cuál es el secreto del éxito de Pablo? ¿A quién deberías dar el crédito por cada éxito en tu vida?

3. En Filipenses 3:3-8, Pablo dice que sus logros no significan nada comparados con conocer a Cristo. ¿De qué maneras podrías confiar en tus credenciales carnales más que en el amor de Jesús?

4. ¿Cuántas veces en Romanos 7:15-25 encuentras la palabra «pecado» escrita como sustantivo? El pecado es una entidad separada, que intenta influir en ti de forma negativa. ¿Cómo puede esta verdad cambiar tu modo de ver una tentación?

5. Enumera las razones por las cuales se producen las peleas que aparecen en Santiago 4:1-3. En los versículos 4-8, ¿cómo sugiere Santiago que resistamos la tentación?

6. Lee Romanos 7:24—8:2. ¿Quién es tu única Fuente de victoria sobre la tentación? ¿Por qué?

Preguntas de discusión en grupo

1. Dialoguen sobre los beneficios de entender que el pecado es una entidad separada de ustedes.

2. ¿Por qué no pueden confiar en sus emociones? ¿Cómo evitan tomar decisiones emocionales en las citas amorosas?

3. Nombren dos maneras en que Satanás utiliza la carne para seducirles de manera positiva o negativa.

4. Identifiquen dos pensamientos pesimistas que Satanás utiliza para desalentarlos en cuanto a las citas amorosas. Luego, trabajen juntos para encontrar un versículo bíblico acerca del amor de Dios que refute esos pensamientos negativos.

5. Satanás puede susurrar tentaciones utilizando frases en primera persona diseñadas para engañar. Hablen sobre tres ejemplos.

6. Que un voluntario cuente un reciente ejemplo de un conflicto en una relación. Como grupo, hablen de la manera en que la carne pecaminosa utilizó actitudes egoístas para tentar a la pareja a aumentar su conflicto. ¿Cómo podría el amor de Cristo haber disipado sus actitudes egoístas?

7

EL VÍNCULO

DE LA PASIÓN

Descubre el diseño de Dios para la relación sexual

¿Recuerdas tu primer beso? Yo sí que lo recuerdo. Tenía dieciséis años de edad, y estaba de pie al lado de un río bajo un cielo negro lleno de estrellas. A mi lado estaba la chica más hermosa que jamás había visto. Nos habíamos escondido con éxito de los consejeros en el campamento para jóvenes de nuestra iglesia. Ocultos tras algunos árboles, ella me miró, y la miré, y entonces: ¡PUM! Hubo fuegos artificiales. La ráfaga fue abrumadora. Mi corazón se remontó a las nubes cuando nuestros labios se tocaron, y sentí que de repente había cruzado a la madurez. Luego se lo dije a todos mis amigos, y ellos celosos me llamaban «el hombre». Había cortejado a mi princesa y me había ganado su beso, pero era un sentimiento tan estupendo que no podía tener suficiente.

Por lo tanto, nuestra relación se convirtió en nada más que un festival de besuqueos. Iba a la casa de mi novia, bajábamos al sótano, encendíamos la televisión y nunca la veíamos. En su lugar, nos sentábamos en el sofá, tratando de establecer un récord mundial del beso más largo. Para un muchacho adolescente, eso era el paraíso. No podía imaginarme nada más divertido en la vida. En mi embotamiento de placer, creía que nos casaríamos y que nuestro romance duraría para siempre. El futuro parecía muy glorioso... hasta que un día cambió su disposición. Aparecí para tener otra sesión, pero ella salió a la puerta y dijo: «Lo único que hacemos es besarnos y ya estoy cansada de eso. Nuestra relación es aburrida y no quiero verte más».

Me quedé sin respuesta. Mi corazón casi se me sale del pecho y le supliqué que lo reconsiderara. Sin embargo, fue inflexible en cuanto a romper, así que regresé a mi auto y me fui destrozado. En ese momento, pasé de ser el rey de los besos a ser el pobre del dolor. Sin su afecto, me sentí como si me faltara una pieza. Nadie me había advertido que un beso, que se sentía tan bien, pudiera doler tanto cuando te lo quitan.

¿Has experimentado alguna vez una situación similar? ¿Entregaste tu corazón a alguien mediante un beso, solo para sentirte aplastado cuando las cosas no salieron bien? Quizá hayas llegado al final del camino y entregaras tu cuerpo sexualmente a otra persona. ¿Perduró la dicha cuando dejaron de verse? Al igual que yo, quizá descubrieras que considerando el dolor de la separación, la actividad sensual no es todo lo que pensabas que sería.

Muchos solteros caen en un patrón en sus citas amorosas que implica el afecto físico seguido por el dolor. Sucede cuando tienes citas amorosas con alguien, te sobrepasas en lo sensual, haces fracasar la relación y te sientes roto por dentro después de la separación. Me identifico con la angustia emocional de este problema, y me duele observar a tantas personas saltar a ciegas al calor de la pasión sexual.

Dios hizo la relación sexual como un buen regalo, ¿entonces por qué las personas con tanta frecuencia lo reclaman y lo usan mal? Creo que la relación sexual es seductora porque cada uno de nosotros anhela que alguien nos acepte desnudos y sin avergonzarnos. Nuestros corazones desean una relación en la que podamos quitar todas nuestras defensas y, a pesar de ello, seguir teniendo a alguien que nos celebre por lo que somos. Sin embargo, cuando no comprendemos que Jesucristo ya nos ama así de manera tan apasionada, podemos ver la relación sexual como la satisfacción para nuestros hambrientos corazones. Para empeorar más aun las cosas, nuestros medios de comunicación nos bombardean con tanta sensualidad que es natural que se despierte nuestra curiosidad. Por consiguiente, el acto sexual puede convertirse en la aspiración final en las relaciones de noviazgo.

Dios creó la relación sexual, y por eso no hay nada malo en ello. Hacemos que sea algo indebido por la manera en que decidimos usarla. La relación sexual es para nuestro bien. No obstante, si no entendemos cómo funciona, usarla mal puede causar un grave daño.

La relación sexual establece lazos entre las personas

La Biblia dice con claridad que evitemos la relación sexual fuera del matrimonio (1 Tesalonicenses 4:3-8). A pesar de eso, ¿alguna vez te ha dicho alguien el porqué? Cuando era un soltero joven, casi siempre oía: «Dios dice que no lo hagamos». Eso dejaba mucha confusión en mi mente. Si la relación sexual es algo tan bueno, ¿por qué tendría que esperar? No es justo que las parejas casadas sean las que disfruten de toda la diversión.

A lo largo de los años en el instituto y la universidad, asistí a varios seminarios que instaban a los alumnos a permanecer vírgenes. Así y todo, esas campañas se enfocaban en evitar los embarazos o las enfermedades de transmisión sexual. Los oradores nunca ofrecían ninguna razón real por la cual esperar para tener relaciones sexuales. No entendí con claridad el propósito de la abstinencia hasta el matrimonio años más tarde, mientras leía la carta del apóstol Pablo a los corintios.

Los cristianos en Corinto luchaban por controlar sus deseos sexuales porque vivían en una cultura que fomentaba la inmoralidad. En su ciudad, cierto templo pagano albergaba a más de mil prostitutas, y la gente consideraba la relación sexual un acto de adoración. De modo similar a nuestra sociedad moderna, los corintios hacían del placer sexual un acto egoísta en el que participar siempre que tenían ganas. Pablo les escribió a los cristianos corintios una carta para ayudarlos a entender por qué Dios quiso la relación sexual solo para el matrimonio.

> ¿No saben que el que se *une* a una prostituta se hace un solo cuerpo con ella? Pues la Escritura dice: «Los dos llegarán a ser un solo cuerpo». Pero el que se *une* al Señor se hace uno con él en espíritu.
>
> Huyan de la inmoralidad sexual. Todos los demás pecados que una persona comete quedan fuera de su cuerpo; pero el que comete inmoralidades sexuales peca contra su propio cuerpo (1 Corintios 6:16-18, NVI).

En el versículo 16, Pablo indica que si un hombre tiene relaciones sexuales con una prostituta, une su cuerpo al suyo. La palabra clave en este versículo es «une». La palabra griega original significa «cimentar o pegar junto firmemente»[1]. Pablo explica que la relación sexual es un acto físico que pega los cuerpos y las almas de dos personas. De cualquier modo, no se estaba refiriendo solo a la relación sexual con prostitutas. Quiso decir que cualquier pareja que participe en la actividad sexual se une. Más importante aun, su vínculo no es una relación débil que se rompe con facilidad. La relación sexual produce un vínculo que tiene la fuerza del pegamento fuerte. Une a una pareja tan estrechamente que no pueden separarse sin causarse daño el uno al otro.

Cuando era un muchacho, descubrí el poder de un vínculo de pegamento fuerte cuando construía maquetas de aviones. A veces, se me acababa el adhesivo para aviones de juguete y trataba de utilizar pegamento fuerte como sustituto. Un día, me descuidé y por accidente uní dos de mis dedos con el pegamento. Me quedé sorprendido cuando no era capaz de separarlos. Tiraba y tiraba, pero estaban fusionados. Al final, tuve que separarlos al arrancarme con dolor la piel. Mis dedos quedaron sin piel y heridos. Eso es similar a lo que sucede cuando dos personas tienen relaciones sexuales y luego rompen. Fusionan sus corazones y sus almas, y luego sufren un dolor angustioso cuando se separan.

Quizá dudes que la relación sexual une en realidad a las personas. Si es así, habla con cualquier hombre o mujer que hayan roto después de tener relaciones sexuales. Te verificarán que su vínculo emocional y físico era real porque se produjo un inmenso dolor cuando trataron de separarse. Lo que pensaban que eran unos besos y toques inofensivos, literalmente cimentaron sus corazones juntos. Por ese motivo, debes tomar muy en serio la actividad física en una relación de noviazgo. Suceden muchas más cosas de las que puedes ver o sentir. Al ser descuidado, puedes entrelazarte con alguien sin siquiera darte cuenta.

Si la relación sexual no uniera a las personas, podrías hacer el amor y no volver a pensar en ello. Sin embargo, Dios diseñó la relación sexual para unir a las personas, y tú experimentarás consecuencias si tienes relaciones sexuales y luego tratas de alejarte. Esto tampoco se aplica solo al acto sexual. También puedes hacerte daño mediante una participación menos intensa.

Yo permanecí virgen hasta que me casé, pero seguía sufriendo dolor debido a mi actividad física en las citas amorosas. Mis tres rupturas más angustiosas se produjeron después de ser muy sensual con mis novias. Mi corazón se sintió destruido después de cada separación. En cambio, rompí con otra chica con la que no me había implicado de manera sexual, y el dolor emocional fue insignificante. Por lo tanto, debes entender el riesgo que corres si eres físicamente activo con tu novio o tu novia. *No estás jugando con fuego; estás jugando con pegamento fuerte.*

¿Qué es la relación sexual?

La definición de relación sexual se amplía cuando comprendes que toda actividad sexual une a dos personas. No puedes limitarla solo al acto sexual, porque cualquier tipo de toque sexual comienza el proceso de unión. Por ejemplo, un hombre no toma de la mano a una mujer para decirle: «Te odio». Lo hace para decirle con ternura: «Me gustas y quiero explorar una relación contigo». Luego, si la besa, se unirán de forma emocional un poco más. Si llegan a besarse de modo erótico, a tocarse las áreas sensuales el uno del otro, o a practicar sexo oral, sus corazones y sus almas comenzarán a unirse con firmeza.

Cuanto más lejos vaya una pareja en lo físico, más fuerte será el vínculo emocional, y más daño sufrirán sus corazones y sus mentes si se separan. Por eso desarrollar una relación sexual sin el compromiso duradero del matrimonio no es nada sabio. Pones en peligro unir tu corazón a alguien que quizá no permanezca contigo. Aun si están comprometidos, sigue existiendo la posibilidad de separación.

Eso no significa que todo afecto físico en el noviazgo sea malo. Un toque romántico puede ser beneficioso cuando refuerza la conexión espiritual, emocional e intelectual que una pareja *ya* ha desarrollado. Por ejemplo, si un hombre le dice a su novia: «Me gustas de verdad», pero se niega a abrazarla, es probable que le considere un hipócrita. Al tocarla, le confirma su interés en su relación. Por esa razón, está bien que una pareja se exprese de manera física, pero no a expensas de unirse y romper sus corazones.

Jesús quiere que la actividad física beneficie tu relación en lugar de destruirla. Por consiguiente, sé consciente de lo que la relación sexual puede hacerle a tu corazón. En el siguiente capítulo descubriremos cómo Cristo puede ayudarte a decidir qué nivel de implicación física es apropiado.

Las consecuencias de romper un vínculo sexual

A sus veintitantos años, Serena se acostaba con varios hombres diferentes. No podía resistir el empuje para su autoestima cuando un hombre la deseaba sexualmente. Era joven y libre, y una relación comprometida era lo último que pasaba por su mente. Cuando se aburría de un hombre, solo rompía con él y flirteaba con otro. Cuando quedó embarazada por accidente, Serena optó por el aborto para resolver el problema. No comprendía que su descuido sexual embotaba la capacidad de su corazón para experimentar una intimidad y un compromiso reales.

Más adelante, cuando tenía veintiocho años, comenzó a pensar en su futuro. Ya no le emocionaba quedarse soltera para siempre, así que decidió buscar un esposo y sentar la cabeza. Comenzó a visitar una iglesia local y dio con un hombre llamado Doug. Mientras tenían citas amorosas, Serena puso freno a su actividad sexual con Doug y mantuvo su pasado sensual en secreto. Pensaba que su nueva conducta mostraba madurez y se sintió preparada para el matrimonio cuando Doug se lo pidió tras nueve meses de noviazgo.

Serena anticipaba con alegría una vida maravillosa con Doug, pero sus esperanzas se desvanecieron en su luna de miel. Siempre que Serena trataba de hacer el amor con su nuevo esposo, su mente se llenaba de recuerdos de su aborto y de anteriores parejas sexuales. La culpa y la vergüenza torturaban sus pensamientos y evitaban que se centrara en Doug. La incapacidad de Serena de disfrutar de la intimidad sexual la desilusionó en lo más profundo. Mantuvo en secreto su frustración, pero un conocido deseo comenzó a surgir de ella.

Serena siempre había evitado el dolor en las relaciones huyendo de él, así que el deseo de abandonar su matrimonio y volver a comenzar la seducía. Trató de luchar contra ese sentimiento porque le importaba Doug. Así y todo, cuando él le pedía la relación sexual, ella quería huir. Serena esperaba que el problema desapareciera con el tiempo, pero en lugar de eso, aumentó su frustración. Cinco meses después de su boda, Serena abandonó a Doug y comenzó una nueva y desesperada búsqueda de satisfacción.

En nuestra cultura, Satanás ha redefinido con éxito el acto sexual como una droga placentera o un seductor método para controlar las relaciones. Sin embargo, la relación sexual nunca se diseñó con esos propósitos. Dios la creó para unir a las personas en matrimonio, y las personas pierden su capacidad para disfrutarlo cuando abusan de ese regalo de Dios.

Como vimos en el caso de Serena, si participas en la relación sexual prematrimonial, puedes deteriorar la futura capacidad de tu corazón para experimentar intimidad. Este problema es comparable a romperte una pierna. Tu cuerpo sanará, pero tus articulaciones y tendones no vuelven a ser tan fuertes como lo eran antes. Como resultado, nunca más puedes disfrutar de ciertas actividades hasta el grado en que lo hacías con anterioridad. De igual manera, tu corazón es frágil en lo emocional y se puede dañar con facilidad. Por consiguiente, si a menudo te unes sexualmente a otras personas y luego rompes esos vínculos, no puedes esperar que tu corazón sea capaz de una intimidad completa en el futuro. Sanará, pero nunca será el mismo.

Algunos solteros no están de acuerdo y me preguntan: «¿Y las personas que dicen que pueden tener relación sexual sin sentir nada por la otra persona? ¿Pueden evitar las consecuencias?». La respuesta es no. Las personas que abusan de la relación sexual siempre sufren daño en sí mismas. Dios dice que cualquiera que participa en la relación sexual fuera del matrimonio destruye su propio cuerpo (1 Corintios 6:18: Efesios 4:17-19). Nadie puede permitirse la sensualidad carnal sin experimentar al menos una de las siguientes repercusiones:

- Tu corazón se desconecta de las personas, y pierdes la capacidad de sentir.

- Embotas tu capacidad de mantener el compromiso en una futura relación.

- Corres el riesgo de contraer una enfermedad de transmisión sexual, de un embarazo o de abuso físico.

- Tu corazón se paraliza hacia la verdadera intimidad cuando en realidad la quieres en el futuro.

- Tu inmoralidad destruye la capacidad de otras personas de confiar en ti o respetarte.

• Llevas un peso de culpa y de vergüenza por haberte aprovechado de otra persona.

• Al final, tu vida sexual se vuelve aburrida y rutinaria.

Todas esas consecuencias implican un alto precio porque no puedes disfrutar de la relación sexual con un corazón dañado ni con un cuerpo dañado. Los feos problemas que causan las enfermedades de transmisión sexual son fáciles de entender. Así y todo, encontrar intimidad sexual es aun más frustrante cuando tu corazón está embotado o distraído. El poder de pegamento fuerte del acto sexual rompe un pedazo de tu corazón cuando rompes un vínculo sexual, y puede que tu corazón nunca se recupere por completo.

Dios no prohíbe que los solteros se toquen los unos a los otros, pero cuando comienzas el contacto sexual, inicias su proceso de unión. Para evitar hacerte daño a ti mismo, mantén la actividad física en línea con el nivel de compromiso de tu relación. Al hacerlo, evitas unir tu corazón a alguien que pueda decidir irse. Además, das a tu relación una mejor oportunidad de desarrollar comunicación, paciencia y amor sacrificial: elementos necesarios para un matrimonio duradero.

El acto sexual puede unir a dos personas, pero no les garantiza una buena relación. En vez de eso, su carácter, su madurez en las relaciones y su dependencia de Jesucristo determinan la calidad de su relación.

Por qué la atracción sexual es buena

Dios no inventó la relación sexual solo para darles a las personas una agradable sensación de hormigueo. Su principal intención fue ilustrar la unión íntima y gozosa que existe de manera espiritual entre Jesucristo y tú (1 Corintios 6:17). *Dios te creó con la capacidad de pasión sexual a fin de que fueras capaz de comprender la pasión de Cristo por ti.* Tu atracción física hacia alguien en la tierra representa la emoción de Jesús hacia ti. La pasión sexual es un cuadro del deseo de Él. Leamos la manera en que Jesús te describe como su novia:

Entonces el rey deseará tu hermosura [...] Toda radiante está la hija del rey dentro de su palacio; recamado de oro está su vestido. En vestido bordado será conducida al rey (Salmo 45:11-14).

Cautivaste mi corazón, hermana y novia mía, con una mirada de tus ojos; con una vuelta de tu collar cautivaste mi corazón. ¡Cuán delicioso es tu amor, hermana y novia mía! ¡Más agradable que el vino es tu amor, y más que toda especia la fragancia de tu perfume! Tus labios, novia mía, destilan miel; leche y miel escondes bajo la lengua (Cantar de Cantares 4:9-11, NVI).

Esos versículos muestran que Jesús te ama más que como solo un amigo. Tú le cautivas. Además, experimentas una probadita de su amor íntimo si compartes el deleite sexual con alguien en una relación de matrimonio. El gozo que expresan el esposo y la esposa el uno por el otro retrata el deleite y la satisfacción que Cristo siente hacia ti. Jesús hasta obrará mediante el toque físico de otra persona para hacerte comprender ese punto. Por ejemplo, tengo un buen amigo, Joe, que una vez me dijo que a veces cuando su esposa, Ángela, le abraza, puede sentir a Cristo decir: *Joe, quizá sientas que Ángela te abraza en este momento, pero en realidad soy yo el que te abraza por medio de ella. Estoy muy contento de que me pertenezcas, y te amo.*

No permitas que esa idea te parezca rara. La pasión de Cristo por ti no es un extraño tipo de amor sexual-espiritual. En lugar de eso, Jesús siente una intensa devoción y gozo en su relación contigo. Piensa que eres estupendo. Piensa que eres hermoso. Piensa que eres especial. Esta idea puede ser difícil de entender, pero Jesús se deleita más contigo que lo que cualquier esposo en la tierra pueda deleitarse con su esposa. Por eso Dios creó la relación sexual para el matrimonio: para darte una perspectiva del increíble placer que Cristo siente en su unión contigo. Por lo tanto, la relación sexual siempre debería respetarse como un regalo divino.

Dios tiene un segundo propósito para la relación sexual: producir una intimidad total en el matrimonio. Dos cónyuges no pueden experimentar ser uno a menos que compartan en el acto sexual. La relación sexual invita al esposo y la esposa a aceptarse el uno al otro desnudos, sin vergüenza y sin inhibición. Ofrece un ambiente en el cual ambos son libres para ser ellos mismos y unirse con gozo de la manera más significativa posible. Nuestros corazones suplican ese tipo de intimidad, y la relación sexual en el matrimonio es uno de los instrumentos de Dios para satisfacer esa necesidad.

El noviazgo sirve como la chispa para motivar a dos personas a seguir el camino hacia el matrimonio. Cuando un hombre y una mujer solteros se cautivan el uno al otro, quieren comenzar una relación. Sus impulsos sexuales los lanzan a descubrir más el uno del otro. Luego, cuando se encuentran con las dificultades iniciales de la comunicación y la amistad, su interés sexual puede alentarlos a seguir resolviendo los problemas. Por consiguiente, la atracción sexual es un aspecto importante de las relaciones de noviazgo. Sin ella, escoger a una persona para tener intimidad sería aburrido y sin vida.

Para la mayoría de las parejas, un deseo físico se produce cuando se conocen en un principio. Para unas cuantas, la atracción evoluciona con el paso del tiempo. A pesar de cuándo suceda, al final tiene que desarrollarse una atracción sexual mutua, pues de lo contrario una pareja no disfrutará de intimidad en el matrimonio. El romance es una parte esencial de ser uno, y un matrimonio vacío de cercanía física es una experiencia deprimente.

Por consecuencia, hombres, no crean la mentira de que los hombres cristianos tienen que casarse con mujeres piadosas y poco atractivas. Eso no encaja en el contexto del modo en que Jesús te ama como su Esposa. Tú entusiasmas a Cristo, así que Él quiere que te emociones con la mujer que decidas casarte. Quiere que su singular belleza te satisfaga por completo (Proverbios 5:18-19). Por lo tanto, si no has conocido a una mujer cristiana que posea integridad y te atraiga de manera sexual, sigue buscando. No te conformes con cualquier cosa solo para casarte.

De igual modo, mujeres, atesoren su belleza, feminidad y pureza. Para Jesús, valiste la pena su sacrificio, y Él quiere que encuentres un esposo que te trate de esa misma manera. No vale la pena casarse con un hombre si no te quiere y se entrega a sí mismo por ti. Así que evita a los perdedores que solo quieren utilizar tu cuerpo para la relación sexual. Espera hasta casarte con un hombre que esté tan loco por ti que esté dispuesto a refrenar sus deseos y ofrecerte un compromiso para toda la vida.

Lo que Satanás no quiere que sepas sobre la relación sexual

Satanás siempre toma los buenos regalos de Dios y los tergiversa para convertirlos en algo destructivo. Lo hace con los alimentos, la naturaleza y en especial con la relación sexual. Veamos algunas verdades sobre la relación sexual que no quiere que sepas.

Dios creó la relación sexual como una celebración

Satanás trata de confundir a muchas personas solteras anunciando que la relación sexual prohibida o pervertida es la más satisfactoria. Puedes ver ese mensaje propagado por películas, libros y televisión. Créeme: es una mentira. La relación sexual apasionada no se produce utilizando técnicas especiales ni teniendo aventuras amorosas secretas. La relación sexual fantástica se produce cuando un hombre y una mujer comparten un romance desinhibido en un matrimonio comprometido.

Dios creó la relación sexual como una deleitosa celebración entre esposo y esposa. Es una de las maneras más personales e íntimas de decir: «Gracias por amarme». Así, cuando una pareja se casa, Dios quiere que saboreen su vida sexual y la disfruten con frecuencia (Eclesiastés 9:9; 1 Corintios 7:3-5; Efesios 5:28-29). Él los invita a ser tan sensuales y libres como deseen.

Esto no debería desalentarte ni ponerte celoso en cuanto a abstenerte de la relación sexual cuando eres soltero. Más bien quiero alentarte a buscar la relación sexual por los motivos adecuados. Dios sabía lo que hacía cuando lo creó. No creas que la relación sexual entre cónyuges cristianos tiene que ser aburrida ni remilgada. Dios diseñó la relación sexual en el matrimonio para que sea una explosión, y cuando compartas una pasión sin reservas en un matrimonio comprometido, será algo increíble.

La relación sexual es solo un pedazo del pastel

La relación sexual es una parte integral del matrimonio. Así y todo, necesitas también ser consciente de que, si te casas, el acto sexual se convertirá en un pequeño pedazo de la relación total. Las parejas casadas no tienen la relación sexual el día entero. La mayoría de las esposas la desean con mucha menos frecuencia que sus esposos. Sin embargo, hombres, tendrán que aprender a controlar sus impulsos dentro del matrimonio al igual que fuera de él.

Además, la relación sexual no es una fiesta constante que mantiene juntos a los cónyuges. Es un breve encuentro que celebra su amor. La relación sexual tampoco puede mejorar un matrimonio. Por el contrario, sirve como indicador de la calidad de la comunicación, el sacrificio, la cooperación y la amistad en la pareja. Si no se atesoran el uno al otro con respeto y sumisión, su vida sexual se deteriorará.

Asimismo, la relación sexual frecuente solo suma unas cuantas horas durante la semana. Cuando te casas, vives con alguien las veinticuatro horas del día. Por consiguiente, las partes no sexuales de tu relación, como la cooperación en las tareas, la educación de los hijos y confiar juntos en Cristo, desempeñan papeles principales en el éxito de tu matrimonio.

Los recién casados no son compatibles en lo sexual

Algunos solteros piensan que todas sus fantasías sexuales se harán realidad al instante su noche de bodas. Esta mentira de Satanás conduce a desengaños, porque ninguna pareja casada tiene una compatibilidad sexual inmediata. La relación sexual estupenda no se produce por sí misma. Los esposos y las esposas tienen que hablar al respecto, desarrollarla y practicarla. Algunas parejas se ajustan con más rapidez que otras, pero la mayoría de las parejas necesitan muchos meses antes de sentirse cómodos cuando están juntos en la cama. Eso es normal por completo. Por consiguiente, no esperes una relación sexual fantástica en tu luna de miel. Necesitarás investigar el tema, ir muy despacio, practicar a menudo y hablar de las cosas hasta que ambos entiendan lo que le causa placer al otro. Puedes estudiar libros sobre cómo mejorar tu técnica sexual, pero la verdadera clave es aprender a sacrificarse de forma mutua. Tu vida sexual apestará si tratas de obligar a tu cónyuge a hacer lo que no quiere hacer. El verdadero deleite se produce cuando el placer de la otra persona se convierte en tu principal enfoque.

No puedes hacerle un examen de conducción a la relación sexual

Es sorprendente cuántos solteros cristianos deciden irse a vivir con sus novios o novias. Satanás motiva a las personas a que hagan «un examen de conducción» a sus relaciones razonando: «Si vivimos juntos, podremos ver cómo nos llevamos. Luego, si no nos gustamos, podemos romper con facilidad sin los enredos del matrimonio». Eso quizá parezca como un consejo sabio, pero debo afirmar con toda claridad que vivir juntos no tiene sentido en absoluto.

Lo cierto es que si vives en la misma casa, duermes en la misma cama, pagas las mismas facturas y tienes relaciones sexuales con tu novio o tu novia, ya estás casado. La diferencia está en que eres demasiado egoísta para hacer oficial tu matrimonio con un compromiso. Recuerda que la relación sexual une a dos personas. Un certificado matrimonial no lo hace. Si viven juntos y comienzan a tontear, unirán sus corazones al igual que lo hace una pareja casada. Una vez que se unen sexualmente, no hay vuelta atrás. Puede que pienses que irte a vivir con tu pareja es una prueba de la relación, pero en realidad ya te has unido a alguien. Si decides romper, sufrirás las mismas consecuencias emocionales que sufre cualquier pareja que se divorcia.

Por otro lado, algunas personas solteras, casi siempre mujeres, creen que vivir juntos aumentará sus oportunidades de hacer que sus novios se casen con ellas. Razonan que un poco de la relación sexual le convencerá para ir en serio. Sin embargo, vivir juntos no alienta a nadie a comprometerse. Por el contrario, desalienta a las personas para casarse porque pueden tener de forma gratuita toda la relación sexual, el apoyo económico y el compañerismo que quieren. En sus mentes, ¿por qué deberían casarse cuando ya tienen todo lo que quieren sin ningún compromiso?

Irse a vivir juntos indica que una pareja quiere todo lo positivo del matrimonio (incluyendo la relación sexual, la intimidad, la seguridad y el compañerismo) sin tener que invertir en él. Así y todo, las personas no pueden obtener los beneficios del matrimonio a menos que se comprometan de manera desinteresada con otra persona. No puedes tener una verdadera intimidad sin amor sacrificial y un compromiso. Esas cualidades están ausentes cuando una pareja vive junta.

La cohabitación fomenta el que una relación fracase porque se funda en el egoísmo. En esencia, el placer y la conveniencia son más importantes que el bienestar de la otra persona. De ese modo, no puedes vivir con alguien y decir con justificación: «Te quiero». Si en verdad quieres a esa persona, o te casarás o tendrás un noviazgo sin practicar relación sexual.

La relación sexual puede destruirte

Por último, Satanás quiere que pienses que la relación sexual es solo una inofensiva diversión, pero sabe que es un acto de unión. Por lo tanto, tratará de utilizar la pasión sexual para ponerte en una *atadura*. Eso podría incluir unión en una mala relación, pornografía, homosexualidad o fantasías románticas. Las experiencias sexuales pueden sentirse bien, pero el placer se puede volver adictivo con facilidad. El engaño de Satanás con respecto a la relación sexual está muy extendido, así que el capítulo siguiente hablará de la tentación sensual y cómo Cristo puede guiarte a tomar sabias decisiones en cuanto a la actividad física en tu relación.

Agradécele a Dios por la relación sexual

A pesar del intento de Satanás por distorsionar nuestro entendimiento de la relación sexual, somos bendecidos al tener un regalo de Dios tan maravilloso. El Señor quiere que la relación sexual sea para nuestro bien, y ninguna otra cosa puede unir a dos personas de manera tan íntima. Así que atesora tu capacidad de expresar deseo físico por otra persona, sabiendo que la relación sexual representa el apasionado deseo de Cristo por ti. Anticipa con emoción la celebración del poder de la relación sexual apasionada cuando estés casado... valdrá la pena la espera.

Estudio bíblico personal

1. Romanos 1:21-29 y 13:13-14 dan una instantánea del modo en que la relación sexual se utilizó mal con anterioridad en la historia. ¿Qué dicen esos versículos que causó la conducta inmoral? ¿De qué maneras abusa de modo similar nuestra cultura del proceso de unión del acto sexual?

2. ¿Qué actitud sobre la relación sexual sugiere 1 Corintios 7:3-5 para el esposo y la esposa? ¿Por qué es importante que una pareja casada disfrute de la relación sexual con regularidad?

3. Proverbios 5:18-19 alienta tres actitudes con respecto a la relación sexual en el matrimonio. ¿Cuáles son? ¿Te sorprende ver en la Biblia que Dios defiende de forma abierta la relación sexual?

4. Lee Cantares 4. ¿Cómo te sientes cuando lees acerca de un esposo tan extasiado en lo sexual con su esposa? ¿Qué crees que eso refleja sobre la intimidad de su relación?

5. En 1 Tesalonicenses 4:3-8, ¿cuál es la voluntad de Dios con respecto a la relación sexual?

6. Lee Hebreos 13:4. Ahora que leíste el capítulo 7, ¿por qué crees que Dios diseñó el acto sexual solo para una relación de matrimonio?

Preguntas de discusión en grupo

1. Dios creó la relación sexual como un proceso de unión de pegamento fuerte. ¿Cómo este conocimiento cambia sus perspectivas sobre la actividad sexual en el noviazgo?

2. El capítulo 7 enumera siete repercusiones potenciales de tener la relación sexual fuera del matrimonio. ¿Han visto a alguien sufrir esas consecuencias? Identifiquen otras consecuencias de la inmoralidad sexual que no se enumeran en este capítulo.

3. Permitan que cada miembro del grupo defina lo que significa besarse en una relación. Luego hablen sobre cómo besarse cambia la atmósfera de una relación.

4. Hablen sobre los paralelismos que existen entre la pasión sexual en el matrimonio y el amor apasionado que Jesús tiene por cada persona.

5. Consideren las razones por las que Dios querría que un cristiano soltero se casara con alguien que le atraiga sexualmente.

6. Dialoguen sobre por qué vivir juntos daña una relación. ¿Cuáles son algunas mentiras comunes que engañan a las parejas para que escojan la cohabitación?

8

ENFRENTA
LA FALSA PASIÓN

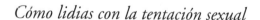

Cómo lidias con la tentación sexual

Cuando Dennis estacionó su auto delante del apartamento de Sonia, terminó su conversación. Era el final de su tercera cita, y su nueva relación parecía marchar bien. Su charla durante la cena fue estimulante, y una atracción mutua parecía evidente a medida que se miraban a los ojos el uno al otro durante el postre. Ahora ambos se encontraban atascados en ese incómodo momento de decir adiós al final de una cita.

El corazón de Dennis latía con fuerza. Se preguntaba cómo dar las buenas noches. ¿Debería besar a Sonia? Era hermosa y se sentía tentado a ver hasta dónde podía llegar con ella. Sin embargo, su relación acaba de comenzar y Dennis quería respetar a Sonia. ¿Resultaría atrevido o irrespetuoso si iniciaba la actividad física? Sus pegajosas manos se agarraban con fuerza al volante a la vez que pensaba en su dilema.

Mientras tanto, Sonia estaba nerviosa, mirando por la ventanilla. ¿Trataría de besarla Dennis? Le gustaba de verdad, pero solo era su tercera cita. Si se besaban ahora, ¿esperaría Dennis algo más en su siguiente cita? ¿Perdería el interés si desalentaba cualquier actividad física? Detestaba esos incómodos momentos...

Cuando te sientes atraído de manera física a tu pareja, ¿qué deberías hacer? ¿Está bien besar o acariciar? ¿Cuán lejos es demasiado lejos? ¿Deberías evitar la actividad sexual aunque los dos se quieran de verdad? Además, ¿cómo puede alguien permanecer virgen en nuestra sociedad loca por la relación sexual? Los cristianos solteros batallan con esas preguntas cada día. Si todas las personas que te rodean son sexualmente activas, ¿cómo resistes la tentación y muestras autocontrol en las citas amorosas? ¿Existe aún esperanza si has caído sexualmente en una relación pasada? Este capítulo te ayudará a lidiar con estos asuntos.

Sobre todo, recordemos por el capítulo anterior que Dios no va en contra de la relación sexual. Más bien, la creó para unir con gozo a dos personas en el matrimonio. La relación sexual fuera del matrimonio, sin embargo, te causará dañinas consecuencias (1 Corintios 6:18). Por lo tanto, ¿cómo resistes las tentaciones inmorales en tus citas amorosas? En primer lugar, necesitas entender cómo se origina la tentación sexual, ya que resistir la relación sexual del modo equivocado puede en realidad debilitar tus frenos. En segundo lugar, Jesús quiere que comprendas que la victoria sobre la sensualidad se produce a medida que le permitas a Él luchar la batalla por ti.

El origen de la tentación sexual

Dios creó tu cuerpo con la capacidad de experimentar placer sexual, pero Él no pone deseos en tu interior de una conducta sexual inmoral. Como vimos en el capítulo 6, Satanás utiliza el pecado que mora en el interior para seducirte a una mala conducta. Te tienta mediante la carne para que busques fantasías sexuales o aventuras amorosas ilícitas. Satanás hasta dirá que necesitas la sensualidad debido a razones biológicas. Eso es una mentira, porque tú no eres un animal que participa por instinto en la relación sexual. Eres un ser humano que tiene control total sobre su apetito sexual. Por consiguiente, cuando te tienen pensamientos lujuriosos, reconoce que esos deseos no son tuyos.

Satanás sabe que los sentimientos de soledad, aburrimiento, depresión o rechazo pueden hacerte vulnerable a los deseos sensuales. Cuando te sientas abatido, te instará a buscar alivio a través de la conducta sexual, la pornografía, las telenovelas o las novelas románticas. Para ver cómo Satanás intenta seducir tu mente con sutileza, repasemos la siguiente lista abreviada de patrones de pensamientos sexuales. Cuando te sientes aburrido, desengañado o frustrado, ¿sientes los siguientes deseos?

- Si solo pudiera tener relación sexual, sería feliz.
- Necesito un escape rápido, así que miraré pornografía.
- Los chicos no me tienen en cuenta, así que quizá necesite coquetear con más frecuencia o vestirme de manera más seductora.
- El noviazgo es difícil; quizá debiera intentar un estilo de vida alternativo.
- Tal vez debiera perderme en una apasionada novela romántica.

Todos esos pensamientos tentadores son los esfuerzos de Satanás por controlarte mediante la sexualidad. Observa el modo en que se camufla utilizando frases en primera persona que contienen *yo* y *mí*. Satanás quiere hacerte creer que tú eres el que quiere relación sexual. Bajo ese disfraz, recibe mucha menor resistencia por tu parte cuando presenta una tentación. Entonces, una vez que experimentas los sentimientos de placer, puede que llegues a engancharte. Satanás espera llevarte a una adicción a la pasión sexual a fin de que descartes la pasión pura de Cristo.

El esfuerzo propio no da resultados

Nacimos con corazones que requieren un amor constante e incondicional, y Jesús es la única persona que nos acepta a pesar de nuestra conducta. No obstante, si no permitimos que Cristo satisfaga nuestros deseos, Satanás enseguida fomentará destructivos sustitutos, en especial la emoción sexual. Quiere lograr que dependamos de cualquier otra cosa que no sea Jesús.

Además, nuestra hambre de amor puede sobrepasar a nuestra disciplina, sentido común o motivación para seguir un principio piadoso. Nuestra necesidad de amor es más fuerte que nuestra dedicación a la sabiduría o las reglas. Por esa razón, muchos solteros cristianos sucumben ante las malas decisiones en las citas amorosas. Suplican tanta aceptación, que están dispuestos a seguir cualquier relación de noviazgo que ofrezca algo de aprobación, aun si implica relación sexual prematrimonial, manipulación o lujuria. Sus corazones hambrientos de amor se conforman con cualquier consuelo que puedan encontrar con mayor rapidez.

Es lamentable que muchos cristianos traten de resistir la tentación inmoral memorizando principios bíblicos, utilizando su fuerza de voluntad o uniéndose a grupos para rendir cuentas. Quizá esos métodos parezcan piadosos y útiles, pero son ineficaces contra los deseos carnales. Examinemos por qué esas tres técnicas no dan resultado, y después hablaremos de nuestra verdadera Fuente de libertad de la tentación.

La práctica de principios te hace propenso al pecado

¿Has oído alguna vez de un pastor sorprendido en un escándalo sexual o de un ministro de música que confesó tener una aventura amorosa con un miembro del coro? Esos problemas suceden en la iglesia actual, pero en general esos hombres y mujeres religiosos conocen los principios bíblicos mejor que ninguna otra persona. Podrían citar numerosos pasajes de la Escritura y pautas que aconsejan abstenerse de la relación sexual fuera del matrimonio. Con todo, esos líderes ceden aún a la inmoralidad. ¿Por qué no siguen los principios bíblicos que predican?

El apóstol Pablo explicó por qué las reglas fomentan el pecado: «Yo no hubiera llegado a conocer el pecado si no hubiera sido por medio de la ley; porque yo no hubiera sabido lo que es la codicia, si la ley no hubiera dicho: NO CODICIARÁS. Pero el pecado, aprovechándose del mandamiento, produjo en mí toda clase de codicia; porque aparte de la ley el pecado está muerto» (Romanos 7:7-8).

Pablo afirma que las reglas en realidad aumentan el poder del pecado para tentarte porque, si no existieran las leyes, tú no sabrías lo que era el pecado. Además, la ley incluye mucho más que las leyes que Dios le dio a Israel por medio de Moisés y los profetas. Incluye cualquier regulación que trates de obedecer a través de tu propio esfuerzo, como un principio, una pauta o hasta un estándar que crees para ti mismo. Si te pones bajo una ley contra una tentación, invitas al pecado a tentarte en esa esfera (1 Corintios 15:56).

Por ejemplo, piensa en las leyes de límite de velocidad en las autopistas. Cuando conduces, ves señales que gobiernan la rapidez con que deberías viajar. Para seguir la ley, debes obedecer esas reglas. Sin embargo, seamos sinceros. ¿Qué ocurre cuando ves una señal de límite de velocidad? Si dice cincuenta y cinco, ¿no te sientes casi siempre tentado a conducir a sesenta o sesenta y cinco y esperar que no te agarren? ¿Qué llevó a tu mente la tentación de correr? La regla que había en la señal. Si no hubiera señales, no sabrías qué es la velocidad. Ya que existe la regla, Satanás tiene la oportunidad de susurrar: *Esa ley es absurda y limita el modo en que quiero conducir.* A medida que pasas al lado de más señales, argumenta: *Olvida esas reglas. Puedo hacer lo que yo quiera.* Al final, estás de acuerdo en que la regla de conducción es restrictiva, así que pisas el pedal del acelerador y vuelas por la carretera. Entonces, si sientes convicción, tratas de razonar tu velocidad con una excusa, como: *Estoy retrasado.*

¿Sugiere eso que las reglas y los principios son inútiles? No, las reglas pueden ser provechosas para la sociedad al prevenir el caos y alejar a las personas del daño. Sin embargo, cuando te convertiste en cristiano, Dios te liberó de vivir según la ley (Romanos 6:14; Gálatas 3:24-25). Tú aceptación para Él ya no está determinada por seguir reglas. Ahora te aceptan y controlan mediante el amor incondicional de Cristo (2 Corintios 5:14). Puedes vivir tratando de obedecer reglas, pero solo le estarás dando a Satanás más oportunidad de agotarte con la tentación.

La fuerza de voluntad humana te agotará

Jesús no bromeaba cuando dijo: «El espíritu está dispuesto, pero la carne es débil» (Marcos 14:38). A pesar de ello, puedes diferir. Podrías sentirte muy confiado en su autodisciplina. Cuando la Biblia dice que nos apartemos de la inmoralidad sexual (1 Tesalonicenses 4:3), quizá te sientas seguro de que puedes mantenerte puro.

A lo mejor crees que puedes luchar contra la tentación mediante la autodisciplina, ¿pero por qué ningún ser humano ha tenido la disciplina para cumplir los Diez Mandamientos? Solo son una breve lista de reglas (Éxodo 20:1-17). Si tienes suficiente fuerza de voluntad, deberías ser capaz de obedecerlos, ¿no es cierto? Sin embargo, según Dios, ningún ser humano ha sido nunca capaz de seguir con coherencia sus leyes (Romanos 3:23; Santiago 2:10). Toda persona excepto Jesús ha fallado miserablemente.

Cuando se trata de autocontrol humano, debemos admitir nuestra debilidad porque el pecado ha corrompido nuestra fuerza de voluntad. Además, el pecado ha dejado tan ineficaz nuestra autodisciplina que a la larga cedemos a cualquier tentación en la que nos centremos. Por ejemplo, si un hombre se dice: *No tendré pensamientos lujuriosos con la guapa secretaria de mi oficina*, esa mujer se convertirá en el foco de su mente. Satanás lo tentará con pensamientos lujuriosos siempre que pase por su escritorio. Al principio, el hombre quizá resista. Sin embargo, con el paso del tiempo ejercerá mucha energía mental tratando de no pensar en la secretaria. Al final, se cansará de mantener la guardia en alto. Agotado, mirará a su secretaria y cederá a la tentación de la lujuria. Su fuerza de voluntad tal vez dure más tiempo que la de otros hombres, pero nunca encontrará la fortaleza para mantenerla siempre.

Si te enfocas en evitar la tentación sexual, tu concentración te agotará con mucha más rapidez. Por eso las personas que tratan de vivir con austeridad, o una conducta estricta, casi siempre terminan frustradas y derrotadas. El apóstol Pablo dijo: «Podrán parecer buenas tales reglas, ya que para obedecerlas hay que ser devotos de veras y porque son humillantes y duras para el cuerpo, pero de nada sirven en lo que a dominar los malos pensamientos y deseos se refiere» (Colosenses 2:23, LBD).

La incapacidad de la responsabilidad

Muchos solteros son sabios al reconocer su débil fuerza de voluntad, pero luego luchan contra la tentación pidiéndole a otra persona que les ayude. A veces esa otra persona se denomina «compañero de responsabilidad». En general, te reúnes con esa persona una vez a la semana o una vez al mes para hablar de tus luchas y para trazar una estrategia en cuanto a cómo puedes comportarte con más rectitud.

Sin embargo, el problema con la responsabilidad humana es que otro cristiano no puede hacer que hagas lo debido. Al igual que tú, cada cristiano es imperfecto y batalla contra la tentación. Quizá tenga más edad o que conozca al Señor desde hace más tiempo, pero eso no se relaciona con la madurez espiritual ni con un autocontrol superior. Los hombres y las mujeres de más edad pecan con tanta frecuencia como las personas más jóvenes. Por lo tanto, otro creyente puede alentarte, pero no puede mejorar tu fuerza de voluntad porque tú sigues teniendo la responsabilidad de tomar tus propias decisiones.

Dios no quiere que dependas de otros seres humanos imperfectos para ayudarte a luchar contra tus tentaciones. ¿Son inútiles los compañeros de responsabilidad? No. Hablar de tus luchas con un amigo que se interese por ti puede ser beneficioso para ambos. Sin embargo, no esperes que esa responsabilidad con las reglas o con otra persona imperfecta te dé la victoria sobre la tentación. Jesús dice que Él quiere protegerte y fortalecerte (2 Corintios 12:9;

Efesios 3:16). Hablemos sobre la victoria que Él ya ha ganado para nosotros.

Cristo: La respuesta contra la tentación

Cuando Jesús caminó sobre la tierra, los líderes religiosos lo perseguían sin cesar por quebrantar sus reglas. Por ejemplo, Jesús sanó a un paralítico en el día de reposo. A pesar de ese milagro, los líderes religiosos lo apreciaron muy poco. En su lugar, acusaron a Jesús de desobedecer la Escritura, citando que trabajaba en su santo día de reposo (Juan 9:15-17).

Jesús les respondió: «Ustedes estudian con diligencia las Escrituras porque piensan que en ellas hallan la vida eterna. ¡Y son ellas las que dan testimonio en mi favor! Sin embargo, ustedes no quieren venir a mí para tener esa vida» (Juan 5:39-40, NVI). Jesús quería decir que Dios no deseaba que la Biblia fuera una lista de reglas sobre cómo comportarse con rectitud. La Biblia nos señala a Cristo a fin de que Él pueda vivir su santidad por medio de nosotros. Un principio o regla, por sí mismo, no puede causar una buena conducta. Una conducta recta en verdad se produce cuando confiamos en Jesús para que Él viva su amor por medio de nosotros. Por eso Jesús dijo: «Permaneced en mí [...] porque separados de mí nada podéis hacer» (Juan 15:4-5).

En lugar de luchar contra la tentación con tu fuerza de voluntad, permite que Jesús se ocupe del problema por ti. Esto quizá parezca una solución artificial, pero no lo es. Repasemos con rapidez parte del capítulo 6 a fin de entender cómo Él puede vivir la victoria por medio de ti:

1. Cuando te convertiste en cristiano, Dios crucificó y quitó tu vieja naturaleza de pecado. Ahora estás muerto al control del pecado. Aún te pueden tentar, pero el pecado ya no puede gobernarte (Romanos 6:6).

2. Dios te llenó con la naturaleza justa de Jesucristo. Tu espíritu se ha perfeccionado, y ahora eres una nueva criatura, santa ante los ojos de Dios (2 Corintios 5:17, 21).

3. Jesús mora en tu espíritu; por lo tanto, Él puede vivir su vida perfecta por medio de ti haciendo que sus deseos sean tus deseos (Gálatas 2:20; Salmo 37:4).

4. Debido a que Cristo vive en ti, Él puede resistir los impulsos mundanos por ti siempre que se lo permitas (Tito 2:11-14).

Como cristiano, ya no eres un pecador que batalla por ser bueno. Ahora eres una persona justa que sigue teniendo la elección de pecar. Para que esta transformación se convierta en realidad en tu vida, sin embargo, debes actuar por fe. La fe es caminar en acuerdo con cualquier cosa que Dios diga que es verdad. Si Dios dice que estás muerto al pecado, tienes la elección de estar de acuerdo con Él. Si Dios dice que Jesús puede vivir su vida por medio de ti, tu fe le permite hacerlo.

Cuando te tientan de manera sexual, Jesús entiende la difícil batalla a la que te enfrentas. Él vivió en la tierra durante treinta y tres años y ministró como adulto soltero entre prostitutas y hombres corruptos. Además, Satanás tentó a Cristo, pero Él nunca pecó. Jesús siempre descubrió el engaño de Satanás. De la misma manera, Jesús quiere sacar a la luz las estratagemas de Satanás y resistir tus tentaciones por ti. Tu Esposo espiritual sabe que tu fuerza de voluntad es ineficaz. Por consiguiente, Él quiere ser tu Fuente de resistencia. No existe ninguna tentación que Jesús no pueda manejar por ti. Él conoce la dificultad de tus batallas y te pide que le entregues la batalla. ¿Cómo renuncias a la batalla y permites que Jesús obre por medio de ti?

Vuelve a pensar en la ilustración que mencionamos antes en este capítulo. Recuerda que cuando conduces un auto bajo tu fuerza de voluntad, al final conduces con demasiada rapidez y quebrantas la ley. Sin embargo, la mayoría de los autos tienen una opción llamada control de crucero, la cual elimina la necesidad de tu fuerza de voluntad. Al confiar en la función de control de crucero de tu vehículo, le permites que mantenga de manera eficaz la velocidad adecuada por ti. Lo único que tienes que hacer es encenderla, relajarte y dejar que realice su trabajo.

Permitir a Cristo vivir por medio de ti es similar a conducir con el control de crucero. Él se convierte en tu fuerza de voluntad y mantiene la conducta adecuada por ti al fortalecerte «con su glorioso poder, los haga fuertes; así podrán ustedes soportarlo todo con mucha fortaleza y paciencia» (Colosenses 1:11, DHH). Por fe, le pides a Jesús que viva su vida por medio de ti. Te acuerdas que Dios ha quitado la autoridad que el pecado tenía sobre ti y que Jesús te ama con pasión. Él es tu Vida, y confías en Él para tener fortaleza, sabiduría y autocontrol en toda situación.

No me refiero a que Dios sea tu copiloto. Cuando le pides a Cristo que viva su vida por medio de la tuya, renuncias a ti mismo por completo y le permites a Él tomar el control absoluto. Al rendirte en fe, intercambias tu débil fuerza de voluntad por su perfecto autocontrol, paciencia y bondad.

Cristo viviendo por medio de ti puede ser una idea difícil de entender, así que permite que te dé un ejemplo de la vida real. De vez en cuando, me sentía desalentado a medida que luchaba por terminar de escribir este libro. El proceso era muy frustrante, y a veces Satanás me tentaba a buscar un alivio barato mientras estaba sentado frente a mi computadora. Susurraba a mi mente utilizando ideas en primera persona: *Si pulso unas cuantas teclas, la pornografía en Internet podría ayudarme a escapar de mi frustración en cuestión de segundos.* Al instante, sentía que surgía en mi cuerpo un potente deseo de seguir esa tentación. Así que, ¿cómo escapaba a ese dilema?

En primer lugar, no colgué grandes carteles en mi oficina que dijeran: «Principio #1: ¡No mirar pornografía en la Internet!». Mantener una regla delante de mi vista contra la pornografía solo hubiera debilitado mi resolución al recordarme eso a cada momento. En segundo lugar, no llamé a otro cristiano y le pedí que me ayudara a resistir la tentación. Por el contrario, recordé que Jesús quería manejar el problema por mí. Podía sentirlo a Él decir: *Rob, mi amor incondicional por ti es mucho mejor que cualquier fotografía de sórdidas mujeres que no se interesan por ti. Puedes escoger mirar esa basura, pero solo te hará daño. La pornografía es una terrible mentira de Satanás, diseñada para que estés atado al sexo. Sé que tú no puedes resistirlo, así que permite que yo viva mi autocontrol por medio de ti. Tú estás muerto al control del pecado. Yo soy ahora tu Vida, y no tengo ninguna dificultad para resistir la pornografía. Disfruta de mi amor, y permíteme manejar esta tentación* (véanse Romanos 6:8-14; 2 Corintios 4:11; Gálatas 2:20).

Mientras tanto, podía sentir que mi cuerpo me instaba a ceder, pero en mi mente respondí en fe: *Jesús, tienes razón. Tú nunca pecaste, así que no es problema para ti resistir la pornografía. Por tu muerte y resurrección, estoy muerto a mi carne pecaminosa que quiere mirar pornografía. Ya que tú eres mi vida, toma el control y vive tu sabiduría por medio de mí. Una mujer desnuda en la pantalla de una computadora no me ama. La pornografía no se compara con tu amor incondicional.* Cuando reconocí esta verdad, mi frustración disminuyó, y el deseo de mirar esa basura en la Internet se desvaneció: la tentación pronto desapareció.

Permite que haga hincapié en que decir no a la tentación nunca te hará libre porque hace que te enfoques en el pecado aun más. Solo puedes resistir la tentación cuando entregas el problema a Cristo. Ninguna tentación es demasiado fuerte para su perfecto amor y sabiduría. Cuando le permitas vivir a Él por medio de ti, experimentarás victoria sobre la tentación sexual.

El peligro de la pornografía y las fantasías románticas

Ya que la pornografía y las fantasías románticas plantean una amenaza tan grande para el bienestar de tus citas amorosas, detengámonos un poco para entender el peligro de estas tentaciones tan extendidas. En el capítulo anterior aprendimos que Dios creó la relación sexual para unir con firmeza a dos personas. Sin embargo, dos personas no tienen que estar juntas para que se produzca el proceso de unión. A tu corazón lo pueden engañar para que se una a alguien a través de las fantasías sexuales o románticas.

Los hombres que llenan sus mentes de imágenes o pensamientos sexuales, casi siempre caen en esa trampa. La pornografía puede convertirse en una droga que un hombre utiliza para encontrar un alivio rápido a sus frustraciones diarias. La tentación de pensar con lujuria al mirar fotografías eróticas de modelos parece más fácil que edificar una verdadera relación con una mujer.

Sin embargo, cuando un hombre mira pornografía, puede formar un vínculo sexual con una mujer que no está con él de manera física. A medida que mira su imagen, inconscientemente engaña a su corazón para que busque satisfacción en una mujer que no le ama. Al principio, la capacidad de controlar el placer mediante su fantasía puede convencer al hombre de que la pornografía es satisfactoria. No obstante, a través de ese proceso ese hombre puede que no comprenda cómo la fantasía pornográfica destruye en silencio su autoestima.

Piensa en la verdad. Las personas que hacen *striptease* y las modelos en los carteles no aman a los hombres que las miran. Por el contrario, esas mujeres inmorales utilizan con egoísmo a los hombres para hacer dinero o para potenciar sus egos. Cuando un hombre mira pornografía, la mujer de las fotos parece seducirlo diciendo: *Te deseo*. En realidad, sin embargo, ese hombre no puede tenerla.

Como resultado, un hombre puede sentirse vacío y avergonzado después de fantasear con una mujer. Llega a esta conclusión: *Yo la deseo, pero no está aquí conmigo. ¿Por qué no puedo tener una mujer como ella? Será que no debo de ser digno de amor.* La pornografía degrada la autoestima de un hombre porque las relaciones fantasiosas fomentan un sentimiento de culpa, de vergüenza oculta y de sentimientos de incapacidad.

La pornografía también produce expectativas irreales sobre el acto sexual en las relaciones. Cuando un hombre fantasea con fotografías de mujeres desnudas, supone por error que el mejor tipo de mujer está proporcionada a la perfección y ofrece un placer constante. La lujuria clasifica a una mujer como un *objeto sexual* que debería satisfacer los egoístas deseos de un hombre en lugar de ser una *persona* preciosa a la que hay que amar de manera sacrificial.

La adicción sexual puede atrapar a un hombre en patrones carnales de fantasía, y la masturbación llega a arraigarse en lo profundo de su mente y sus emociones. En esos casos, la consejería cristiana puede ser necesaria para ayudar a romper la atadura. Un consejero puede descubrir las lujuriosas mentiras que un hombre cree y ayudarlo a obtener su aceptación y su significado de Cristo en lugar de hacerlo de una mujer sexy (para más información sobre la consejería, véase el capítulo 10).

Muchas mujeres también luchan con las adicciones a la pornografía. Además, pueden ser víctimas de consecuencias adictivas cuando leen novelas románticas, cuando ven telenovelas y películas románticas, o cuando fantasean con hombres. Esos actos constituyen pornografía emocional. Cuando una mujer se siente sola o insegura, Satanás puede tentarla a soñar que un hombre la rescate de los problemas y llene su corazón. Las aventuras amorosas en las baratas novelas o películas románticas proporcionan las fantasías para escapar de sus problemas. Sin embargo, el placer de esos sueños es temporal y promueve un ideal irrealista de las relaciones. Un hombre imperfecto no puede satisfacer la necesidad que una mujer tiene de aceptación incondicional. Lo que es más importante, las fantasías románticas no satisfacen el profundo anhelo de amor de una mujer. Quizá esté todo el día soñando, pero sus fantasías no mejorarán su realidad. Por ese motivo, su corazón puede caer en un mayor vacío, descontento o depresión. Mientras tanto, Jesús trata de decirle que Él ya la ha rescatado con su amor.

No puedes pasar tiempo con lujuria en tu mente y salir airoso. El apóstol Pablo dice: «Huid de la fornicación. Todos los demás pecados que un hombre comete están fuera del cuerpo, pero el fornicario peca contra su propio cuerpo» (1 Corintios 6:18). Caer presa de la fantasía sexual viene con un precio que puede incluir una derrotada autoestima, destrucción de carácter y la incapacidad de experimentar una verdadera intimidad más adelante en la vida. Si pasas por alto el diseño de Dios para la relación sexual en las citas amorosas, puedes destruir tu capacidad de disfrutarlo a plenitud en el matrimonio. Dios puede renovar tu corazón, pero Él rara vez borra las duraderas consecuencias que tú mismo te causaste.

Cuando no andamos a conciencia en el amor de Cristo, somos vulnerables a permanecer en relaciones fantasiosas. Aun así, resistir la fantasía sexual es posible cuando Jesús satisface nuestros corazones. Su amor debe llenarnos y hacer que las falsas relaciones parezcan una necedad. Es como comparar el dinero de verdad con el dinero para jugar. Las fantasías pornográficas o emocionales no pueden ofrecer nada que se acerque a la realidad del amor incondicional de Cristo. Cuando reconocemos lo mucho que nos ama Jesús, los sustitutos sexuales por fin parecen menos atractivos y absurdos.

¿Cuán lejos es demasiado lejos?

Ahora que hemos hablado de los detalles de la tentación sexual, regresamos a la pregunta obvia: ¿Hasta dónde deberías llegar físicamente con tu novio o tu novia? ¿Está bien besarse o acariciarse? Esta es la mejor respuesta que conozco:

> Todas las cosas me son lícitas, pero no todas son de provecho. Todas las cosas me son lícitas, pero yo no me dejaré dominar por ninguna [...] Sin embargo, el cuerpo no es para la fornicación, sino para el Señor, y el Señor es para el cuerpo (1 Corintios 6:12-13).

Estos versículos dan la solución más reveladora para decidir hasta dónde llegar. En primer lugar, el versículo 13 aclara que la inmoralidad sexual está fuera de la cuestión. Además de eso, aconseja considerar tres criterios a la hora de tomar nuestra decisión: lo provechoso, evitar que te domine y saber que el Señor es para tu cuerpo. Veamos más de cerca cada una de ellas.

Lo provechoso

Escoger lo que es provechoso en las citas amorosas significa tomar una decisión que beneficie o mejore tu relación. Como aprendimos en el capítulo 7, cualquier tipo de actividad sexual une tu corazón a otra persona. Cuanto más sensual sea su actividad juntos, más fuerte se hará el vínculo. No obstante, si rompen la relación, dañarán sus corazones cuando los separen. ¿Acaso parece eso muy provechoso?

Cuando unes tu corazón mediante la relación sexual a alguien pero no tienes un compromiso con esa persona, corres un terrible riesgo. Serías sabio si pospones la actividad sensual hasta que tú y la otra persona estén comprometidos a pasar juntos la vida. Los besos o los toques intensos unen sus corazones, pero no tienes seguridad de que vayan a permanecer juntos. ¿Estoy diciendo que deberías evitar por completo el contacto físico? No, el toque y el afecto románticos son necesarios para que dos adultos desarrollen intimidad. Por el contrario, estoy sugiriendo que esperen a besarse y tocarse hasta que el uno y el otro busquen un compromiso de matrimonio. Sacrificar sus deseos para proteger el corazón el uno del otro es la cosa más provechosa que pueden hacer.

Evita que te domine

Cuando Pablo dijo: «No me dejaré dominar por ninguna cosa», quería decir que evitaba la conducta que dominara su juicio. Ciertas actividades, como el placer sexual, pueden volverse tan adictivas que una pareja debe repetirlas para sentirse felices juntos. Nuestros cuerpos no se diseñaron para ir hacia atrás sexualmente hablando. Una vez que despertamos nuestro impulso sexual con alguien, ese impulso está diseñado por Dios para lanzarnos hacia un vínculo completo en el acto sexual.

Por lo tanto, si tocas de manera sensual a tu novio o a tu novia, lucharás para sentirte satisfecho con algo menos. Tu cuerpo deseará intensificar esa implicación. Entonces, si comienzas la actividad física al comienzo de una relación de noviazgo, creas un largo y frustrante camino delante de ti. Tu juicio puede nublarse a medida que el acto sexual tome control de tu relación. Al final, tu impulso sexual podría llevarte a apresurarte y a casarte para aliviar la frustración. Ten en mente que una vez que comienzas una actividad sensual *inapropiada*, tu impulso sexual siempre querrá más.

El Señor es para tu cuerpo

El versículo en 1 Corintios 6:13 dice: «El Señor es para el cuerpo», lo cual indica que Dios quiere que Cristo viva su vida por medio de ti (Romanos 6:13, 19). Estás unido a Jesús en un matrimonio espiritual, dándole a Él la capacidad de expresar su sabiduría y su juicio en tu interior en todo momento. Ya que Él quiere lo mejor para tus citas amorosas, nunca alentará la actividad física hasta que llegue el momento oportuno.

Sin embargo, no esperes hasta que estés a solas con tu novio o tu novia para preguntarle a Jesús lo que deberías hacer. En esos momentos, tus emociones abrumarán tu juicio con facilidad. Por el contrario, antes de que tú y tu pareja estén juntos, pregúntale a Jesús qué quiere Él que hagas. Si cualquiera de los dos se siente al menos un poco incómodo en cualquier actividad física, dile a la otra persona que prefieres esperar... y mantén tu decisión.

Por ejemplo, si te preguntas si besarse es apropiado para tu relación, dile a Jesús con un corazón rendido: «Señor, sé que tú quieres lo mejor para mí. ¿Sería provechoso para mí besar a mi pareja?». Si Él dice que sí, disfruta el momento. Si Él dice que no, espera y dale gracias por protegerte.

Jesús te dirá cuándo es provechoso el avance físico. ¿Cómo? Cuando llegue el momento adecuado, Él les dará a ti y a tu pareja una *paz en sus corazones*. Sin embargo, si buscas el contacto físico por las razones equivocadas, Él te convencerá para que te detengas. Escucha sus indicaciones.

A medida que las parejas que salen se vuelvan lo bastante maduras para besarse de modo responsable, Cristo les dará la libertad de disfrutarlo. Cuando las parejas aún no están preparadas, Jesús les instará a esperar. Si Cristo quiere que esperes, comprende que Él no está tratando de robarte tu diversión. Está obrando para maximizar tu relación y tu potencial disfrute de la relación sexual en el futuro.

Por último, recuerda que si tratas de controlar tu conducta sexual siguiendo reglas, en realidad puedes aumentar la probabilidad de caer en la tentación (Romanos 7:7-11). Centrarse en reglas para evitar la relación sexual agotará tu autodisciplina. En mis experiencias en las citas amorosas, nunca tuve mucho éxito con mis novias cuando establecíamos reglas para evitar tocarnos el uno al otro. Concentrarnos en las reglas nos hacía pensar aun más en besarnos o en acariciarnos, y al final razonábamos el hacerlo. Por otro lado, cuando descubrí que Cristo es mi vida, mis deseos cambiaron, y buscaba lo que era mejor para mi novia. No necesitábamos una regla porque Jesús nos conducía a buscar lo que era más provechoso para nuestra relación.

Por ejemplo, cuando salía con Ashley, su belleza me cautivaba, y Satanás me tentaba a sumergirme en el placer con ella. A la vez, en mi corazón sentía el deseo de Cristo de esperar el tiempo de Él para darnos nuestro primer beso. Él quería que yo honrara a Ashley y que diera a nuestra relación la mejor oportunidad para una pasión máxima en el futuro. Sabía, debido a errores del pasado, que si nos apresurábamos a entrar en la actividad física, correríamos el riesgo de que controlara nuestra relación y dañara nuestro potencial para la intimidad. Por lo tanto, le pedí a Jesús que viviera su paciencia y su autocontrol por medio de mí. No fue fácil, pero Ashley y yo acordamos que esperar era lo mejor para los dos. Luego, después de meses de determinar nuestra compatibilidad y nuestro carácter, al fin sentimos un pacífico deseo de parte de Jesús de disfrutar juntos de un buen beso. No es necesario que diga que nuestro primer beso fue eléctrico.

Esperar la dirección de Cristo nos situó en la posición de beneficiarnos de la actividad física en lugar de que nos hiriera esta.

Si caíste

Quizá ya caíste víctima de la tentación sexual. ¿Hay aún esperanza para ti? ¡Sí! El amor y la misericordia de Dios pueden restaurar tu corazón. Sin embargo, Él rara vez borra las consecuencias. Encontrarás repercusiones de las elecciones pecaminosas que hayas tomado. Por fortuna, Dios promete obrar para que el dolor te haga crecer y te beneficie (Romanos 8:28-29).

A fin de comenzar el proceso de sanidad, confiesa tu pecado a Dios y arrepiéntete (ponte de acuerdo con Él y vuélvete de tu conducta inapropiada). Él no puede sanarte hasta que admitas un sincero deseo de cambiar tus caminos. Cuando te arrepientas, reconoce que Dios ya te ha perdonado tus errores. No necesitas revolcarte en la autocompasión ni tratar de ganarte su favor. En su gracia y misericordia, Dios te acepta y quiere que avances hacia la madurez.

Luego, recuerda que estás casado espiritualmente con Jesús. Repasa todos los maravillosos regalos de boda que tienes como su esposa (véase capítulo 2). Comprende que Dios te ha limpiado de tus transgresiones y te ha hecho muerto al poder del pecado. Por lo tanto, no creas cualquier acusación de Satanás de que tus ofensas te clasifican como una persona indigna o un cristiano de segunda clase. Dios conoce tus faltas y te ama sin condiciones. Además, Él purificó tu corazón y te dio la justicia de Cristo. Por fe, puedes permitirle a Cristo vivir su vida santa por medio de ti para amar de manera sacrificial a otras personas.

Si hace poco cometiste un error sexual, sé precavido a la hora de comenzar enseguida una nueva relación. De otro modo, podrías interrumpir el proceso de sanidad de Dios. Debido a las consecuencias de tu pecado sexual, es probable que no debas tener citas amorosas durante una temporada. Tu corazón necesita tiempo para recuperarse, al igual que tu reputación. Además, es posible que Cristo quiera que pidas perdón a cualquier persona a la que hayas herido y que establezcas respeto con esa persona. Por lo tanto, sé paciente en cuanto a tu futuro. Si te es difícil soltar tus dolorosos recuerdos, podrías querer buscar la ayuda de un consejero cristiano.

Sobre todo, recuerda que el amor de Cristo satisfará tu corazón más que cualquier emoción sexual. La verdadera satisfacción en las relaciones se produce cuando Él te guía a compartir amor de manera sacrificial en lugar de hacerlo de forma sexual. A través de la pasión pura de Él, puedes desarrollar una relación de noviazgo más maravillosa de lo que nunca pensaste que fuera posible.

Ahora bien, sabiendo que Jesús es tu respuesta contra la implicación sexual prematura, examinemos cómo Él puede protegerte de un compromiso emocional prematuro.

Estudio bíblico personal

1. Lee Colosenses 2:20-23. ¿Por qué son inadecuados los principios bíblicos, la fuerza de voluntad o los grupos de responsabilidad para resistir la tentación sexual?

2. ¿Qué fuente de victoria sobre la tentación sexual se da a entender en Colosenses 1:11 y Gálatas 2:20? ¿Tiene algo que ver esta victoria con tu fuerza de voluntad?

3. Según Efesios 4:17-24, ¿cómo se origina la conducta inmoral? ¿Cuál es tu defensa contra la inmoralidad sexual?

4. Según Romanos 7:7-12 y 1 Corintios 15:56, ¿qué le da al pecado el poder de tentarte? ¿Cómo te sientes al saber que *tú* no causas tus deseos egoístas?

5. Lee 2 Corintios 4:8-11, 16-17. ¿Qué comentarios alentadores hacen estos versículos que puedas aplicar a tu lucha contra la tentación sexual?

6. ¿Eres culpable de inmoralidad sexual en tu pasado? ¿Te preocupas por si Dios te sigue amando? En 2 Samuel 11, el rey David codició a una mujer, la dejó embarazada y asesinó a su esposo para ocultar su aventura. Medita en el maravilloso perdón y compasión que le dio Dios a un David arrepentido en el Salmo 51.

Preguntas de discusión en grupo

1. ¿Por qué la actividad sexual tiene el poder de atarlos?

2. Identifiquen una tentación común a todos en su grupo y hablen sobre cómo Cristo viviendo su vida por medio de ustedes puede vencer con eficiencia esa tentación.

3. Si un hombre no puede controlar su deseo sexual con su novia, ¿qué efecto negativo podría producirse si se casan?

4. Dialoguen sobre por qué una mujer que flirtea a cada momento o viste ropa seductora podría no ser una buena candidata para esposa.

5. ¿Qué daño puede causar a su autoestima y a la calidad de sus relaciones de noviazgo la pornografía o las intensas novelas románticas?

6. El pasaje de 1 Corintios 6:12-13 dice que busquemos lo que es provechoso, evitemos ser dominados y que dejemos que el Señor viva por medio de nuestro cuerpo. ¿Cómo pueden esas sugerencias ayudarnos a determinar hasta dónde llegar en lo físico en una relación de noviazgo?

9

GUARDA TU PASIÓN

———— ✺ ————

*Cómo proteges tu corazón
de un compromiso prematuro*

*J*anice soñaba con convertirse en esposa y madre. No obstante, a medida que se estancaban sus citas amorosas, comenzó a desesperarse. A los veintinueve años de edad, Janice creía que se le acababa el tiempo. Sus temores disminuyeron, sin embargo, cuando coqueteó en una fiesta con un atractivo hombre llamado Michael. Para su deleite, le pidió que salieran a cenar a un elegante restaurante y le envió rosas a su oficina la mañana siguiente. El estallido de romance hizo que Janice se dejara llevar de inmediato.

Las siguientes semanas progresaron hasta convertirse en románticas citas e incontables horas hablando por teléfono. Janice le desnudó su alma a Michael, hablándole de su amor a los viajes, su deseo de tener hijos y sus convicciones acerca de Dios. Michael parecía tener creencias similares. Hasta expresó su deseo de casarse pronto y jubilarse temprano para disfrutar de la vida. Janice apenas si podía contener su dicha cuando imaginaba un emocionante futuro para los dos.

Por consiguiente, cuando Michael le propuso matrimonio solo cinco meses después de comenzar a salir, Janice aceptó sin vacilación. No podía creer cómo de buenas a primeras cambió su vida. Todos sus sueños parecían hacerse realidad cuando ella y Michael se casaron enseguida y partieron para su luna de miel. La vida parecía llena de esperanza y gozo.

Sin embargo, menos de un año después los sueños de Janice comenzaron a desenredarse. Se encontró casada con un hombre muy introvertido, que tenía pocos deseos de romance y que acumulaba su dinero. Los restaurantes elegantes eran ahora una indulgencia destructiva, y los viajes estaban fuera de la cuestión. Janice hasta se enteró de que Michael nunca había salido del estado hasta que se conocieron. Además, Michael insistía en que Janice pospusiera su deseo de tener hijos y siguiera trabajando para financiar su meta de una jubilación temprana. Encerrada en su pequeña casa, Janice se sentía más como una prisionera que como una esposa.

Janice no podía entender por qué Michael había cambiado. Parecía no tener nada que ver con el hombre que fuera su novio. Al volver la vista atrás, Janice deseaba haber tenido un noviazgo más largo. El apresuramiento de su relación de noviazgo le impidió descubrir al verdadero Michael. Se encontró casada con un hombre que no la quería. En silencio, el corazón de Janice empezó a morir...

Cuando comienzas una nueva relación de noviazgo, es normal sentirse mareado de éxtasis. Deberías disfrutar de la emoción del romance, pero también deberías ser consciente de que una subida de romanticismo puede engañarte para que llegues a la conclusión de que has encontrado una pareja. Como descubrió Janice, las emociones de dicha pueden guiarte a enamorarte de alguien antes de saber quién es esa persona en realidad.

Las emociones románticas pueden cegarte con un erróneo optimismo y entusiasmo acerca de una persona cuando, en realidad, tienes poco conocimiento concreto sobre su integridad o su nivel de madurez. Muchos solteros olvidan que, en las citas amorosas, las personas a veces empequeñecen sus defectos de carácter, como la arrogancia, las adicciones, la irresponsabilidad o la falta de fe en Dios.

Por lo tanto, entregar tu corazón a alguien debido a tus impresiones iniciales es arriesgado. Las personas pueden disfrazar sus imperfecciones para ganarse tu aceptación. Podrías llamarlo «poner tu mejor cara por delante». No estoy sugiriendo que cada persona con la que tengas citas amorosas dará una falsa impresión. Solo ten en mente que a menudo los solteros ocultan sus faltas hasta que se ganan tu favor. Entonces, una vez que te enamoras, revelan sus problemas, y para entonces es demasiado tarde para cambiar de parecer sin sufrir dolor.

Apresurarse al romance es un error frecuente en las citas amorosas, y todo este capítulo está dedicado a ayudarte a evitarlo. En la primera sección veremos las cinco causas principales de un compromiso prematuro. Luego, en la segunda sección, hablaremos de maneras de guardar tu corazón. Por último, en la tercera sección, hablaremos sobre cómo determinar la fiabilidad de la persona con la que tienes citas amorosas.

Causas comunes de un compromiso prematuro

Primera causa: Citas basadas en el potencial

Mujeres, ¿han salido alguna vez con un hombre que le temía al compromiso? ¿Se sintieron tentadas a intensificar el romance o hasta a ofrecer su cuerpo para tratar de influir en él? Hombres, ¿han salido alguna vez con una mujer que en verdad les gustaba pero algo en ella les molestaba? Quizá desearan que se riera con más frecuencia, que perdiera peso o que no hablara tanto. ¿Trataron de engatusarla a fin de que cambiara para ustedes ofreciéndole promesas de amor?

Cuando consideras a alguien como el señor o la señora casi perfectos, terminas con «citas basadas en el potencial». Las citas basadas en el potencial suponen que te guste alguien por lo que desearías que fuera en lugar de por lo que es en realidad. Le ofreces tu corazón a alguien esperando que tu «amor» quite sus defectos.

Yo caí en esta trampa cuando salí con mi primera novia. Ella mostraba una conducta negativa que me preocupaba. No obstante, en lugar de plantear una objeción o suspender nuestra relación, me casé con ella, esperando que mi afecto la alentara a crecer. Fue lamentable, pero nunca decidió lidiar con sus problemas. Después de siete meses de matrimonio, esos problemas hicieron que me abandonara.

Cuando tienes citas basándote en el potencial, supones que darle a alguien tu afecto puede arreglar sus fallos de carácter. Por ejemplo, una mujer podría conocer a un hombre cuya integridad sea cuestionable. En lugar de guardar su corazón, sin embargo, se imagina el potencial del hombre y razona que su dedicación a él puede ayudarle a quitar sus faltas. Sin embargo, la mayoría de las veces su inmadurez dominará la vida de ella.

Los rasgos de carácter son complejos, y quizá haga falta mucho tiempo para cambiar. Un hombre deshonesto casi siempre luchará durante toda su vida para decir la verdad. Una mujer crítica puede que nunca aprenda a apreciar los puntos buenos en otras personas. De igual modo, un adicto a la relación sexual puede que nunca vuelva a obtener la capacidad de experimentar una intimidad completa en una relación. Está bien instar a alguien a que mejore sus fallos de carácter, pero a medida que lo hagas, ten en mente estos cinco puntos:

1. Las personas no pueden mejorar su carácter a menos que tengan una motivación intensa e interna para cambiar. Tú no puedes hacer cambiar a la gente. Deben hacerlo porque lo quieran por sí mismos.

2. Solo el amor de Jesucristo puede cambiar en verdad el carácter de una persona. Cualquier otro método depende del propio esfuerzo humano y, en el mejor de los casos, ofrece una mejora temporal. Además, Jesús puede transformar el carácter de una persona arrepentida, pero es

posible que nunca desaparezcan algunas consecuencias de su conducta en el pasado.

3. Por lo general, un mal carácter necesita años para mejorar, y la transformación rara vez es fácil. No te confíes si el carácter de una persona parece cambiar de la noche a la mañana, pues podría estar fingiendo el cambio solo para obtener tu aceptación, o puede que la persona sea sincera, pero incapaz de hacer que perdure el cambio.

4. Si instas a tu pareja a que mejore su carácter, puede cambiar por un tiempo a fin de apaciguarte. Sin embargo, la persona casi siempre regresará a viejas conductas una vez que tenga tu corazón.

5. Cuando empujas a alguien para que madure, corres el riesgo de que la persona se haga dependiente de ti para que se produzcan cambios. Eso te pone en el incómodo papel de consejero, padre o sustituto de Dios. Ese papel no es responsabilidad tuya. Tu propósito es alentar a tu pareja como adulto, no a mimarlo como a un bebé.

Puedes tener citas amorosas con alguien y esperar que madure, pero comprometer tu corazón como el incentivo para el cambio no es sabio. La falta de carácter de la persona podría dañarte. Si sales con una persona que expresa un genuino deseo de cambiar, dale un margen de tiempo. Comprende, sin embargo, que la mejora del carácter es un proceso complicado y largo. Es mejor evitar el problema por completo reservando tu corazón para una persona más madura.

Tener citas amorosas con alguien para poder cambiar su aspecto exterior no es algo amoroso. El amor no engatusa a alguien para que pierda peso, cambie de peinado o se vista a la moda cuando no lo desea hacer. Pedirle a alguien que cambie por ti está bien, pero presionar a la persona o tentarla con tu corazón como motivación es egoísta. Si quieres que tu pareja comprenda cuál es su pleno potencial, debe optar por cambiar.

Segunda causa: *Falta de tiempo juntos*

Algunos solteros no ven ningún problema en entregar sus corazones a alguien después de solo seis meses de estar teniendo citas amorosas. Lo que no entienden es el poco tiempo que las parejas pasan juntas en realidad. Permite que te acompañe en un rápido cálculo para explicar lo que quiero decir.

Cuando las parejas que viven en la misma ciudad salen en serio, puede que se vean de dos a cuatro días por semana. Cuando están en una cita, pueden pasar una media de seis horas juntos. Por lo tanto, la mayoría de las parejas solo pasan, como promedio, un máximo de veinticuatro horas juntos a la semana. Ahora bien, dividamos esas veinticuatro horas entre las ciento sesenta y ocho horas que hay en una semana, ¡y descubrimos que las parejas pasan juntas menos de un quince por ciento de su tiempo! Pasan solas, o con otras personas, el otro ochenta y cinco por ciento del tiempo. Peor aun, si dos personas tienen una relación a larga distancia, puede que sean afortunados si pasan juntos un cinco por ciento de su tiempo.

Lo que quiero decir es que la mayoría de las personas que tienen citas amorosas no se ven el uno al otro tanto como podrían creer. Además, no puedes conocer de verdad a alguien sin estar cara a cara durante un extenso período. Quizá pienses que el tiempo de calidad incluye hablar por teléfono, comunicarse por la Internet o enviar mensajes de correo electrónico, pero no existe ningún sustituto para estar juntos en el mismo lugar. Las conversaciones telefónicas o la correspondencia por escrito no pueden revelar la verdad acerca de la integridad de una persona, su madurez espiritual o su intención de amarte de manera sacrificial. Tú determinas esas cualidades cruciales solo al estar juntos durante un largo período.

Por lo tanto, si solo tienes citas unos cuantos meses, te arriesgas a experimentar los mismos problemas que tuvo Janice en la historia que dio comienzo a este capítulo. Pensó que conocía a Michael después de solo cinco meses. En esencia, le entregó su corazón a un extraño. No permitas que la misma tragedia te suceda a ti. Ten citas con alguien el tiempo suficiente para pasar por encima de tus impresiones iniciales y saber la verdad sobre esa persona.

Tercera causa: *Esperanza fantasiosa*

A Michelle le había gustado Darren desde el día en que se conocieron en la iglesia. Por consiguiente, se llenó de alegría cuando le pidió su número de teléfono. De inmediato, Michelle comenzó a fantasear sobre la vida como novia de Darren. Soñaba durante el día con citas románticas, con mirarlo a sus grandes ojos marrones y algún día ver a Darren proponerle matrimonio con un inmenso diamante. Cuanto más pensaba Michelle en esas dichosas ideas, más convencida estaba de que tenía que ser «él». Podía sentirlo en su interior: estaban destinados el uno para el otro. A medida que soñaba con él, su corazón se enamoró. En cuestión de días, Michelle estaba convencida por completo de que Darren sería su futuro esposo. Por lo tanto, se sintió destrozada cuando llamó para pedirle salir a su compañera de cuarto.

¿Has soñado alguna vez con casarte con alguien estupendo, decidiste dónde vivirían juntos y determinaste cuántos hijos tendrían... todo eso antes de la primera cita? Soñar con alguien es normal, pero puedes cruzar la línea de la fantasía sin control y engañar a tu corazón para que acepte antes de tiempo a una persona. Cualquier cosa que ocupe tu mente puede guiar a tu corazón a anhelar eso como una realidad. Así, cuanto más pienses en alguien con romanticismo, mayor será tu deseo de comenzar una relación con esa persona. Eso puede llevarte a tomar decisiones basadas en la emoción en lugar de basarlas en el hecho. Mientras tus fantasías puede que parezcan convincentes, no pueden verificar la verdad acerca de alguien.

Recuerda del capítulo 6 que Satanás te alentará a que busques satisfacción aparte de Cristo, y hace esto utilizando la carne para hacer que te obsesiones con una relación de noviazgo. Te provoca susurrando en primera persona: *Sería maravilloso si pudiera besar a esa estupenda mujer,* o *La vida sería perfecta si ese estupendo hombre fuera mi novio.* Satanás utiliza las fantasías para guiarte a que busques con frenesí a un hombre o una mujer. Si escuchas sus mentiras, es posible que llegues a encapricharte de alguien al que apenas conoces.

Puedes defenderte de las fantasías desbocadas manteniendo tus pensamientos arraigados en la verdad (véase Filipenses 4:8). Al recordar a cada momento la verdad de que Cristo te ama y se preocupa por ti, puedes distinguir entre el hecho y la fantasía. Además, cuando te enfocas en Jesús, logras experimentar la paz de vivir de día en día.

Cuarta causa: Actividad sexual

Jake conoció a Jennifer en su gimnasio, y su belleza le cautivó. Le pidió que salieran y se sintió como un rey cuando ella le dio un beso de buenas noches. Después de su segunda cita en un concierto, Jake «se encontró» con un lugar apartado en el aparcamiento donde podían hablar. Sin embargo, una hora después sus cuerpos eran los que más hablaban. El afecto físico fascinó a Jake porque nunca había experimentado esa sensación. Su tercera cita fue igual de sensual, y Jake decidió que quería estar con Jennifer para siempre. El considerar cuál era su carácter o su madurez no importaba. Lo único que Jake sabía sobre Jennifer era su hermosura que besaba de manera estupenda. De ese modo, quedó devastado cuando dos meses después lo dejó de repente por otro hombre diferente del gimnasio.

Nada confunde tanto una decisión en las citas amorosas como la actividad sexual. En el momento en que comienzas a tocar con romanticismo a alguien, tu corazón sentirá un deseo de unirte a esa persona. Eso se debe a que Dios creó la relación sexual para unir a dos personas. La implicación sexual conduce a tu corazón a querer más (véase el capítulo 8 para repasar).

Por lo tanto, cuando besas o tocas a alguien, apresuras tu deseo de comprometerte con esa persona. Eso significa que pasas por alto factores tan importantes como el carácter, la madurez espiritual y el amor sacrificial. La actividad sexual prematrimonial nubla tu juicio y te insta a apresurarte para obtener más placer. Ese deseo cubre tu interés acerca de la integridad de una persona, su capacidad de comunicación o su profundidad espiritual. Además, si haces el acto sexual con alguien, unes tu cuerpo y tu alma a esa persona ya sea o no la adecuada para ti (1 Corintios 6:16). En caso de que rompas esa unión, sufrirás dolorosas consecuencias.

Si estás implicado en lo sexual con alguien, considera el riesgo que corres. Es posible que el afecto físico se sienta bien, pero puede adormecerte en cuanto a lo que tu corazón quiere en realidad: alguien digno de confianza, amable y dispuesto a sacrificarse por ti. Piensa en lo que es mejor a la larga.

Jesús no quiere que te engañes con un placer sexual temporal. Por el contrario, Él quiere lo mejor para ti. Si permites que la sexualidad gobierne tu relación, en esencia aseguras que entregarás tu corazón demasiado pronto.

Quinta causa: Un corazón hambriento

La razón más común por la cual muchos solteros entregan sus corazones antes de tiempo se origina en una profunda hambre de aceptación. Tu corazón necesita amor al igual que tu cuerpo necesita alimento, y cuando tu corazón tiene hambre, puede conducirte a buscar una relación seria solo para sentirse mejor. Considera la analogía de un hombre que tiene hambre de alimento. En su desesperación, su apetito puede convencerlo de que se coma cualquier cosa, hasta algo que podría ser venenoso. De igual manera, si buscas aceptación con desesperación, tu corazón hambriento puede persuadirte a que te lances a una relación romántica incluso si no es sana.

Si Jesús no es tu principal Fuente de amor, tu corazón buscará aceptación en otros lugares, en especial cuando te sientas solo. En esos momentos, una relación de noviazgo puede parecer la solución perfecta. Sin embargo, el problema de tratar de alimentar tu corazón con romance es que el amor humano se basa en la conducta. Debes mantener feliz a tu pareja para seguir teniendo su afecto. A pesar de eso, mantener a alguien siempre feliz es imposible, y el desengaño o el conflicto que resulta evitará que te satisfaga tu relación.

Al igual que comer chocolate, las citas amorosas deben ser una parte divertida de la vida. Con todo, del mismo modo que el chocolate no puede mantener tu cuerpo con vida, un novio o una novia no pueden satisfacer la necesidad de tu corazón de amor incondicional. Dios quiere satisfacer tu corazón con el amor que ya tienes de Cristo. Las citas amorosas solo te dan la oportunidad de darle de tu amor a otra persona.

Guarda tu corazón de enamorarse demasiado pronto

Ahora que sabemos por qué las personas se enamoran con demasiada rapidez, veamos varias maneras de proteger tu corazón cuando parece que se derrite. Puedes guardarte a ti mismo teniendo citas amorosas hasta que determines coherencia, manteniendo abiertas tus opciones y, lo mejor de todo, viviendo en el amor de Cristo.

Ten citas amorosas hasta que determines la coherencia

Es posible que después de unas cuantas citas supongas que conoces a alguien, pero solo acabas de comenzar. En varias de mis relaciones, creí por error el adagio: «Lo que ves es lo que obtienes». Sin embargo, en las citas amorosas no puedes confiar en esa frase. Las personas tienden a ocultar sus imperfecciones el mayor tiempo posible y, como resultado, alguien puede parecer dulce y sincero cuando lo conoces, pero puede que esa no sea su verdadera actitud.

Cuando comiences una nueva relación, reserva tu afecto hasta que determines lo que es *coherente* en esa persona. Este enfoque realista bloquea tus emociones para que no tomen el control. Refrena tu corazón hasta haber pasado tiempo juntos durante muchos meses. Eso no significa que no te pueda gustar la otra persona o que no sea divertido tener citas con ella. Tampoco estoy sugiriendo que crees una relación estoica o poco romántica. Por el contrario, el noviazgo debería ser emocionante. No obstante, puedes tomar la clara decisión de divertirte con alguien a la vez que mantienes a raya tu corazón.

Tener citas amorosas para determinar la coherencia te da la ventaja de descubrir cómo actúa una persona en varias situaciones en un largo período. Esta perspectiva es valiosa porque, si te comprometes con alguien, quieres tener una buena idea de la manera en que te tratará esa persona como cónyuge. La mayoría de los solteros pueden generar cortesía en una primera cita después de un día estresante en el trabajo; pero tú quieres saber si continuará teniendo educación en circunstancias estresantes si llegan a casarse. La mejor manera de prever cómo podría comportarse una persona más adelante en la relación es tener citas amorosas con ella el tiempo suficiente para determinar su conducta moral.

Establecer coherencia no significa buscar a alguien que sea soso ni previsible. Es el proceso de determinar un cuadro preciso de la persona con la que sales. A medida que pasan tiempo juntos, hazte preguntas como estas:

- ¿Expresa la persona sus convicciones y es firme en ellas?

- ¿Mantiene la fe en Dios durante las malas circunstancias?

- ¿Muestra la persona cambios de humor imprevisibles o drásticos?

- ¿Te acepta en general esa persona o te critica?

- ¿Cambia su conducta de forma considerable cuando se enoja o se deprime?

Determinar la coherencia aclara si los atributos que te gustan de otra persona permanecerán en tu relación. Esto puede aplicarse a las características tanto internas como externas. Por ejemplo, si una mujer aprecia que su nuevo novio sea considerado, necesita asegurarse de que sea coherente en esa esfera. La mayoría de los hombres saben que deberían ser puntuales y educados cuando salen con una mujer. Sin embargo, dales unos cuantos meses y tienden a relajarse un poco en sus modales. De manera similar, si a un hombre le gusta cierta mujer porque come alimentos sanos y hace ejercicio con regularidad, él necesita salir con ella el tiempo suficiente para determinar si ese es su estilo de vida normal o solo una moda pasajera.

Cuando tengas citas amorosas, observa también si las cosas que son importantes para ti lo son también para tu novio o tu novia. ¿Pone la persona una prioridad similar en los valores, ideas y preferencias que son importantes para ti? Por ejemplo, mujeres, si disfrutan de largas charlas sobre temas profundos, ¿quieren sus novios de modo coherente unirse a ustedes en la charla? Hombres, si creen que salir con sus amigos es importante, ¿es cooperativa su novia? Además, ¿posee la persona con la que salen un deseo coherente de crecer en lo espiritual? Si algo es una prioridad para ti, necesitas tener citas el tiempo suficiente para asegurarte que sea una prioridad para la otra persona, pues de otro modo vivirás en desacuerdo sobre asuntos cruciales si llegan a casarse.

¿Cuánto tiempo se necesita para determinar la coherencia en alguien? El suficiente para confirmar cómo se comporta alguien tanto en los momentos buenos como en los malos. No vayas en serio con alguien por una corazonada. Ten citas con ella el tiempo suficiente para desarrollar pruebas. Si sales con alguien que haya sido amigo de la familia durante mucho tiempo, puede que necesites menos de un año para sentirte convencido. Por otro lado, si conociste a alguien hace poco, sería sabio salir con esa persona durante un año o más para confirmar la coherencia. También, escucha a tus amigos o a tu familia. Si sienten que avanzas con demasiada rapidez, disminuye el ritmo porque su punto de vista es casi siempre más objetivo. No hay ningún daño en esperar un poco más para tomar una sabia decisión. Al igual que Janice, si te apresuras a tener citas amorosas y casarte, podrías despertarte un día preguntándote: «¿Quién es esta persona?».

Mantén abiertas tus opciones

Si tienes un historial de entregar tu corazón con demasiada rapidez, la siguiente es una manera práctica de guardarte. Al comienzo de una nueva relación, menciona de forma educada que te gustaría estar libre para salir con otras personas. Podrías decir: «Me encanta salir contigo, pero mantengamos nuestra libertad hasta que hayamos tenido más tiempo para conocernos el uno al otro». Al hacer eso, conservas abiertas tus opciones relacionales hasta que puedas determinar si esa persona tiene carácter. Este plan no solo evita que entregues tu corazón con demasiada rapidez, sino que también mantiene tu enfoque en discernir la integridad de la persona.

Mantener abiertas tus opciones es una demanda justa en una nueva relación. Si la otra persona pone objeciones, puede que tenga la intención egoísta de salir contigo para satisfacer sus necesidades. Recuerda que a lo largo de todo el proceso de noviazgo, incluyendo el compromiso, tú eres libre. Por lo tanto, no permitas que nadie te presione a realizar un compromiso. Considera tener citas amorosas de manera exclusiva una vez que pasen juntos varios meses y confirmen el carácter de la persona. Nadie sino tú tiene el control sobre tu corazón.

Vive en el amor de Cristo

La mejor manera de guardar tu corazón contra un compromiso prematuro es reconocer que Jesús te ofrece todo el amor que necesitas. Como hemos analizado, tú tienes un valor increíble ante los ojos de Cristo. Su pasión por ti es incondicional, y nunca encontrarás un novio ni una novia que te ame de manera tan profunda como Él. Cuando experimentas el amor de Cristo, la aprobación romántica de un hombre o una mujer se vuelve menos importante. No tienes razón alguna para obsesionarte con una relación cuando el Señor del universo piensa que tú eres maravilloso.

Además, el amor de Jesús no hace irrelevantes las relaciones humanas. El romance y el afecto humanos son bueno. Sin embargo, Jesús no quiere que las citas amorosas controlen tu vida. Él quiere que su amor controle tus decisiones en las citas amorosas (2 Corintios 5:14).

Jesús es una Persona romántica, y Él quiere amar a otros por medio de ti. Al mismo tiempo, quiere proteger tu corazón creando en tu interior los deseos de salir con alguien. Cuando sigues su dirección, sabrás cuándo implicarte con alguien y cuándo separarte.

En el capítulo 4 aprendimos que la presencia de Cristo en tu corazón puede quitar gran parte de la confusión en las citas amorosas. Él dice: «Te basta mi gracia, pues mi poder se perfecciona en la debilidad» (2 Corintios 12:9). Por su gracia, Cristo ofrece su sabiduría a tu mente finita y humana, y lo hace poniendo dentro de ti la dirección que debes tomar. Él te da el deseo de avanzar o de esperar en una relación. Esto es lo que el apóstol Pablo quiso decir cuando oró

> que [el Padre] os conceda, conforme a las riquezas de su gloria, ser fortalecidos con poder por su Espíritu en el hombre interior (Efesios 3:16).

El amor de Cristo es la mejor protección contra pasarse en lo emocional. Él puede conservar tu corazón a raya instándote a mantener una perspectiva realista sobre alguien. Además, Jesús te guiará a buscar lo que sea provechoso para ti y para tu pareja. Él te dará la sabiduría para saber cuándo apartarte de una mala relación o cuándo perseguir una buena relación. A medida que escuches a Cristo y te sometas a Él, su gracia será suficiente para satisfacer todas tus necesidades, incluyendo tus decisiones en las citas amorosas.

Determina la fiabilidad en las citas amorosas

Confiar tu corazón a alguien es un asunto serio porque algunos solteros no saldrán contigo con buenas intenciones. Por lo tanto, no decidas a la ligera confiar en una persona. Una potencial pareja matrimonial necesita ganarse tu confianza. Conozco al menos cuatro maneras de evaluar la fiabilidad de una persona, las cuales incluyen hacer preguntas sobre el carácter de tu pareja, considerar a su familia y sus amigos, buscar consejería prematrimonial, y escuchar al Espíritu Santo. Utiliza esos cuatro enfoques para aprovechar al máximo tu juicio. Cuanto más sepas sobre alguien, con más confianza podrás confiar en esa persona.

Haz preguntas sobre el carácter de tu pareja

Tener citas amorosas es similar a buscar empleo porque es un proceso de entrevistas. Pasas tiempo con alguien para descubrir tu compatibilidad. Sin embargo, con solo estar juntos no te proporciona la información necesaria para edificar confianza. Si quieres determinar la fiabilidad de alguien, necesitas fomentar una conversación que tenga profundidad. Eso implica hacer preguntas sobre las convicciones de alguien, sus experiencias del pasado, sus creencias espirituales y el historial de sus relaciones. Hablar de esos temas quizá no suene romántico ni divertido, pero es crucial para aprender a confiar en tu pareja.

El examen del carácter de alguien no tiene por qué ser un proceso incómodo si utilizas el tacto y la diplomacia. La clave es establecer química con una persona antes de hacer preguntas sobre asuntos personales. Por ejemplo, es probable que no debas preguntar en una primera o segunda cita si la persona ha tenido relación sexual o ha probado las drogas ilegales. Apresurarse a preguntar podría darle a tu pareja la impresión errónea y asustarla. Por el contrario, espera para hacer preguntas sobre el carácter hasta que desarrolles una buena relación.

Además, muestra compasión y discreción cuando examines los errores personales de alguien. Al hacer preguntas como es debido, demuestras compasión e interés. Tu objetivo no es tratar de enderezar a alguien, sino saber qué cree una persona y si sigue esas convicciones. Para comenzar, mira las páginas 190 y 191 para una lista de preguntas del carácter. Te recomiendo que abordes cada pregunta de esa lista antes de pensar en comprometerte.

Además, cuando le hagas una pregunta a tu pareja, no te conformes con respuestas superficiales. A veces las mejores preguntas incluyen: «¿Podrías aclararme eso?», o «¿Podrías decirme más?». ¿Recuerdas a Janice? Le preguntó a Michael si le gustaba viajar, pero olvidó aclarar los lugares que había visitado en realidad. Lo cierto es que Michael nunca había salido del estado antes de conocer a Janice, pero ella no descubrió ese hecho hasta después de casados. Janice se conformó con una respuesta superficial y se quemó. Por eso las respuestas breves o las que contienen una sola palabra no ayudan cuando exploras las creencias de alguien, su pasado o su integridad. La profundidad de tu comunicación determina en gran manera la calidad de tu relación, y las respuestas superficiales casi siempre indican una persona superficial.

La evaluación del carácter de una persona incluye observar si la conducta de tu pareja concuerda con lo que dice. Confía en los actos más que en las palabras (1 Juan 3:18). Por ejemplo, si tu novia promete hacer algo, ¿lo lleva a cabo? Si tu novio afirma que es cristiano, ¿entrega sus deseos a Cristo? Si tu pareja dice que quiere distinguirse en la vida de la gente, ¿les muestra con coherencia bondad, generosidad o aliento a otras personas? En esencia, ¿pone tu pareja en práctica lo que dice? Para establecer confianza con alguien, necesitas evidencia precisa de la conducta de una persona a través del tiempo.

Considera a la familia y los amigos de tu pareja

Nunca subestimes el valor de visitar a la familia de tu pareja a fin de obtener perspectiva sobre su carácter. Si llegas a conocer a los padres, utiliza esa oportunidad para observar cómo tu pareja se relaciona con ellos. Si la familia de tu pareja no puede confiar en su hijo o hija, es probable que tú tampoco logres hacerlo.

Las relaciones familiares son una de las mayores influencias en el carácter de una persona. *Recuerda que si te casas con alguien, también te casarás con su familia.* Si detectas problemas de relaciones en la familia de la persona, habla al respecto porque es probable que afecten tu relación. Además, mujeres, observen cómo se lleva su novio con su madre. ¿Son unidos y se apoyan, o son indiferentes el uno hacia el otro? Hombres, observen si su novia tiene una amorosa relación con su padre. ¿Son afectuosos y respetuosos, o se evitan el uno al otro?

Los amigos de tu pareja también reflejan su carácter. ¿Sale tu pareja con personas que son genuinas o deshonestas? Mujeres, consideren si la gente respeta a su novio. ¿Cuál es su reputación entre sus pares? Hombres, ¿se lleva bien su novia con sus amigas? ¿Es la gente precavida con ella porque le gusta el chisme? ¿Tiene alguna amiga o solo sale con chicos? Las respuestas a esas preguntas pueden revelar defectos de carácter que quizá dañen tu relación. Si la persona con la que tienes citas amorosas no tiene ningún amigo, tienes una clara señal de inmadurez en las relaciones.

En general, tu pareja te tratará del mismo modo que lo haga con los demás. Por lo tanto, cuando participen juntos en una actividad de grupo, observa cómo se comporta. ¿Es mandón, sarcástico, crítico, mezquino o estoico, o es educado, cooperador, sincero y leal? El modo en que una persona se comporta en público revela su fiabilidad.

Busca consejería antes de comprometerte

Antes de decidir confiarle a alguien tu corazón en matrimonio, busca consejería. ¿Por qué? *Una vez que el anillo de compromiso está en el dedo de una mujer, puedes perder gran parte de tu objetividad acerca de la relación.* De igual modo, cuando estás comprometido, el día de la boda se convierte en la prioridad de tu relación. Eso puede hacer casi imposible detenerse y tratar cualquier defecto de carácter que descubras. Además, la vergüenza de suspender una boda puede evitar que seas sincero en cuanto a los rasgos de carácter que te molestan. El compromiso tiende a hacerte pasar por alto problemas y los empuja al matrimonio, donde hacen estragos.

Para evitar ese dilema, visita a un consejero cristiano experimentado que pueda ayudarte a examinar todos los aspectos de tu relación. Un consejero puede hacer las preguntas importantes sobre el carácter que quizá olvides tú. Lo mejor de todo es que un consejero puede detectar esferas problemáticas que podrían dañar su futuro como pareja. Recibir consejería no significa que haya nada indebido en tu relación. Tampoco significa que tengas que casarte con la persona con la que sales. Por el contrario, la consejería examina los aspectos críticos de tu relación para asegurarte que tu novio, o tu novia, es idóneo para ti.

Cuando busques un consejero, intenta encontrar un cristiano formado para tratar con asuntos matrimoniales y relacionales. Muchas personas pueden ofrecerte consejo, pero si no tienen la formación adecuada, quizá no sean capaces de manejar con eficiencia las esferas problemáticas de tu relación. Si no puedes encontrar un consejero calificado, visita las páginas Web de Enfoque a la Familia (www.fotf.org) o de la Asociación Estadounidense de Consejeros Cristianos (www.aacc.net), a fin de obtener información acerca de servicios de consejería en tu zona.

Por lo general, un consejero antes del compromiso pasará de cuatro a diez sesiones contigo y tu pareja. Prepárate para hablar de aspectos clave de tu relación, incluyendo diferencias de personalidad, asuntos de familia e hijos, relaciones pasadas, madurez espiritual, asuntos económicos y expectativas sexuales. Aun más importante, el consejero debería repasar las verdades del amor incondicional de Cristo para asegurarse de que entiendas cómo se aplica a tu relación. La sinceridad es crucial cuando te reúnes con un consejero. Si algo les preocupa a ti o a tu pareja, la sesión privada de consejería es un buen lugar para plantearlo.

Después de salir con Ashley durante muchos meses, hice los arreglos para que visitáramos a un consejero cristiano licenciado mediante un programa de nuestra iglesia. Durante un período de ocho semanas el consejero examinó nuestra relación en esferas como las finanzas, las preocupaciones familiares, las diferencias de personalidad, el entendimiento espiritual y las expectativas sexuales. Las sesiones de consejería no siempre fueron divertidas, pero las conversaciones nos dieron a Ashley y a mí un sentimiento de confianza en cuanto a avanzar hacia el matrimonio. El proceso también hizo que nuestras familias se implicaran más en nuestra relación y ayudaron a darles paz acerca de nuestro futuro. En general, la consejería fue inestimable porque reforzó nuestra compatibilidad e intensificó mi deseo de amar de verdad a Ashley.

Poco tiempo después, con alegría le propuse matrimonio en la cumbre de una montaña el día 4 de julio de 1999.

Vale la pena el tiempo y el esfuerzo al invertir en consejería antes de comprometerse, porque te ayuda a determinar si deberías confiarle tu corazón a tu novio o tu novia. Al hablar de tu relación con una tercera parte sabia y objetiva, puedes obtener la seguridad necesaria para avanzar con confianza hacia un compromiso de por vida.

Escucha al Espíritu Santo

El paso final para discernir si puedes confiar en alguien es escuchar al Espíritu Santo. Por medio del Espíritu Santo, Jesús reside en tu interior para ser tu principal fuente de sabiduría en las relaciones. Su discernimiento puede ayudarte a determinar el carácter de alguien.

> Pero ustedes han recibido el Espíritu Santo, y Él vive en sus corazones, y por lo tanto no necesitan que se les señale lo que es correcto. El Espíritu Santo les enseña todas las cosas, y Él, que es la Verdad, no miente. Así que, tal como les ha dicho, vivan en Cristo y nunca se aparten de Él (1 Juan 2:27, LBD).

Cuando te rindes a Cristo, Él puede impartirte un sentimiento de paz o de preocupación sobre tu relación. Una manera de sentir su discernimiento es preguntándote: *¿Me siento seguro cuando estoy con mi pareja?* Con seguro, no me refiero a la protección física. Hablo de un sentimiento en lo profundo de tu ser. Cuando estás tranquilo y eres sincero contigo mismo, ¿sientes una paz sobresaliente acerca de esa persona, o tienes alguna aprensión o vacilación definibles acerca de su futuro juntos? Jesús puede guiar tu corazón por medio del Espíritu Santo cuando te rindes a Él.

Quizá hayas tenido citas amorosas con alguien durante varios años, pero sigue faltándote paz acerca de casarte con esa persona. Eso podría ser Jesús diciéndote que dejes de tener citas solo por compañerismo. O bien avanza hacia la intimidad, o bien rompe la relación. Si sientes un temor concreto acerca de confiar en una persona, quizá sea alguien demasiado inmaduro, o tal vez esté exigiendo perfección. Escucha al Espíritu Santo. Si Él te da convicción, déjalo dirigir tu decisión.

Cristo tiene tu mejor interés en mente, y no hará que te desvíes. Él te dirá cuándo puedes confiar en alguien con seguridad. Sobre todo, Jesús quiere que confíes en Él. Su amor apasionado no solo protege tu corazón, sino que también te capacita para detectar problemas que podrían sabotear tu relación de noviazgo.

Treinta y una preguntas sobre el carácter

Analiza a fondo estas preguntas antes de pensar en comprometerte. (Recuerda desarrollar una buena relación antes de hablar de estos asuntos íntimos).

El carácter en lo espiritual

- ¿Quién es Jesucristo para ti?
- ¿Cuándo y cómo te convertiste en cristiano?
- ¿Cuál es tu don espiritual?
- ¿Estás implicado en una iglesia local o en un grupo de estudio bíblico?

El carácter en lo financiero

- ¿Tienes alguna deuda? Si es así, ¿de qué cantidad?
- Si tienes deudas, ¿cuánto tiempo necesitarás para pagarlas?
- ¿Tienes un historial de trabajo estable?
- ¿Cuánto tienes en una cuenta de ahorro? ¿Y en una cuenta de jubilación?
- ¿Das dinero con regularidad a la iglesia o a las personas menos afortunadas?

El carácter en las citas amorosas

- Háblame de tus pasadas relaciones de noviazgo.
- ¿Sigues implicado en cualquier otra relación?

- ¿Has estado comprometido alguna vez? Si lo estuviste, ¿por qué terminó?
- ¿Has estado divorciado alguna vez? Si lo estuviste, ¿por qué fracasó tu matrimonio? ¿Tienes algún hijo?

El carácter en lo sexual

- ¿Te sientes cómodo al esperar al matrimonio para tener relaciones sexuales?
- ¿Has tenido relaciones sexuales alguna vez? Si es así, ¿hace cuánto tiempo?
- ¿Sufres alguna enfermedad de transmisión sexual?
- ¿Has batallado alguna vez con la homosexualidad?
- ¿Has tenido un aborto alguna vez?

El carácter en general

- ¿Qué circunstancias difíciles has soportado?
- ¿Qué te apasiona en la vida?
- ¿Has quebrantado la ley alguna vez?
- ¿De qué maneras participas en la ayuda a los demás?

Amigos y familia

- ¿Quiénes son tus amigos?
- ¿Te llevas bien con tu familia? Sí o no, ¿por qué?
- ¿Está emocionada tu familia con su relación?
- ¿Cuáles son tus puntos de vista sobre los papeles de un esposo y una esposa?
- ¿Quieres tener hijos si te casas? ¿Cuántos? ¿Cuándo?

Adicciones

- ¿Eres adicto al alcohol, a sustancias, a la pornografía o a cualquier otra cosa?
- ¿Alguna vez has fumado, has usado drogas o has luchado con un trastorno alimenticio?
- ¿Tienes familiares que batallen con adicciones?
- ¿Haces apuestas o juegas a la lotería?

Estudio bíblico personal

1. ¿En qué ocho tipos de pensamientos recomienda Filipenses 4:7-8 que medites? ¿Cómo pueden esos pensamientos guardar tu corazón contra fantasías irreales o un compromiso prematuro?

2. Lee 2 Tesalonicenses 3:3-5. ¿Qué protección sugieren esos versículos contra enamorarse con demasiada rapidez?

3. Según 1 Tesalonicenses 3:12-13, ¿cómo se origina el amor en tu interior? ¿Quién tiene la responsabilidad de mantener tu corazón sin tacha?

4. ¿Cómo se identifica la conducta fiable en 1 Juan 2:4-6?

5. Lee Santiago 1:19-27. ¿Qué tipo de conducta deberías esperar de la persona con la que tienes citas amorosas?

6. ¿Cómo se aplica Proverbios 13:10 a la decisión de salir con alguien en serio?

Preguntas de discusión en grupo

1. ¿Por qué salir con alguien a fin de cambiar a la persona no es algo amoroso? Además, ¿por qué es un movimiento arriesgado salir con alguien con la esperanza de que mejore el carácter de esa persona?

2. Hablen del porqué la actividad física puede engañar al corazón y hacer que se enamore antes de tiempo de alguien.

3. Nombren dos ventajas de tener citas amorosas para determinar una conducta coherente en alguien antes de entregarle su corazón a esa persona.

4. ¿Por qué es el amor de Cristo la mejor protección contra pasarse de manera emocional en una relación de noviazgo?

5. ¿Cuáles son los beneficios de tener a un consejero cristiano que ayude a examinar sus relaciones de noviazgo antes de comprometerse? ¿Puede alguien en su grupo recomendar un buen consejero cristiano?

6. ¿Cómo ofrece perspectiva conocer a la familia y los amigos de su novio o novia en cuanto al carácter de esa persona y su capacidad de amarles a ustedes?

EL SABOTAJE
DE LA PASIÓN

————— ⚬⚬⚬⚬ —————

Cómo reconoces el bagaje
que destruye relaciones

urt había salido con Stephanie durante nueve meses. Estaba enamorado de su ingenio, su belleza y su inteligencia, y trataba de deslumbrarla con extravagantes regalos. A Stephanie le entusiasmaba que la trataran como a una reina, y estaba sorprendida de lo exitoso y generoso que parecía Curt. Por lo tanto, se quedó perpleja una noche cuando por accidente oyó a Curt discutiendo por teléfono con una agencia de cobros. Estaba retrasado en el pago de un préstamo de más de cinco mil dólares. Stephanie de inmediato se enfrentó a Curt, y él se vio obligado a revelar la verdad.

Durante toda su vida, Curt había creído la mentira de que tenía que impresionar a los demás aparentando tener dinero. Para mantener su imagen de persona acomodada, pidió grandes préstamos sobre un auto deportivo y una casa grande. Además, utilizaba sus tarjetas de crédito para comprar espléndidos juguetes y escaparse de vacaciones. Al final, sus ingresos no pudieron seguir el ritmo de sus gastos, y terminó con una deuda de más de cuarenta y cinco mil dólares.

Stephanie se quedó sorprendida ante la realidad de la abrumadora situación económica de Curt. Poco después, optó por ponerle fin a su relación a fin de que la deuda de él no se convirtiera en una carga para ella. Curt le suplicó que se quedara, pero su falta de sinceridad sobre el asunto rompió su confianza. Además, Stephanie ya no creía que Curt fuera lo bastante maduro para poder proporcionar seguridad en un matrimonio. Sus hábitos de gastos estaban fuera de control. Había esperado en secreto que el buen empleo de Stephanie y su madurez fiscal lo salvaran de su desastre económico.

El mal uso del dinero que hacía Curt es solo un ejemplo del modo en que Satanás utiliza la carne pecaminosa para persuadir a las personas que satisfagan sus intereses egoístas. En el capítulo 6, hablamos de que siempre que los cristianos tratan de satisfacer sus necesidades apartados de Jesucristo, pecan al andar tras la carne. Peor aun, cuando la gente permite que la carne controle su conducta, acumula un «bagaje» indeseado.

El bagaje se produce cuando una persona cree que una sustancia, persona o posesión pueden llenar su vida más de lo que puede hacerlo Cristo. Obvios ejemplos de bagaje incluyen una adicción a las drogas, al alcohol o al sexo. Sin embargo, la deuda económica, la inmadura dependencia de los padres y un anhelo de aceptación también se califican como bagaje. Todos, incluyendo a los cristianos, pueden llevar bagaje. Nadie es inmune a él. Para librarnos de él, tenemos que descubrir las mentiras que se ocultan tras los problemas, pues de otro modo el bagaje dominará una relación de noviazgo.

Muchos solteros intentan ocultar su bagaje cuando están desesperados por obtener aprobación. Por consiguiente, es importante aprender a detectar los síntomas y los efectos negativos que puede causar el bagaje. Este capítulo hablará de nueve tipos comunes de bagaje capaces de dañar las relaciones de noviazgo. *Mi lista no es de ninguna manera exhaustiva*. La carne puede producir miles de problemas relacionales distintos en las personas. Por lo tanto, pídele al Espíritu Santo que te alerte si tu pareja lucha con cualquiera de los problemas de los que hablamos o con cualquier otro problema que no mencionamos aquí.

A medida que leas este capítulo, puedes entender que llevas bagaje de tu pasado. Si es así, no supongas que puedes pasar por alto el problema ni enfrentarlo por tu cuenta. Muchos tipos de bagaje son tan perjudiciales que quizá necesites la ayuda de un consejero cristiano experimentado para eliminarlos. En la última parte de este capítulo hablaremos sobre cómo enfrentar los problemas de bagaje y de los beneficios de la consejería.

Bagaje relacional común en las citas amorosas

Primer problema de bagaje: Deuda económica

Como vimos con Curt, muchos solteros caen presa de utilizar el dinero o las cosas materiales para mejorar su imagen personal. Otros sucumben a comprar cualquier cosa que quieran siempre que quieran. Aun otros solteros quizá no generen deudas, pero sus excesivos gastos pueden dejarles sin ningún ahorro. Cualquiera de esos problemas económicos es capaz de dañar una relación.

La deuda y el mal uso del dinero revelan una actitud general de impaciencia o de deseo de gratificación inmediata. Además, muchas personas que amasan grandes deudas (más de cinco mil dólares) tienen una perspectiva irreal del futuro. En lugar de crear un plan para administrar su dinero, suponen a ciegas que las cosas marcharán de alguna manera. Esas creencias resultan de tragarse la mentira de que las posesiones satisfarán más que el amor de Cristo. Cuando la deuda dicta su estilo de vida, produce una atadura económica. Las consecuencias que se originan tienen el poder de controlar la vida del individuo al igual que la vida de cualquier persona con la que tenga citas amorosas.

Las repercusiones de una economía mal administrada pueden incluir bancarrota personal, la pérdida de casas o vehículos, un estrés inmenso por tener que manejar a los acreedores y la incapacidad de sostener una familia. La deuda o la falta de ahorros también ponen a la persona y a sus seres queridos en peligro de perderlo todo en caso de que se produzca una enfermedad importante, una pérdida de empleo o una avería en el auto.

Es sorprendente que muchos solteros sean reacios a cuestionar el estado financiero de su pareja. No quieren parecer entremetidos. Sin embargo, esa información es vital para el bienestar de una relación. Por lo tanto, una vez que una pareja piense en un futuro matrimonio, es importante que obtenga un cuadro claro de la salud financiera el uno del otro. Las siguientes siete preguntas pueden ayudar a comenzar la conversación:

- ¿Tienes alguna deuda? Si es así, ¿de cuánto y por qué?
- ¿Qué pasos coherentes estás dando para reducir la deuda?
- ¿Cuándo esperas de manera razonable pagar toda la deuda?
- ¿Cuáles son tus actuales ingresos? ¿Cuánto tiempo llevan en ese nivel?
- ¿Tienes un presupuesto detallado?
- ¿Cuánto dinero tienes en ahorros y cuentas de jubilación?
- ¿Tienes un historial de empleo regular?

Si tu novio o tu novia se niegan a responderte con sinceridad esas preguntas, te recomiendo que suspendas tu relación. Lo más probable es que te esté ocultando información negativa y no querrás quedar atado al problema. Si admite que tiene deudas, no lo consideres a la ligera como algo que desaparecerá pronto. Es sabio no proceder hacia el matrimonio hasta que la persona pueda dar evidencia de que está pagando la deuda.

La deuda y la necesidad de posesiones materiales casi siempre son síntomas de un problema espiritual. La raíz del problema es una creencia en la mentira carnal de que tener cosas saciará la sed de felicidad. Si tú, o la persona con la que tienes citas amorosas, lucha con el exceso de gastos, pídele a Cristo su autocontrol a fin de crear un presupuesto y seguirlo. Su vida en tu interior es la Fuente definitiva de sabiduría financiera.

Entiende que experimentar libertad de la atadura económica puede llevar varios años. Es posible que sea necesario buscar el consejo de un experto financiero profesional. Mira las páginas Web de *Crown Financial Ministries* (www.crown.org) o de Dave Ramsey (www.daveramsey.com) para obtener recursos que ofrecen ayuda con la consejería en cuanto a deuda y otros problemas monetarios.

Sobre todo, no pases por alto tu deuda. El estrés de los problemas financieros es una de las causas más comunes de divorcio. Por lo tanto, evita tener citas amorosas o casarte con alguien hasta que puedas disfrutar de una relación libre de deudas.

Segundo problema de bagaje: Adicciones

Los cristianos están más contentos cuando el amor de Jesucristo los satisface. Sin embargo, Satanás usa la carne para instarte a que logres satisfacción dependiendo de la gente, sustancias o posesiones. Cuando piensas en las adicciones, podrías enumerar el alcoholismo, el uso de drogas, los trastornos alimenticios, el juego y las adicciones sexuales. No obstante, las personas también pueden desarrollar obsesiones con la Internet, las compras, el ejercicio, una carrera o un pasatiempo. Satanás intentará cualquier cosa para ponerte en atadura.

Una adicción se produce cuando una persona depende de algo para poder funcionar. Esta atadura puede resultar de la dependencia de una sustancia, persona o actividad, y la conducta adictiva rara vez se limita a una sola cosa. Los adictos creen a cada paso las mentiras de la carne, de modo que si creen una mentira, creerán varias a menudo. Por ejemplo, una mujer adicta al alcohol puede dejarlo por un tiempo y encontrarse enganchada a las compras o por comer en exceso. De igual modo, un hombre quizá rote entre adicciones a la pornografía, el juego o trabajar mucho. Si el hombre no permite que solo Cristo le satisfaga, la carne puede llevarlo de un hábito dañino a otro.

Algunas adicciones, como el alcoholismo o el juego, pueden comenzar de modo inocente cuando una persona bebe en las reuniones sociales o hace apuestas en un evento deportivo con sus amigos. Entonces, a medida que la persona repite la actividad, comienza a desarrollar una dependencia de ese sentimiento agradable. Esto puede causar que algunas personas nieguen su obsesión, porque se desarrolló de forma tan gradual que no comprenden que tienen un problema.

Otros batallan con una dependencia durante tanto tiempo que se resignan al fracaso. Sus vidas se convierten en tristes intentos de ocultar sus hábitos. Esto significa que muchas personas aprenden a ocultar con toda destreza sus vicios. Por lo tanto, cuando tengas citas amorosas con alguien, observa señales que pudieran indicar la presencia de una adicción, como la incapacidad de posponer la gratificación, la negación de un problema, afirmaciones de que puede dejarlo por voluntad propia, la negativa a hablar de ciertos temas, una salud que se deteriora, fatiga crónica, enojo o ansiedad.

La fuerza de voluntad humana no es lo bastante fuerte para vencer una adicción. Si tienes un hábito peligroso o sospechas que tu novio o tu novia lo tiene, por favor, tómalo en serio. Sugiero que hagas una pausa en tu relación y busques ayuda de inmediato. Luego espera hasta que veas un camino demostrado de libertad de la adicción antes de seguir con el noviazgo.

Solo la fe en el amor incondicional de Jesucristo puede romper por completo una adicción. La medicación o la fuerza de voluntad proporcionan soluciones a corto plazo, pero la victoria llega cuando una persona sustituye su obsesión por una dependencia de Cristo a fin de satisfacer su vida (1 Corintios 6:9-11; Efesios 2:3-6). Muchas veces, sin embargo, las personas necesitan consejería cristiana para aplicar esas verdades. Ve al final de este capítulo a fin de obtener más información sobre cómo la consejería puede ayudar a una persona a vencer una adicción.

Tercer problema de bagaje: Divorcio

El divorcio está tan difundido en nuestra sociedad que podrías tener citas amorosas con alguien que haya estado casado antes. Hablando desde la experiencia, te recomiendo que vayas despacio. El dolor, la depresión y el desengaño del divorcio pueden marcar a una persona por mucho tiempo. Sin embargo, resiste el deseo de rechazar a cada persona divorciada que conozcas. Algunas de ellas no querían divorciarse; sus cónyuges los abandonaron. Las nuevas leyes permiten que personas inmaduras abandonen sus matrimonios con facilidad, y los cónyuges que les aman poco pueden hacer para detenerlos.

En su libro, *What God Wishes Christians Knew About Christianity*, Bill Gillman hace hincapié en la diferencia entre un divorciado y alguien que se divorcia. Los divorciados no son participantes voluntarios en un divorcio. Hacen todo lo que esté en su mano para disuadirlo, pero son víctimas de los actos de alguien que se divorcia[1]. Un divorciado nunca quiso que terminara su anterior matrimonio y tenía el compromiso de mantenerlo. Así y todo, los divorciados no son perfectos ni están libres de bagaje. Es posible que el dolor y la sorpresa de sus matrimonios rotos requieran sanidad. A pesar de eso, un divorciado reconoce la santidad de un compromiso matrimonial y desea hacer que dure.

Por otro lado, Bill Gillham describe a los que se divorcian como instigadores de un acto bíblicamente injustificado contra Dios, contra su cónyuge y contra su familia. Un divorcio bíblicamente injustificado se produce cuando alguien abandona el matrimonio «solo porque uno es infeliz, está cansado de la relación, ha encontrado un nuevo amor, etc.»[2]. Los que se divorcian buscan la conveniencia y se niegan a respetar sus compromisos. Si las cosas se ponen difíciles o no son felices, racionalizan el poner fin a la relación. Alguien que se divorcia supone un riesgo, porque si ha abandonado a alguien una vez, ¿qué evitará que te abandone a ti? Los actos del pasado de los que se divorcian demuestran que sus promesas puede que estén en segundo lugar tras su felicidad.

Si tienes citas amorosas con una persona divorciada, por favor, comprende lo que afrontas. Sugiero que intentes determinar si es un divorciado o alguien que se divorcia. Para descubrirlo, tendrás que profundizar a fin de saber las verdaderas causas del divorcio. Si necesitas ayuda para solucionar tus preocupaciones, visiten juntos a un consejero cristiano para hablar del asunto.

Comprende que una persona divorciada podría llevar problemas de bagaje, como el abuso físico, problemas de custodia de los hijos, una baja autoestima, una disfunción sexual o miedo al compromiso. Asegúrate de que la persona haya resuelto esos problemas antes de entregarle tu corazón.

Cuarto problema de bagaje: Las citas amorosas de rebote

Tom siempre había tenido novia. No podía recordar la última vez en que se quedó solo en casa durante un fin de semana. A cada momento tenía citas con el objetivo de mantener su autoestima. Sin embargo, su relación de cuatro meses con Renee no resultó, y se encontró solo un sábado por la noche, de modo que hizo lo que pensó que le ayudaría a sentirse mejor. Sacó su libreta de direcciones y comenzó a llamar a todas las chicas que conocía.

Después de dejarles mensajes a varias chicas, el ánimo de Tom mejoró cuando Olivia respondió al teléfono.

—Hola Olivia, soy yo, Tom. ¿Qué haces esta noche?

—No mucho—respondió ella—. Me sorprende oír tu voz.

—Parece que estás disponible —dijo Tom con optimismo—. ¿Te interesaría ir al cine esta noche?

—No, Tom —dijo Olivia—. Estoy aquí hablando con Renee, tu ex novia desde hace dos días. Adiós, Señor Desesperado.

Tom quedó destrozado.

Muchos solteros no pueden soportar estar solos porque creen la mentira de que están incompletos sin un novio o una novia. Por eso, si pierden una relación, su autoestima desaparece junto con ella. Enseguida van a la caza de otra relación para restaurar su significado. A veces la gente denomina a eso tener citas amorosas de rebote. Cuando alguien está de rebote, alberga el dolor y el rechazo de una relación anterior. La persona siente la necesidad de salir con otra persona a fin de aliviar el dolor. Las personas de rebote olvidan que Jesús quiere consolarlas durante sus pruebas.

Ten cuidado con las personas de rebote porque su objetivo no es quererte. Por el contrario, quieren que les alimentes su hambriento corazón, y recurrirán a la manipulación para engañarte de modo que las aceptes. Podrían encantarte con tácticas como el halago, asfixiarte, coquetear o tratar de dar lástima.

¿Cómo detectas a las personas de rebote y te guardas de que te utilicen? Antes de comenzar a tener citas amorosas con alguien nuevo, pregúntale a la persona cuánto duró su relación anterior y cuándo terminó. Si la persona salió con alguien en serio dentro de los seis meses anteriores, su corazón puede que aún esté roto. Si la última relación terminó hace menos de tres meses, ten mucho cuidado porque esa persona podría estar ahí de rebote, y su interés en tener citas amorosas podría ser un intento de lograr satisfacción de ti.

Solo el tiempo y el amor incondicional de Cristo pueden sanar un corazón roto. Por lo tanto, evita el romance con alguien hasta que estés seguro de que ha sanado de su última relación. La psicología popular puede sugerir sanar un corazón roto al tener citas amorosas de nuevo cuanto antes. Sin embargo, ese es un mal consejo, porque alienta a las personas a obtener su autoestima de la aprobación de otras personas.

Puedes decir cuándo alguien ha sanado de una relación anterior al ver si se siente en paz y contento al no salir con nadie. En otras palabras, la persona está abierta a las citas amorosas, pero no las necesita. La sanidad emocional es importante porque cualquiera que experimenta rechazo necesita tiempo sin distracción a fin de recordar la completa aceptación de Cristo.

Quinto problema de bagaje: Experiencias sexuales perjudiciales

Tracy era una jovencita cuando su padre abusó sexualmente de ella, y sus horribles actos la convencieron de que era digna de amor solo si le entregaba su cuerpo a un hombre. Por lo tanto, cuando comenzó a tener citas amorosas, les ofrecía relación sexual a los hombres, esperando que le dieran el verdadero amor que le quitó su padre. Tracy creía que tenía que seducir a los hombres con sensualidad para asegurarse el amor que anhelaba. En cambio, cuanto más usaba su cuerpo para mantener interesado a un hombre, menos parecía satisfacerle el acto sexual. Aun cuando influía en una relación, se sentía más como un objeto que como una persona.

El abuso sexual es uno de los más trágicos tipos de bagaje relacional. Cuando los inocentes niños y adolescentes sufren abuso, su autoestima queda destrozada. Además, problemas como la incapacidad de confiar, el temor a la intimidad, los constantes sentimientos de sentirse víctima o la necesidad de controlar a otros pueden causar estragos en sus vidas como adultos. Por consiguiente, si alguien con quien tienes citas amorosas ha sufrido abuso, por favor, busca consejería cristiana para sustituir los recuerdos del dolor por la realidad del amor de Dios.

Otros tipos de bagaje sexual incluyen: aborto, enfermedades de transmisión sexual, embarazo no deseado, reputación dañada y la incapacidad de mantener compromisos. Esas consecuencias resultan cuando alguien participa en el acto sexual para su placer personal. Por lo tanto, serías sabio al descubrir el historial sexual de tu pareja antes de que tu relación se vuelva seria.

Satanás utiliza a menudo el acto sexual para crear una fortaleza en la mente de una persona. Una fortaleza se produce cuando alguien permite que las mentiras pecaminosas controlen sus elecciones. Eso significa que una vez que una persona participa en experiencias sexuales inapropiadas, puede caer presa con más facilidad de esa tentación otra vez.

Si tu pareja, o tú, ha tenido actos sexuales en relaciones anteriores, te insto a que vayas despacio en tu relación actual y pospongas el contacto físico. Ten citas amorosas el tiempo suficiente para determinar si ambos han aprendido a confiar en Cristo para tener su dominio propio. Si no puedes demostrar modestia y autocontrol, no estás preparado para tener citas amorosas.

Una forma más sutil de bagaje sexual se manifiesta como conducta sensual. La sensualidad surge de una ignorancia o falta de disposición para recibir el amor incondicional de Cristo. Las personas actúan de manera sensual cuando tratan de obtener aceptación utilizando sus cuerpos o su lenguaje para llamar la atención de otros. Lo hacen mediante ropa sensual, coqueteo sensual o comentarios lascivos o coquetos. Por ejemplo, una mujer que casi siempre se viste ligera de ropa está señalando una desesperada necesidad de que los hombres la acepten. Está dispuesta a arruinar su reputación para llamar la atención. Está bien que alguien acentúe su atractivo, pero coquetear con otros con el aspecto o las palabras es un gesto egoísta.

Sexto problema de bagaje: Falta de amigos del mismo sexo

Cuando una mujer no puede desarrollar buenas amistades con otras mujeres, podría tener problemas de carácter. Este problema de bagaje también se aplica a los hombres. Una falta de amigos del mismo sexo puede indicar que es difícil llevarse bien con una persona. O podría significar que otras personas de su mismo sexo no la respetan. Por ejemplo, una mujer que mide su aceptación por los elogios de los hombres puede que vea a otra mujer como una amenaza para su autoestima. Será maliciosa o antagonista cuando está con otras mujeres y evitará que se formen buenas relaciones con ellas. Los hombres pueden sufrir un problema similar. Si no pueden ganarse el respeto de otros hombres, es posible que pasen su tiempo con mujeres a fin de aumentar su autoestima. La raíz de esos problemas es una creencia errónea en que el sexo opuesto, en lugar de Jesucristo, puede satisfacer la necesidad de amor incondicional.

Si descubres que la persona con la que tienes citas amorosas no posee amigos de su mismo sexo (¡o ningún amigo en absoluto!), sé precavido en cuanto a continuar tu relación. Trae el problema a la atención de la persona y aliéntala a que desarrolle esas amistades importantes. Hasta podrían hacer actividades juntos en grupo para ayudar a fomentar nuevas amistades.

Los buenos amigos del mismo sexo son esenciales para la salud relacional de una persona. Los hombres y las mujeres necesitan tiempo con otras personas de su género, haciendo cosas que el sexo opuesto quizá no disfrute tanto. Dios hizo distintos a los hombres y las mujeres, y necesitamos tiempo para expresarnos a nosotros mismos de maneras en que tal vez no aprecie el sexo opuesto. No madurarás como Dios quiere si no pasas tiempo regular con amigos del mismo sexo. Por lo tanto, alienta a tu pareja a que haga actividades con sus amistades.

Séptimo problema de bagaje: Confianza prematura

Después de salir con Rick durante seis meses, en realidad Donna disfrutaba de su buena amistad y de sus profundas conversaciones intelectuales. Con todo, Rick comenzó a presionar sin cesar a Donna para que se casaran, lo cual la hacía sentirse nerviosa. A ella le gustaba Rick, pero le preocupaba sus diferentes carreras y la capacidad de él para sostener una familia. Rick tenía dos trabajos a media jornada, no tenía seguro y parecía contento con vivir con unos ingresos limitados. Por su parte, Donna tenía un empleo bien pagado en una empresa, pero esperaba dejar de trabajar y formar una familia.

Siempre que Donna mencionaba la disparidad de sus carreras o de sus ideas sobre el futuro, Rick insistía en que su amor podría vencer las diferencias. Además, afirmaba que Dios de alguna manera haría que todo fuese bien. Cuando más tiempo salían, más presionaba a Donna para que considerara el matrimonio. Le decía: «Ya llevamos seis meses saliendo. Te quiero y confío del todo en ti. ¿Por qué no puedes confiar en mí lo suficiente para comprometernos?». Donna se sentía incómoda cada vez que le hacía esa pregunta.

Algunos solteros llevan el bagaje de la confianza prematura. Tienden a enamorarse enseguida y esperar que otros confíen en ellos de manera tácita. Hacen comentarios como: «Yo confío en ti. ¿Por qué tú no puedes confiar en mí?». Esa pregunta quizá parezca inocente, pero esconde motivos egoístas.

Otras personas deben ganarse tu confianza. Es muy normal si necesitas mucho tiempo antes de poder confiar en alguien. Desarrollas confianza en una persona al observar una conducta coherente. Por lo tanto, si alguien te pide que confíes antes de tiempo, sé cauto y sal con esa persona con precaución. Los solteros que esperan una fe ciega, o bien parecen que se aprovechan de ti, o bien ocultan algo negativo. En algunos casos, un hombre presionará a una mujer a que confíe en él a fin de poder explotarla en lo sexual.

La confianza prematura también puede ocurrir cuando alguien dice «Te quiero» poco después de comenzar a tener citas amorosas. Guarda esa importante frase hasta que establezcas una confianza mutua con alguien. Si una persona llega enseguida a la conclusión de que alguien es perfecto para sí, la persona casi nunca está enamorada. Por el contrario, la engaña el encaprichamiento. El verdadero amor necesita tiempo para desarrollarse. Por lo tanto, alguien sería un necio si dijera «Te quiero» antes de haberse tomado el tiempo para llegar a conocerte.

Otros solteros quizá digan «Te quiero» antes de tiempo como estratagema para empujar sus relaciones hacia un nivel más profundo de romanticismo. Si no guardas tu corazón, puedes caer en esa red porque el elogio emocional causa buenos sentimientos. No obstante, el verdadero amor implica una disposición a sacrificarse por alguien. Si alguien te presiona a que confíes en su persona de manera romántica, pero no sacrifica sus deseos para tu beneficio, considera vacías sus palabras. Deja a esa persona y reserva tu corazón para alguien dispuesto a ganarse tu confianza.

Octavo problema de bagaje: Dependencia de familiares

Tina disfrutaba de las citas amorosas con su nuevo novio, Ray, hasta que algo extraño sucedió una noche. Los dos estaban viendo la televisión en el apartamento de Ray cuando alguien llamó a la puerta. Tina abrió y quedó sorprendida cuando la madre de Ray entró con un montón de ropa limpia y bien doblada para él. Después de dejar la ropa, la madre de Ray charló con él sobre cómo le había ido la semana y luego puso algún dinero en su cartera. Tina no podía creerlo. Ray tenía veintisiete años y seguía dependiendo de su madre.

Algunos solteros adultos se apoyan demasiado en sus padres. De modo infantil acuden a mamá o papá para tener apoyo económico, consejos relacionales o apoyo emocional. Es lamentable, pero algunos padres acentúan el problema porque obtienen su autoestima de sus hijos. Para sentirse valorados, es posible que una madre o un padre alienten por error a un hijo adulto a depender de ellos. Por ejemplo, algunos solteros que viven en casa les siguen permitiendo a sus padres que les laven la ropa, limpien su cuarto, compren los alimentos y paguen sus facturas. Esos solteros llegan a ser malcriados y nunca aprenden a ocuparse de sí mismos.

Si tienes citas amorosas con alguien que depende demasiado de sus padres, ten cuidado. La conducta de tu pareja puede arruinar tu relación. En su libro *Cómo hallar el amor de tu vida*, el Dr. Neil Clark Warren explica que «algunas personas sentirán la necesidad de correr a casa o estar frecuentemente en el teléfono con papá o mamá para pedirles consejos. O se preocuparán siempre de tomar las decisiones de la forma que papá o mamá desea que la tomen. Esto deja a su cónyuge con un sentimiento de que él o ella se ha casado con un "comité" en vez de hacerlo con un individuo»[3]. Las personas pueden tener vínculos emocionales o económicos tan fuertes con sus padres que no logran romperlos.

Si los padres se implican demasiado en tus citas amorosas o en tu vida matrimonial, pueden destruir tus relaciones. Por esa razón, necesitas examinar si tú y tu pareja se han separado de sus padres de manera apropiada. El Dr. Warren aclara que una separación adecuada de los padres significa relaciones en las cuales somos «individuos emocionalmente independientes para no tomar decisiones y vivir en función de su agrado [...] y, haber establecido una relación con los padres en la cual ellos no intervendrán en el nuevo matrimonio, ni dictarán qué hacer en forma autoritaria, y aun así mantener una relación estrecha con ellos»[4].

El consejo y el aliento de los padres y los familiares son buenos, pero depender de ellos es algo infantil. Los adultos maduros quieren a sus padres y pasan tiempo con ellos; sin embargo, no permiten que sus padres se ocupen de ellos. Si sigues viviendo con tus padres, sé respetuoso con su provisión, pero no dejes que te malcríen. Además, comprende que puede que tengas que hacer un esfuerzo extra para separarte de ellos. Dios quiso que hombres y mujeres dejaran de depender de sus padres, desarrollaran sus propias relaciones y dependieran de Jesucristo (Efesios 5:31-33).

Noveno problema de bagaje: Relaciones padres-hijos

Dios nunca diseñó a los seres humanos para ser nuestra principal fuente de amor, propósito o seguridad. Cristo quiere suplir todas esas necesidades para nosotros. Aun así, la carne tentará a la gente para que crea que el amor romántico y humano es más satisfactorio que el amor incondicional de Dios. Cuando los solteros inmaduros creen eso, podrían buscar una relación de noviazgo como su medio principal de obtener consuelo, guía y apoyo. De manera consciente o inconsciente asumen el papel de una doncella indefensa angustiada o de un muchacho que está pasando una mala racha. Su deseo de que les rescaten fomenta una relación como de padres-hijos. En esencia, la persona necesitada utiliza a alguien para que sea su protector maduro. Esos papeles están bien para los niños, pero para los adultos esa clase de relación es peligrosa.

Una relación de noviazgo como de padres-hijos encierra a los adultos en papeles poco saludables. A la persona fuerte la engañan para que sirva de padre, y la persona necesitada se aferra a ella como una sanguijuela. El individuo débil tiene pocos deseos de crecer; solo quiere lograr beneficios a costa de otra persona. El individuo fuerte, en cambio, también está necesitado de un modo diferente. Necesita la dependencia de la persona débil para sentirse importantes.

Las relaciones como de padres-hijos se producen cuando una persona confía en la otra para que sea esa la que tome las decisiones y proporcione autocontrol, protección o integridad. El individuo débil trata de sustituir su pobre carácter por el de la otra persona. Evita las relaciones de noviazgo con quienes confían en ti para que seas su madurez. La atención y los halagos de una persona inmadura pueden causar buenos sentimientos, pero tú no puedes ser su salvador. Las relaciones de noviazgo apasionadas solo se producen entre dos adultos maduros.

Afronta el bagaje relacional

Las personas rara vez dan información voluntaria sobre su bagaje, y algunos solteros no comprenden que lo llevan. En cualquier caso, pueden racionalizar que no existe ningún problema. Por consiguiente, si observas alguna conducta extraña en la persona con la que tienes citas amorosas, debes iniciar la conversación con tacto. El bagaje nunca se resuelve por sí solo. Cuanto antes lo afrontes, más fácil será de manejar.

Pon el bagaje sobre la mesa

Antes de llegar a un nivel serio en tu relación de noviazgo, necesitas descubrir si tu pareja, o tú, lleva algún tipo de bagaje. Eso significa descubrir la verdad acerca de alguien antes de hablar de matrimonio. Asegúrate, sin embargo, de tener una razonable cantidad de buena relación antes de comenzar este tipo de diálogo. Los problemas de bagaje pueden ser temas muy sensibles para algunas personas, así que debes utilizar tacto y discreción. Sé firme, pero no agresivo.

Es más fácil hablar sobre el bagaje cuando puedes incorporar el tema a la conversación normal. Podrías comenzar una conversación diciendo: «¿Oíste lo que le pasó a tal persona? ¿Te ha pasado a ti algo similar en tu vida?» o «Me encanta nuestra relación, y me interesa que la profundicemos. Sin embargo, siento curiosidad o preocupación acerca de tu _____. ¿Podríamos hablarlo con franqueza? Me gustaría saber la verdad». Esas son buenas maneras de introducir con amor un tema negativo.

En caso de que una fuente externa afirmara que tu novio o tu novia tiene un pasado accidentado, con calma saca el tema para hablarlo con tu pareja. Menciona que oíste algunas historias interesantes sobre él o ella, y pregunta si esas historias son ciertas. Si tu pareja contesta que sí, entonces pregunta si él o ella siguen participando en esa actividad. Podrías decir también: «Pareces distante siempre que hablamos sobre _____. Tu pasado es importante para mí, y me gustaría conocer más detalles». Recuerda esperar hasta que hayan estado teniendo citas durante un tiempo antes de afrontar problemas de bagaje. La diplomacia es muy importante. Puedes asustar a tu pareja o hacer que se cierre si insistes demasiado. A pesar de eso, tratar los temas difíciles antes de entregar tu corazón es algo imperativo.

Además, sé sincero si alguien te enfrenta en cuanto a tu bagaje. ¿Lamentas algo en tu pasado? No tienes que sacar todos tus trapos sucios en la primera cita, pero deberías contar tus problemas de bagaje antes de que tu relación vaya en serio. De igual modo, no sientas que tienes que contar todos los detalles sórdidos. Solo dale a la otra persona suficiente información para que entienda tu pasado.

El propósito del noviazgo es amar de manera sacrificial, lo cual implica tragarte tu orgullo a fin de que otra persona pueda saber la verdad sobre ti. A veces, eso significa dar información voluntaria acerca de tu pasado con el propósito de darle a la otra persona un cuadro preciso de ti.

Cuando Ashley y yo comenzamos a salir, tuvimos varias conversaciones largas sobre mi matrimonio anterior. Abrí la puerta a la conversación sincera diciéndole a Ashley que podía preguntarme cualquier cosa. También acepté preguntas de sus padres acerca de mi pasado a fin de asegurarme que se sintieran cómodos con nuestra nueva relación. Por último, visitamos a un consejero cristiano que ayudó a confirmar que yo había tratado como era debido el dolor de que mi primera esposa me abandonara. Esos pasos le aseguraron a Ashley que mi corazón había sanado y que yo estaba dispuesto a comprometerme con ella de por vida.

Recogida de bagaje

Supongamos que sale a la superficie un bagaje dañino en tu relación de noviazgo. ¿Cómo lidias con esto de una forma sana? En primer lugar, resiste la tentación de llegar a una decisión rápida y emocional. No critiques a la persona ni des por sentado al instante que es débil o inmaduro. Una persona que está dispuesta a lidiar con el bagaje puede ofrecer el potencial para una estupenda relación. Quizá solo necesites progresar más despacio de lo que pensabas en un principio. En segundo lugar, cuando alguien te cuenta sus oscuros secretos, recuerda que tú también has cometido errores. Jesús murió por el pecado de tu pareja al igual que murió por el tuyo. No juzgues a la persona, sino considera cómo su bagaje podría afectar en forma negativa tu relación.

Si el bagaje de tu novio o tu novia te hace sentir incómodo, no pases por alto tu preocupación. La agitación en tu corazón quizá sea el Espíritu Santo aconsejándote salir con precaución. Infórmale a tu pareja tu recelo y espera que la persona entienda los efectos dañinos que su bagaje podría tener en la relación. Dale a alguien la oportunidad de tratar con el problema si muestra un sincero deseo de cambiar. Tómate tu tiempo, y asegúrate de que la persona aborde por completo los problemas. Con todo, si no muestra un interés genuino por tratar con su bagaje, ponle fin a la relación por tu bien y el de la otra persona.

En busca de un consejero cristiano experimentado

Cuando descubras bagaje en tu pareja, resiste el deseo de tratar de arreglarlo tú mismo o de asumir el papel de consejero. Tus emociones románticas pueden nublar tu razonamiento y discernimiento.

Asimismo, si tratas de aconsejar a tu novio o novia, te arriesgas a desarrollar una relación basada en la lástima. Quizá le trates como si fuera un perrito enfermo en lugar de como un adulto que necesita crecer.

El bagaje relacional, como la adicción, el abuso sexual o la deuda, es demasiado complejo para quitarlo con afecto o con palabras de aliento. Requiere la ayuda de un consejero cristiano experimentado. La mayoría de las personas no son conscientes de todas las repercusiones que puede causar su bagaje. Por ejemplo, el alcoholismo no es un simple problema de beber demasiado. También puede incluir una falta general de juicio, una disposición a ocultar la verdad y una desconfianza en Dios y en otras personas. Un alcohólico necesita corregir todos esos problemas destructivos para encontrar libertad.

Si tu pareja, o tú, lucha con cualquier problema de bagaje, te aliento a que busquen consejo. Además, quizá quieras hacer una pausa en la relación o esperar hasta que el problema sane por completo. Obtener ayuda no solo abre el camino hacia la recuperación, sino que también demuestra un deseo de mejorar la relación. Cualquiera que descuide la consejería demuestra una falta de interés por la persona con la que sale.

Los consejeros cristianos facilitan la sanidad al ayudar a alguien a solucionar por completo sus creencias indebidas y sus patrones carnales. Están formados para ayudar a las personas a ser libres del bagaje aplicando de forma directa al problema la aceptación incondicional de Jesús. Escuchan con objetividad y hacen las preguntas difíciles. También proporcionan un ambiente cómodo para hablar con profundidad de preocupaciones, temores y consecuencias. Sin embargo, ten en mente que los consejeros son humanos e imperfectos. Escucha lo que te dicen, pero pídeles pasajes bíblicos y ejemplos que apoyen sus consejos.

Si tienes problemas para localizar a un consejero en tu zona, visita las páginas Web de Enfoque a la Familia (www.foth.org) o la Asociación Estadounidense de Consejeros Cristianos (www.aacc.net) para obtener información actualizada. Si sigues teniendo dificultad para conseguir ayuda, pídeles a tus amigos o a tu pastor que te recomienden algunos. Ten cuidado de no exponer problemas personales escandalosos sobre ti o tu pareja pidiendo consejo a amigos. Solo pregunta el nombre de alguien que tenga experiencia en cuanto a tratar el problema concreto. Encuentra a un profesional especializado en tratar el bagaje que te preocupa.

Ten cuidado de pedirles a consejeros seculares que te ayuden con problemas de bagaje. Si son ateos, solo pueden tratar los síntomas en lugar de la raíz. A veces, la consejería secular se apoya demasiado en la introspección, el medicamento o los métodos de superación personal. Con todo, esas cosas no arreglarán el problema porque el bagaje relacional a menudo se relaciona con el entendimiento que una persona tiene sobre Dios. La gente por fin encuentra alivio de sus luchas cuando aprende a aplicar el amor de Cristo a su situación.

En algún punto, podrías tener citas amorosas con alguien que se niegue a tratar con su bagaje. En ese caso, romper la relación sería tu mejor opción. En el siguiente capítulo hablaremos sobre cómo la pasión pura de Cristo puede guiarte en esa difícil decisión.

Estudio bíblico personal

1. ¿Qué perspectiva ofrece 1 Timoteo 6:6-11 sobre la deuda o el amor al dinero?

2. Lee 1 Corintios 6:9-11 y Efesios 2:1-5. ¿Qué buena noticia en esos versículos puedes aplicar a vencer una adicción?

3. ¿Qué solución para vencer el bagaje sexual puedes obtener de Colosenses 3:5-12?

4. Lee Proverbios 13:20 y 1 Corintios 15:33. ¿Pasas la mayoría de tu tiempo con personas que tienen carácter? Pregúntale a Dios si deberías poner fin a cualquier amistad con personas imprudentes que influyan en ti de manera negativa.

5. Examina la lista de bagaje relacional mencionada en 2 Timoteo 3:1-9. Observa si la persona con la que tienes citas amorosas lucha con cualquiera de esos problemas. Si es así, ¿qué puedes hacer para abordar el problema y protegerte?

6. ¿Qué apoyo ofrece Dios en Juan 14:16-17, 26-27 que puede ayudarte a discernir el bagaje dañino en tus relaciones?

Preguntas de discusión en grupo

1. ¿Cómo se origina el bagaje relacional en una persona? ¿Por qué los cristianos no son inmunes a llevar bagaje?

2. Sondeen el grupo para descubrir con qué tipos de bagaje relacional se han encontrado con más frecuencia en las citas amorosas. ¿Qué problemas causó ese bagaje en esas relaciones? ¿Cómo aconsejarían a los amigos que traten a alguien que lleve ese tipo de bagaje en particular?

3. Dialoguen sobre cómo la vida de Cristo viviendo por medio de un cristiano ofrece libertad de la adicción.

4. ¿Cuáles son los peligros de volver a tener citas amorosas demasiado pronto tras una relación que se ha roto (de rebote)?

5. Identifiquen otros tipos de bagaje relacional que no se hayan cubierto en este capítulo y que hayan encontrado en lo personal. ¿Qué problemas causaron?

6. Hablen de los beneficios de visitar a un consejero cristiano a fin de tratar con problemas de bagaje. ¿Puede alguien en el grupo recomendar a un buen consejero cristiano con el cual comunicarse?

LA COMPASIÓN

DE LA PASIÓN

———— ✺ ————

Cómo rompes con la sensibilidad

*M*i primera novia formal se llamaba Diane. Éramos compañeros de clase en el instituto y desarrollamos una relación romántica al regresar a casa procedentes de distintas universidades. Después de un año de citas, teníamos en común una química tan intensa que nos llamábamos el uno al otro «alma gemela» y comenzamos a pensar en el matrimonio.

Por lo tanto, quedé del todo sorprendido cuando una noche Diane finalizó de repente nuestra relación. Me entregó una lista de razones para romper conmigo y me dijo adiós. Perplejo, no podía aceptar su decisión y perdí el control de mí mismo. Lo único que recuerdo es un humillante episodio de llanto, clamor y suplicar arrodillado por una segunda oportunidad. El horrible suceso llegó a su clímax cuando ella luchaba por mantenerme en pie mientras yo vomitaba en el garaje de sus padres. Fue el momento más embarazoso de mi vida.

Para hacerle justicia a Diane, tenía buenas razones para poner fin a nuestra relación. Habíamos expresado diferentes planes acerca de nuestro futuro, pero yo estaba demasiado centrado en nuestro afecto romántico para pensar en nuestras diferencias. Diane me dejó para seguir su sueño de vivir en el extranjero, mientras yo me mantuve durante meses callado y pensativo con cierto resentimiento por haberla perdido.

Ya era cristiano en ese momento, pero no era consciente del apasionado amor de Cristo por mí. Diane era el centro de mi vida, así que perderla también significó perder mi sentimiento de importancia. Después de romper, sentí una desesperada necesidad de encontrar otra mujer capaz de sustituir el amor de Diane. Esa presión me dominaba a medida que renovaba mis citas amorosas.

Conocer a nuevas mujeres me daba miedo porque dependía de su aceptación para obtener mi autoestima. Fingía calma, pero en realidad me sentía como un incómodo desastre. Al final, mi hambre de aprobación me llevó a salir con una mujer solo porque mostró interés en mí. Fue una estúpida relación porque teníamos muy poco en común, pero no podía dejar a un lado su atención. Fingía estar interesado solo para tener a una mujer en mi vida. Como puedes imaginar, nuestra relación no llegó a mucho. Pronto nos separamos y el dolor de mi corazón seguía ahí.

Mi tumultuoso final con Diane ilustra las duraderas consecuencias de una ruptura. Es una experiencia tipo encrucijada porque *la conducta que muestras durante una ruptura puede afectar la calidad de tu próxima relación*. Cuando Diane rompió conmigo, manejó la situación con firmeza, pero con cortesía. No fue una decisión fácil para ella. Sin embargo, su sensibilidad redujo sus probabilidades de desarrollar bagaje emocional que podría sabotear sus futuras relaciones. En mi caso, sin embargo, me separé de Diane con enojo y desesperación. Mi inmadura respuesta comenzó a degradar mi autoestima al igual que mi actitud hacia las mujeres. Toda esa angustia afectó de modo negativo mi siguiente relación.

En esencia, el noviazgo es un proceso exploratorio, lo cual significa que ninguna relación tiene la garantía de tener éxito. El romance humano no viene con ninguna seguridad, y por eso una ruptura dolorosa podría producirse en tu vida en el futuro. Además, el modo en que manejes esa situación puede influir en relaciones posteriores. De cualquier manera, no te preocupes porque el amor de Cristo puede inspirarte a poner fin a una relación de una manera sana.

Permite que Jesús maneje una ruptura

En el capítulo 3 descubrimos que Dios no causa las dificultades de la vida, incluyendo el fin de una relación de noviazgo. Así y todo, Dios puede que aliente a personas solteras a dejar de tener citas amorosas por razones provechosas, como:

1. salir de una relación muerta o abusiva

2. recuperar la objetividad sobre un novio o novia

3. volver a centrarse en el matrimonio espiritual sin distracción

4. perseguir otro llamado

A pesar de las razones para una ruptura, la conducta grosera, desesperada o insensible solo hace que las cosas sean más difíciles para ambas partes. Jesús ofrece una mejor alternativa: Él quiere manejar por ti la ruptura. Él quiere lo mejor para ambas partes y sabe cómo manejar una separación respetuosa por medio de ti.

Cuando Cristo anduvo en la tierra hace dos mil años, entendió el dolor de una relación rota. Sin duda, Él sufrió la ruptura definitiva en la cruz cuando soportó el rechazo de la humanidad (Lucas 23:20-25). Sin embargo, Jesús no lanzó insultos ni amenazas a quienes lo crucificaron. Por el contrario, siguió siendo compasivo y le pidió a Dios que perdonara a la humanidad (Lucas 23:34). Debido a su entendimiento de las relaciones, Cristo quiere vivir su vida por medio de ti cuando se produce una ruptura. Esto se aplica si eres tú el que inicia o recibe el adiós. Él ofrece su dignidad y compasión para sustituir el caos de tus emociones.

Cuando le permites a Cristo que maneje la ruptura, no pasas por alto el dolor ni el desagrado de la situación. Sigues necesitando reconocer tus sentimientos, pero Jesús quiere levantarte en esos momentos dolorosos con su amor. Él quiere que aceptes la circunstancia, que sigas adelante con tu vida y sepas que traerá nuevas personas a tu camino.

Para Jesús, una ruptura no se trata de ganar o perder. Tú no eres el vencedor si decides ser el primero en romper. Por el contrario, considera una separación como una oportunidad para que su amor impacte más aun sus vidas. Debido a que el final de una relación no es un factor en cuanto a tu verdadera identidad, no necesitas atacar ni aferrarte a tu novio o tu novia. Tú no eres un fracaso si alguien rompe contigo. Tampoco eres superior si decides dejar de ver a alguien.

Esta es tu verdadera identidad: Tú eres un hijo de Dios amado, aceptado y perdonado de manera incondicional. Es imperativo tener en mente esta verdad cuando experimentas todas las emociones de una ruptura. Puede que te sientas angustiado e inseguro, pero Jesús te ama y promete que tu futuro está en sus manos (1 Pedro 5:7). Soy testigo de que cuando le permites a Cristo manejar una ruptura, puedes verla en retrospectiva con acción de gracias. En la siguiente sección examinaremos el provecho de que Él esté implicado cuando decides dejar de ver a alguien. Luego hablaremos de la importancia de su amor en caso de que alguien rompa contigo.

Los beneficios de una ruptura limpia

Michelle tenía muchas esperanzas para su relación con Alan. Con todo, después de cuatro meses, surgieron problemas que le hicieron preguntarse sobre su compatibilidad. Alan no quería ir a la iglesia con Michelle, y a ella le molestaba ver cómo él trataba los asuntos espirituales con poca seriedad. El tiempo que pasaban juntos también reveló diferencias en sus personalidades, sus preferencias en cuanto a las amistades y sus hábitos con relación a los gastos. A Michelle le gustaba Alan, pero batallaba por ver su relación como algo que no cuadraba. Después de expresar sus sentimientos a una sabia amiga y de orar por la situación, decidió no seguir adelante.

Michelle sabía que cuanto más esperase, más difícil sería romper, así que llamó a Alan a primera hora de la tarde siguiente. Sus nervios temblaban al conversar, pero Michelle en silencio le pidió a Jesús que viviera por medio de ella, y luego dejó caer la noticia: «Alan, necesito ser sincera contigo. He disfrutado del tiempo que hemos pasado juntos, pero no creo que estemos en la misma página en lo espiritual. Creo que es mejor que pongamos fin a nuestra relación. Por favor, no creas que diga que eres un mal hombre. Has sido bueno conmigo, y te respetaré si nuestros caminos vuelven a cruzarse».

En un principio, Alan puso objeciones y la instó a darle una segunda oportunidad a su relación. Sin embargo, Michelle mantuvo su decisión. «Alan, sé que podrías estar molesto, pero creo que romper es lo mejor para los dos. Por favor, recuerda que Dios te ama mucho más de lo que te amará ninguna mujer. Él tiene un gran futuro planeado para ti. Los dos estaremos bien, y te pido que aceptes mi decisión».

Romper con alguien rara vez es fácil porque la mezcla de emociones de descontento y de amistad tiende a complicar la separación. Para evitar que las emociones dominen el final de una relación, recomiendo romper con limpieza. *Una ruptura limpia se produce cuando tú rompes de manera respetuosa, pones fin a la relación y dejas de ver por completo a la otra persona.* Ambas partes se separan en paz y se devuelven sus posesiones personales. Luego, si se encuentran en público, son cordiales el uno con el otro, pero evitan cualquier conversación sobre reanudar su relación. Si vuelven a sentir una mutua atracción, esperan varios meses antes de volver a reunirse. Hablemos de los beneficios de romper de esa manera.

Primer beneficio: Valoras a la otra persona
Una ruptura es un punto crucial relacional, lo cual significa que puedes optar por aumentar o degradar el crecimiento relacional.

Una ruptura limpia te da la oportunidad de madurar. No solo sugiere una separación completa, sino que también trata a la otra persona con respeto. Tu novio o tu novia tienen un gran valor para Jesucristo (Él murió en la cruz por esa persona). Aunque quizá ya no sea la adecuada para salir contigo, Jesús sigue teniendo planes maravillosos para esa persona.

Es posible comunicar valor a esa persona cuando rompes con alguien mostrando cortesía y al recordarle a la persona de su valor para Cristo. Al hacerlo, consideras las necesidades de otros tan importantes como las tuyas, y fomentas la actitud apropiada cuando llegue tu siguiente relación.

Cuando terminas una relación, puede que te sientas tentado a recrearte o a menospreciar a la otra persona. Sin embargo, la conducta maleducada puede insensibilizar tu corazón en cuanto a interesarte por otra persona en el futuro. Por lo general, un aire de superioridad, o un deseo de control, se queda contigo. De ese modo podrías comenzar a tener citas amorosas de nuevo con una actitud egoísta. Es obvio que eso disminuye tu capacidad de amar a alguien en el futuro.

En cambio, si muestras respeto cuando rompes, ofreciendo bondad, perdón, cortesía y firmeza, te será más fácil amar a la siguiente persona con la que tengas citas amorosas. No puedes experimentar una relación de noviazgo apasionada si solo amas de manera sacrificial en ocasiones. La madurez para amar a alguien viene de permitirle a Cristo amar por medio de ti, lo cual sucede cuando te rindes de continuo a Él por fe. De esa forma, amar a una persona durante una ruptura presenta la oportunidad de confiar en Jesús por su vida.

Por otro lado, algunos solteros dudan en romper con alguien porque se preocupan por herir los sentimientos de la otra persona. Eso quizá parezca amable, pero en realidad es grosero. Si tu novio o tu novia comienza a perder interés por ti, casi siempre puedes notarlo. Las personas notan si alguien les pierde el cariño. Lo que es peor, deshonras a una persona cuando finges un interés, pero desearías estar en otro lugar. Jesús, por el contrario, te insta a valorar a una persona dejándola partir de modo compasivo.

Una ruptura limpia no significa que rechaces a la persona. Significa que rechazas la relación. Es posible que estés molesto de manera justificada por el modo en que te tratara tu novio o tu novia. A pesar de eso, no tienes motivo para devaluarle. Arruinar la autoestima de otra persona te daña a ti también; degrada tu madurez. Por otro lado, una ruptura limpia hace hincapié en el valor de la persona ante los ojos de Dios. No sugiero que le des a alguien un dulce adiós, pero puedes mostrar respeto. Más adelante en este capítulo veremos algunos ejemplos prácticos.

Segundo beneficio: Menos dolor general

Aunque una ruptura limpia puede producir un intenso dolor inicial, reduce el dolor general y a largo plazo para ambas partes. Pone fin a algo, lo cual permite a tu corazón comenzar de inmediato el proceso de sanidad. De otro modo, puedes luchar sin cesar con la indecisión o con una falsa esperanza de volver a retomar la relación. Una ruptura limpia te permite seguir adelante con la vida.

Si rompes con alguien, pero continúas pasando tiempo a su lado, tu corazón puede seguir confuso y distraído por esa persona. Ambos permanecen en un estancamiento relacional con poca libertad para implicarse en nuevas actividades o con nuevas personas. Es una situación sin salida y en realidad prolonga tu dolor y evita el proceso de sanidad.

Por el contrario, una ruptura limpia permite una sanidad más rápida para ambos. Cuanto antes comiences a sanar, lo cual incluye lamentar la pérdida de la relación, antes podrás conocer a alguien que encaje mejor contigo. Una ruptura limpia quita la distracción y así puedes estar disponible para lo que Dios quiera hacer a continuación en tu vida social.

Tercer beneficio: Evita el asunto de «Seamos solo amigos»

Algunos solteros, casi siempre mujeres, se preocupan por romper porque su lado relacional quiere que sigan siendo amigos. Es lamentable, pero una vez que comienza una relación romántica, es casi imposible revertirla para que sea una amistad platónica. Dios no diseñó el romance para ir hacia atrás.

Una ruptura limpia acaba con el dilema de la amistad. En lugar de decir: «Seamos solo amigos», separa con limpieza y termina toda comunicación durante al menos dos o tres meses (sugiero una separación más larga si ambos participaron en actividades sensuales). Este tipo de separación incluye quedarse lejos el uno del otro si se encuentran en público y cesar toda llamada telefónica, mensajes de correo electrónico, cartas o salidas juntos.

Una ruptura limpia no evita que seas amigo de tu ex novio o ex novia en el futuro. Sin embargo, se separan el tiempo suficiente para que sus corazones sanen. Una vez que ambos se recuperen, pueden reconsiderar ser amigos. ¿Cómo sabes cuándo es apropiado renovar la comunicación? Cuando ya no necesites una relación a fin de sentirte completo.

Decirle a alguien que ya no quieres que sigan siendo amigos no es ni desagradable ni descortés. Para crecer en lo relacional como adulto, necesitas amigos que sean maduros y considerados. Si tu novio o tu novia no pueden proporcionarte ese tipo de relación, serías inteligente si te separas por completo y das tiempo para alguna otra persona.

Tu corazón no puede sanar de una relación cuando estás cerca de tu ex o dejas la puerta abierta para reanudar la relación. Una ruptura limpia no solo te ayuda a seguir adelante, sino que también te da objetividad acerca de la persona. Esta actitud imparcial puede ser conveniente para evaluar si esa persona es adecuada para ti, en caso de que renovaran el romance más adelante.

Cuando quieres romper una relación

Como hablamos en el capítulo 4, Dios no quiere que tengas citas amorosas con alguien que sea inmaduro, poco romántico o egoísta. Por consiguiente, quizá quieras romper si no te sientes cómodo o si no posees una genuina atracción hacia alguien.

Con todo, antes que decidas romper una relación, considera si le has dado a tu relación un golpe justo y prepárate para ser sensible.

¿Le diste una oportunidad a tu relación?

Hasta la mejor de las relaciones de noviazgo tiene sus problemas. Si no puedes aprender a perdonar y hacer concesiones, pondrás obstáculos a tu madurez para el matrimonio. Dale a tu pareja una oportunidad justa para tratar con los problemas negativos y no la juzgues de inmediato. Eso no implica que debieras pasar por alto la conducta inmadura, los defectos de carácter o las creencias incompatibles. Aun así, cuando algo te moleste de tu novio o tu novia, menciona tu preocupación y dale a tu pareja la oportunidad de responder, esperando que se tome en serio el asunto.

A veces Dios utiliza las relaciones de noviazgo para enseñarte cómo ser compasivo cuando alguien está luchando. Por lo tanto, sé paciente con los errores de tu novio o tu novia hasta que tengas una razón válida para romper. Los desengaños y el conflicto son parte de la vida. Por consiguiente, es irrealista esperar que cada momento de tu relación sea estupendo.

Algunos solteros son perfeccionistas y les es difícil aceptar las faltas de otras personas. Tienen citas amorosas empleando un estándar hipercrítico y de inmediato rechazan a cualquiera que no esté a la altura. Sus elevadas expectativas, en cambio, revelan inmadurez relacional porque no existen las personas perfectas. El pecado ha manchado a todos. Por esto, su deseo de tener un novio, o una novia, perfecto es una señal de egoísmo. Quieren que otra persona les haga felices.

Si a menudo dejas a tus parejas en el momento en que te desilusionan, puede que nunca aprendas a permanecer comprometido en un matrimonio. Antes de decidir romper, considera si le has dado a tu relación una oportunidad justa. Prueba la siguiente lista de preguntas como indicador:

1. ¿Has afrontado a tu pareja por problemas que te molestan? Si lo has hecho, ¿estaba dispuesta a cambiar?

2. ¿Juzgas tu relación basándote en lo feliz que te sientes?

3. ¿Te sientes incómodo con la idea de dedicarte a una persona?

4. ¿Has tenido citas amorosas el tiempo suficiente para obtener un cuadro claro de la otra persona?

5. ¿A tus amigos o a tu familia les gusta la persona con la que sales?

Deja que tus respuestas a esas preguntas te ayuden a determinar si eres rápido para juzgar a las personas con las que sales. Además, recuerda que se necesitan muchos meses para desarrollar compatibilidad, confianza y sacrificio con alguien. Sé paciente. Con todo, si no ves ningún futuro para los dos juntos una vez que le des a alguien una oportunidad justa, el paso más sabio será romper esa relación.

Sé sensible cuando rompas

Si estás preparado para poner fin a una relación, sé sensible. Los comentarios emocionales pueden actuar como combustible para una hoguera. Se necesita un simple comentario sarcástico para que una discusión se convierta en una amarga pelea. Por lo tanto, planea cómo puedes minimizar la emoción cuando rompas con alguien. Escoge un momento y un escenario que te permita pronunciar tus palabras finales con facilidad y seguir adelante.

Por ejemplo, tu pareja quizá reaccione en exceso si rompes a altas horas de la noche, durante un día frustrante o en un lugar familiar romántico. Piensa en cómo puedes comunicar la noticia de la manera más cómoda para ambos. A veces la mejor manera de romper es por teléfono. Puedes planear tus palabras con antelación y terminar enseguida la conversación si la otra persona responde de manera irracional.

Cuando digas el porqué quieres ponerle fin a la relación, emplea las menos palabras posibles. Cuanto más hables, más riesgo corres de que se intensifiquen tus emociones. Además, sugiero que abordes tus razones para romper desde el punto de vista de «adaptar». Puedes decirle a la otra persona: «Esta relación no se adapta bien a mí», o «Quiero lo mejor para ti y los dos no nos adaptamos bien». Esas son frases verdaderas que no atacan la autoestima de la otra persona.

Tu novio o novia podrían exigir una explicación de la ruptura. Incluso podría hasta prometer cambiar si explicas por qué no te sientes satisfecho. A decir verdad, no estás obligado a explicar tus motivos. Aun así, es cortés darle a la otra persona un punto de cierre. Si te sientes cómodo aclarando tu decisión, sé tan breve y diplomático como te sea posible con cualquier comentario negativo. Ten en mente la vulnerabilidad que alguien puede sentir durante una ruptura.

En solo unas cuantas ocasiones es útil durante una ruptura detallar tus quejas sobre alguien (por ejemplo, cuando alguien se niega a tratar con su bagaje, como deuda, adicciones, dependencia o trastornos de personalidad). Si enfrentaste antes a la persona por el problema pero se negó a tratarlo, menciona tu frustración. La persona necesita entender el impacto que su conducta inmadura produjo en la otra persona. Repasa la siguiente muestra de conversación para obtener ideas sobre cómo expresar tus preocupaciones:

> Jeremy, he disfrutado de nuestro tiempo juntos. Es lamentable, pero tu deuda de treinta mil dólares me preocupa, y no tengo confianza en tu capacidad para resolver el problema. Pongo fin a nuestra relación, pero sé que Dios te ama y promete cuidarte.

> Beth, eres una persona muy agradable, y estoy contento de haber salido contigo. Sin embargo, me siento frustrado porque tú dominas nuestra conversación. Es difícil para nosotros comunicarnos cuando no puedo participar en una conversación. Por lo tanto, creo que es mejor que no sigamos con nuestra relación.

Recuerda que cuando rompes, quieres terminar la relación sin disminuir el valor de tu pareja. Eso es posible cuando tienes una conversación firme, pero amable. Intenta expresar que la separación no es motivo para que la otra persona se sienta inferior. Asegúrale a la persona que Cristo la ama por completo y tiene buenos planes por delante de ella (Romanos 8:15-18). Podrías hasta elogiar a la persona por su personalidad, su aspecto, su carácter, su familia o sus pasatiempos. Aun así, ten cuidado de no dar falsas esperanzas de poder volver a salir en el futuro.

No te sorprendas si la persona se molesta o protesta de manera emocional. Quizá se ponga a la defensiva y te culpe de todo el problema. Si eso sucede, no discutas. Una ruptura no es para determinar quién tiene la razón y quién está equivocado, porque a menudo ambas personas tienen faltas de alguna manera. Solo quieres poner fin a la relación y seguir delante con respeto.

Asegúrate de ser diplomático porque es probable que vuelvas a ver a la persona. Si te pones en contra de alguien o le ofendes, podrías dar la impresión de ser inmaduro. Recuerda que tu éxito en las citas amorosas puede quedar determinado por tu reputación. La gente habla, así que nunca querrás quemar un puente con una conducta irrespetuosa. Por el contrario, muestra compasión durante una ruptura, y comunicarás una madurez que notará la gente. Por ejemplo, tengo un buen amigo que se separó en paz de una chica y terminó casándose con su hermana unos años después. Si hubiera sido maleducado con la primera hermana, quizá no hubiera tenido a la maravillosa esposa que atesora hoy en día.

Por último, una vez que pongas fin a una relación, mantén en privado tu insatisfacción con la otra persona. Difundir noticias sobre los problemas de tu ex es murmuración y te hace parecer malo. Además, resiste la tentación de hablar del problema de alguien para pedir oración por esa persona. He oído comentarios como: «Por favor, ora por Mike. Terminé nuestra relación debido a su adicción a la pornografía». Si rompes con alguien que tenga una seria lucha, pídele permiso para hablar al respecto con otro o para buscar ayuda de forma anónima para esa persona.

Cuando te golpea el rechazo

¿Recuerdas la historia de mi dolorosa ruptura con Diane que relaté al principio del capítulo? No mencioné las numerosas maneras en que traté de hacer que ella regresara. Le escribía cartas de amor y en secreto las ponía delante de su puerta a media noche. La acorralaba en la iglesia y la instaba a que reconsiderase nuestro romance. Hasta intenté hacer que sus amigas se pusieran de mi parte y la convencieran para que volviera a salir conmigo. Nada resultó.

Fue lamentable, pero esa desesperada e inmadura cruzada no terminó con Diane, sino que se enconó en mi interior a medida que conocía a nuevas mujeres solteras. Mi incapacidad de manejar el rechazo aumentó mi hambre por la aprobación de las mujeres. Me veía obligado a encontrar un nuevo romance para borrar el dolor de perder a Diane y demostrar que era digno de una novia. Eso significaba que por egoísmo tenía citas amorosas para encontrar a una mujer que me hiciera feliz... quererla era secundario. Esa no es la idea que Dios tiene acerca de tener citas amorosas con pasión pura.

¿Cómo al fin me transformó Dios para amar de una manera sana? Utilizó mi relación con Diane y otros dolorosos rechazos para sacar a la luz mi erróneo anhelo de aceptación por parte de las mujeres. Como mencioné en el capítulo 1, en esencia trataba de vivir de amor «de chocolate», cuando necesitaba algo más nutritivo. Mi corazón seguía teniendo hambre hasta que descubrí la realidad del amor incondicional de Dios para mí. Entonces la aceptación de Él llenó mi corazón y me dio amor para compartir.

En este mundo pecador, tu corazón gustará el rechazo romántico. La repentina pérdida de una relación de noviazgo puede ser un golpe bastante fuerte. ¿Cómo logra el amor de Cristo sostenerte durante una ruptura y después de ella?

Una ruptura no es el fin del mundo

Cuando un novio o una novia rompe contigo, al principio podrías suplicar que continúe la relación. Así y todo, puedo asegurarte que rogar solo hace que la persona pierda respeto por ti. Si ha decidido abandonarte, es mejor dejarlo así por dos razones.

En primer lugar, cuando alguien pone fin a una relación seria contigo, la persona casi siempre te hace un favor. Por «favor» quiero decir que tu pareja te ha liberado para que busques una relación que sea mejor. Si alguien no se siente motivado a estar contigo, salir con esa persona es una pérdida de tiempo nada saludable. Tus emociones pueden sentir lo contrario, y es comprensible, pero no puedes cambiar la mente del otro si ya no quiere salir contigo. Es mejor dejar ir a esa persona y ver tu libertad como una oportunidad para encontrar una mejor relación con alguien que en verdad quiera estar contigo.

Puede que sientas que tu antiguo novio o novia era la persona adecuada para ti, ¿pero cómo podía esa persona ser la adecuada si no le interesa amarte? Romper te aparta de una posición sin salida a fin de que puedas compartir la pasión de Cristo con alguien que quiera corresponderte.

En segundo lugar, dañas tu autoestima cuando le pides amor a otra persona. Recuerda que solo Cristo, y no otra persona, es capaz de satisfacer tu corazón con el amor incondicional que necesita. Al suplicarle amor a otra persona, permites que Satanás te haga sentir sin ningún valor. Su objetivo es convencerte de que tú eres feo e indigno de que te amen. Cuando un novio o una novia te rechazan, Satanás tiende a acosar tu mente con pensamientos como: *Nadie me amará nunca*, o *Los perdedores son los únicos que se quedan sentados en casa solos un fin de semana.*

Si crees sus mentiras, el diablo puede engañarte para que te sientas miserable o intente que estés desesperado por tener otra relación. Afirmará que el amor de Dios es inútil para un corazón roto, y que la única manera de recuperarse es volver a tener citas amorosas cuanto antes. Satanás quiere llevarte a una ansiosa búsqueda de la aceptación de otra persona. Su objetivo es que tu autoestima se mantenga dependiente del amor de la gente en lugar del amor de Cristo.

Otra consecuencia más sutil de un mal manejo del rechazo es que pierdes respeto por el sexo opuesto. Por ejemplo, después de una ruptura, una mujer puede transferir su enojo y su desengaño a su siguiente novio. Si alberga ese dolor durante mucho tiempo, puede hasta desarrollar odio hacia los hombres en general. Podría pensar: *Todos los hombres son iguales*, o *No se puede confiar en ningún hombre*. De igual manera, los hombres molestos por la pérdida de una novia pueden, por despecho, caracterizar a todas las mujeres como útiles solo para la relación sexual. Esa actitud revela un temor al sexo opuesto que permanece debido a una pasada relación. Muchos hombres y mujeres crueles viven en este mundo, pero generalizar su conducta aplicándola a toda la población es absurdo. Si lo haces, tu mala actitud puede arruinar tu siguiente relación. De ahí que sea importante tener la perspectiva adecuada durante una ruptura.

Por lo tanto, ¿cómo tratas con el dolor de una desalentadora ruptura? Lamenta la pérdida de tu relación, pero recuerda que un rechazo no te define. Satanás tratará de hacerte sentir solo, inseguro o vacilante. Mientras tanto, Jesús te ministrará con pensamientos sobre su apoyo, aceptación y cuidado por ti. Su amor es la mejor protección que tu corazón tiene contra la depresión porque Jesús es la única Persona que nunca te abandonará. Él te ama de manera incondicional, y tu futuro en Él es brillante. Esto es cierto lo creas o no, pero tu fe lo hace real en tu vida.

Tu perspectiva es determinante durante una ruptura. Puedes tomar el rechazo como personal y desesperarte, o puedes comprender que la ruptura te libera de tener citas amorosas con la persona equivocada. A pesar de lo buena que creas que es una relación, no querrás salir con alguien si no está interesado en ti.

Una ruptura no es el fin de tu mundo. Claro que duele, pero recuerda los puntos positivos. Eres libre de una situación poco sana, y tu corazón está sellado para siempre con el amor de Cristo. A medida que caminas en Él con paciencia, traerá a tu vida nuevas personas con las cuales puedas compartir su pasión.

Carácter y consuelo del Espíritu Santo

Sufrir una ruptura afecta tu carácter porque la presión del desengaño, el dolor y el rechazo te obligan a decidir lo que crees en verdad. Tienes dos elecciones: Puedes creer que la vida de Jesucristo te apoyará en el dolor y te madurará para futuras relaciones, o puedes huir de tu dolor mediante alguna forma de automedicación (como el alcohol, la pornografía, otra relación, novelas románticas o estar muy ocupado). Insensibilizar tu corazón con esas cosas solo prolonga tu dolor y evita que madures.

Apoyarte en Jesús durante un rechazo, en cambio, ayuda a edificar el carácter que necesitas para las buenas relaciones en el futuro. No obstante, ¿dónde encuentras la capacidad de amar cuando estás herido y quieres venganza? Tú no puedes crear el carácter con tus propias fuerzas. Por el contrario, Jesús quiere darte su carácter por medio del Espíritu Santo.

> Y no solo esto, sino que también nos gloriamos en las tribulaciones, sabiendo que la tribulación produce paciencia; y la paciencia, prueba; y la prueba, esperanza; y la esperanza no avergüenza; porque *el amor de Dios ha sido derramado en nuestros corazones por el Espíritu Santo que nos fue dado* (Romanos 5:3-5).

Estos versículos explican que Dios no espera que tú cuentes con una conducta santa durante la confusión emocional. Sabe que quizá no te sientas adorable cuando alguien rompe contigo. Más bien Él quiere que confíes en Cristo para que su fortaleza soporte el dolor por ti. Jesús tiene toda la esperanza, el perdón y la fortaleza que tú necesitas para capear la tormenta. Permítele que viva por medio de ti.

> Y si el Espíritu de aquel que levantó de los muertos a Jesús mora en vosotros, el que levantó de los muertos a Cristo Jesús *vivificará también vuestros cuerpos mortales por su Espíritu que mora en vosotros* (Romanos 8:11).

Cuando te casas en lo espiritual con Jesús, Dios pone la vida de Cristo en tu interior en la forma del Espíritu Santo. Es tu constante Ayudador, en especial en momentos de tristeza, pérdida y tentación. Te ofrece paz y seguridad de que su amor puede sostenerte en los momentos difíciles. Con todo, el Espíritu Santo no puede ayudarte hasta que le rindas tu voluntad y dejes de buscar un arreglo rápido. Cristo sabe lo que es mejor para ti, y podría pedirte que te tomes un respiro en cuanto a las citas amorosas. Si es así, no forzará su voluntad en ti, sino que esperará a que tú dejes a un lado tus planes.

Dios puede hacer que un doloroso rechazo obre para tu bien cuando eso te haga depender por completo en el amor de Jesús. Recuerda que Dios no crea las pruebas ni las rupturas. Vives en un mundo pecaminoso, y la tribulación es el subproducto. De cualquier modo, esas dificultades pueden mejorar tu carácter y madurarte.

> Hermanos míos, tened por sumo gozo cuando os halléis en diversas pruebas, sabiendo que la prueba de vuestra fe produce paciencia. Mas tenga la paciencia su obra completa, para que seáis perfectos y cabales, sin que os falte cosa alguna. Y si alguno de vosotros tiene falta de sabiduría, pídala a Dios, el cual da a todos abundantemente y sin reproche, y le será dada (Santiago 1:2-5).

Al depender de la sabiduría de Dios, eres capaz de soportar un rechazo con la optimista perspectiva de Él sobre tu valía, tu futuro y tu disposición hacia otros. Él promete restaurar tu corazón roto para que disfrutes de nuevas relaciones en el momento oportuno. Ya no necesitas tener citas amorosas para sentirte completo. Ya eres un hombre o una mujer completo, capaz de tocar a otros con el mismo consuelo que te da Cristo.

> Bendito sea el Dios y Padre de nuestro Señor Jesucristo, Padre de misericordias y Dios de toda consolación, el cual nos consuela

en todas nuestras tribulaciones, para que podamos también nosotros consolar a los que están en cualquier tribulación, por medio de la consolación con que nosotros somos consolados por Dios (2 Corintios 1:3-4).

Cuando permites que Dios te consuele durante una ruptura, un día podrás hablarle a otro sobre la esperanza y el ánimo que te dio Él. Tu testimonio puede ayudar a restaurar un corazón herido a fin de que ame y madure. Al guiar a alguien al consuelo de Dios, ayudas a difundir el poder de su pasión de persona a persona.

La ruptura en el amor de Cristo

Después de mi dolorosa ruptura con Diane, el sentimiento de desesperación que había en mi corazón se trasladó a sucesivas relaciones. Experimenté un frustrado romance tras otro. Mi perspectiva no cambió hasta años después, cuando el amor de Cristo comenzó a saturar mi autoestima. Tenía citas amorosas con una chica llamada Rachel, pero nuestra relación murió después de cuatro meses. Ante lo inevitable, rompimos por teléfono una mañana. Sin embargo, no le supliqué otra oportunidad ni la ataqué con insultos. Por el contrario, sentí que Cristo me pedía que le dejara vivir su amor por medio de mí. El resultado fue una separación limpia y con misericordia. Rachel y yo hablamos con calma de nuestra decisión de romper y luego nos alentamos con respeto el uno al otro cuando nos dijimos adiós. Yo seguía sintiendo el desengaño, pero no fue un golpe aplastante.

Como consecuencia, no salí con bagaje emocional que podría arruinar mi siguiente relación. Un año después comencé a tener citas amorosas con Ashley. Al volver la vista atrás, le doy el mérito a Jesús por haber manejado mi ruptura con Rachel y haberme preparado para mi sana relación con Ashley. Su deseo en mi interior de respetar a una mujer, en lugar de utilizarla, me capacitó para tener citas amorosas desde una perspectiva sana.

Poner fin a una relación nunca es fácil, sin tener en cuenta el que inicie la ruptura. No obstante, en medio del dolor, la confusión y las emociones, tienes la oportunidad de permitir que Cristo edifique tu madurez relacional. Para Él, una ruptura puede ser un maravilloso punto crucial en tu vida. Es posible que pierdas la pasión de una relación romántica, pero nunca perderás la pasión que Jesús tiene por ti.

Por otro lado, quizá estés teniendo citas amorosas con alguien y una ruptura es lo último que pasa por tu mente. En vez de eso te preguntas si deberías casarte. El siguiente capítulo ofrece algunas preguntas para ayudarte a aclarar esa decisión.

Estudio bíblico personal

1. El capítulo 11 afirma: «La conducta que muestres durante una ruptura puede seguir para afectar la calidad de tu siguiente relación». ¿Cómo aplica Gálatas 6:7-10 esa afirmación?

2. En Lucas 10:10-11 Cristo dirigió a los discípulos a salir de una ciudad que no estuviera interesada en una relación con ellos. ¿Estarías de acuerdo en que seguir saliendo con alguien que no está interesado en amarte es perjudicial? ¿Por qué?

3. ¿Qué esperanza y aliento puedes obtener de Romanos 8:15-18 cuando afrontas una ruptura?

4. Nombra cuatro puntos útiles en Efesios 4:25-27, 29 que se aplicarían a una conversación para romper una relación.

5. Lee Gálatas 5:13-15. ¿Qué perspectiva dan esos versículos que pueda aplicarse a tu actitud cuando rompes con alguien?

6. Considera las afirmaciones en Efesios 2:19 con respecto a la identidad de un cristiano. A la luz de ese versículo, ¿cómo deberías tratar a otro cristiano con el que tengas citas amorosas?

Preguntas de discusión en grupo

1. Hablen de los beneficios de una ruptura limpia como se explicó en el capítulo 11.

2. ¿Cómo puedes amar a alguien cuando rompes con esa persona? Sugieran varias perspectivas para poner fin a una relación de noviazgo con cortesía.

3. Consideren cómo una ruptura hostil podría marcar su capacidad de salir con alguien de manera amorosa en el futuro.

4. ¿Cuáles son las consecuencias negativas de enumerar los problemas de alguien ante esa persona cuando rompen?

5. ¿Es una ruptura el fin del mundo en realidad? ¿Qué esperanza da Dios a los cristianos acerca de su futuro relacional?

6. ¿Por qué la vida de Jesucristo es en su interior la mejor fuente de consuelo cuando pierden una relación de noviazgo?

1 2

ACEPTA TU PASIÓN

———— ∞∞∞ ————

Preguntas a considerar antes de comprometerse

l día en que me casé con Ashley me debieron de preguntar más de cincuenta veces si estaba nervioso. El aluvión de preguntas me sorprendió porque no tenía reservas en cuanto a entregarle mi corazón. En mi mente, habría sido un necio al no casarme con Ashley. Sin embargo, tantas personas cuestionaban mi compostura que comencé a preocuparme por si había algo indebido en mí. De repente me puse ansioso por no ponerme nervioso. Por fortuna, al llevar puesto mi esmoquin, Dios me recordó que tenía buenas razones para casarme con Ashley y que Él sostendría nuestro matrimonio. Entré en la iglesia esa tarde con la paz de Dios inspirando mis pasos.

Si estás saliendo con alguien en serio, ¿qué paz sientes cuando piensas en casarte con esa persona? Entregar tu corazón a alguien es una gran decisión. Si escoges mal, podrías sufrir años de dolor y terminar sufriendo abusos o divorciado. En cambio, si eliges con sabiduría a una pareja para el matrimonio, podrías disfrutar de una vida juntos de amor y pasión íntimos.

Es triste que algunas parejas se apresuren al matrimonio en cuanto saborean la explosión inicial del romance. Puede que hayan tenido citas amorosas solo durante unos meses, pero sus sentimientos de dicha los convencen de que están destinados el uno para el otro. Otras parejas, por el contrario, tienen citas amorosas durante años, pero nunca encuentran la valentía para hacer un compromiso. Temen tanto casarse con la persona equivocada que no se casan con nadie. En mitad de esos extremos, ¿cómo puede un adulto soltero decidir con sensatez con quién casarse?

La buena noticia es que, como cristiano, no estás solo en tu proceso de toma de decisiones. Tienes a Jesús morando en tu interior. Él ofrece su sabiduría divina en cada situación de modo que no tengas que confiar en tus emociones ni en tu sabiduría finita.

> Nosotros no hemos recibido el espíritu del mundo sino el Espíritu que procede de Dios, para que entendamos lo que por su gracia él nos ha concedido [...] El que no tiene el Espíritu no acepta lo que procede del Espíritu de Dios [...] «¿quién ha conocido la mente del Señor para que pueda instruirlo?» Nosotros, por nuestra parte, tenemos la mente de Cristo (1 Corintios 2:12, 14, 16, NVI).

Dios quiere lo mejor para ti. Él te dio la mente de Cristo a fin de que puedas percibir la vida desde su perspectiva. Jesús puede obrar mediante tu corazón y tu mente para dirigirte hacia una buena relación y disuadirte de una mala. Con todo, solo puedes discernir su consejo cuando estás dispuesto a escucharle y rendirte a Él.

Para Jesús, la pasión romántica es el fundamento indebido para un matrimonio. Quiere que le entregues tu corazón a alguien sobre la base del carácter y del amor sacrificial apasionado. Para ayudarte a evaluar si tu relación contiene esos elementos, considera las siguientes ocho preguntas antes de comprometerte.

1. ¿Están ambos casados con Jesucristo?

Esta pregunta corresponde al aspecto más importante de su relación: el espiritual. Si tú o tu pareja no conocen a Jesús como la principal Fuente de amor, tratarán de manipular el amor del uno hacia el otro. Recuerda por el capítulo 1 que depender de un amor humano basado en la conducta es como comer chocolate: puede que sepa bien, pero no logra satisfacerte. Tu corazón necesita algo más que afecto romántico para sobrevivir. Necesita amor incondicional, el cual solo puede encontrarse en Jesucristo. Por consiguiente, es mejor casarse con alguien que comprenda que está casado con Jesús y entienda la importancia de depender de Él para obtener satisfacción.

En cambio, lucharás para encontrar a ese tipo de persona si crees que puedes disfrutar de verdadera intimidad con un incrédulo. Muchos solteros cristianos cometen ese error en sus citas amorosas y se defraudan. Permite que explique el porqué.

Como cristianos, Ashley y yo estamos unidos en Jesucristo. Eso significa que el mismo Jesús que vive en mí también vive en Ashley. Por lo tanto, Él puede ayudarnos a amarnos el uno al otro de manera más profunda. Jesús puede amar a Ashley deseando hacerlo por medio de mí, a veces sin que ella tenga que decir nada.

Por ejemplo, a mí nunca me ha gustado lavar los platos, y a Ashley no le gusta lavar la ropa. Así que nos pusimos de acuerdo en que yo lavaría y doblaría nuestra ropa y ella lavaría los platos. Sin embargo, muchas veces en nuestro matrimonio he sentido el deseo concreto de lavar los platos en su lugar. Ashley no me pide que lo haga. Solo que siento el deseo de ayudarla. Créeme, sé que ese deseo no provenía de mí porque detesto fregar platos sucios. Jesús creó un impulso en mi corazón de amar a Ashley de esa manera.

En otras ocasiones, Cristo me ha impulsado a limpiar el auto de Ashley de forma espontánea, a elogiarla o a dejar lo que estaba haciendo y abrazarla después de que ella hubiera tenido un mal día. Cuando he actuado según esos deseos, Ashley con frecuencia ha exclamado: «¿Cómo sabías lo que necesitaba? Nunca te di indicios ni te pedí que hicieras esas cosas». Sabía lo que Ashley necesitaba porque me motivó Cristo.

No tengo que luchar por mi cuenta para ser un buen esposo para Ashley. Puedo descansar y permitir que Jesús la ame por medio de mí. Ya que Él vive en el interior de los dos, sabe cuándo ella está cansada o frustrada y puede impulsarme a alentarla. De igual manera, Él puede inspirar a Ashley a apoyarme cuando necesito aliento. Este tipo de amor sobrenatural crea un vínculo más fuerte que el de ninguna pareja casada que no sea cristiana.

Permite que aclare que nuestro vínculo matrimonial en Cristo no nos da a Ashley y a mí algún tipo de vudú espiritual. No podemos leer la mente el uno del otro. Sin embargo, a medida que respondemos a los deseos que Jesús pone en nuestros corazones, Él nos conduce a amarnos el uno al otro de la mejor manera. Eso crea una verdadera intimidad. Unidos en Cristo, Ashley y yo compartimos el mismo deseo de glorificar a Dios, los mismos gozos y tristezas, y la misma Fuente de amor: somos uno (Efesios 5:31-32).

Nunca experimenté este tipo de intimidad con mi primera esposa. Ella expresaba interés en Dios mientras éramos novios, pero negó cualquier fe en Él cuando más adelante abandonó nuestro matrimonio. Sus palabras «cristianas» fueron solo una estratagema para obtener mi aceptación. Cuando comenzaron las primeras luchas del matrimonio, nuestras creencias espirituales opuestas se hicieron evidentes. Apenas si nos sentíamos como compañeros. Yo con frecuencia me sentía solo en la misma habitación con ella. No éramos uno.

Te arriesgas a ese tipo de división cuando consideras tener citas amorosas con un no cristiano o casarte con esa persona. Si te unes a un incrédulo, serás incapaz de disfrutar de una verdadera intimidad. ¿Eres libre para tener citas amorosas con un no cristiano? Sí, pero la Biblia afirma que no es de provecho (1 Corintios 10:23). Dios considera opuestos a los cristianos y los no cristianos, no teniendo potencial para una unión profunda (2 Corintios 6:14; 1 Corintios 7:39).

¿Puede un cristiano llevarse bien con un incrédulo y divertirse teniendo citas amorosas con esa persona? Claro. Es más, algunos no cristianos muestran tanta sinceridad y sensibilidad como algunos cristianos. Con todo, si te casas con un incrédulo, casi siempre tendrá una mayor influencia sobre la dirección de tu relación.

Comparo tener citas amorosas con un no cristiano a escalar una montaña y hacer un descenso rápido por su ladera. Imagina que una mujer cristiana está en la cumbre de una montaña y un hombre no creyente está abajo de la montaña. Si el no creyente quiere estar con ella, debe decidir por su cuenta emprender el viaje hacia arriba. La mujer no puede arrastrar al hombre con sus propias fuerzas ni obligarlo a subir. En caso de que el hombre no quiera escalar la montaña, la mujer se quedará en la cumbre sola. De igual manera, si la mujer quiere estar con el hombre, se sentirá tentada a hacer alpinismo y bajar hasta su nivel. De otro modo, podrían tratar de encontrarse a mitad del camino, pero entonces estarían colgados de manera incómoda en un lado de la montaña.

Utilizar el romance para engatusar a un no cristiano a fin de que escale hasta tu nivel espiritual es algo poco sano. Algunos lo denominan «citas amorosas misioneras», que es el proceso de tratar de convertir a un incrédulo mientras se tienen citas amorosas con esa persona. Aunque el afecto evangelístico quizá parezca noble, la idea tiene errores de varias maneras.

1. Un cristiano no puede dominar el libre albedrío de un no cristiano y obligarlo a aceptar a Cristo.

2. Un incrédulo podría fingir una conversión solo para obtener tu aceptación.

3. Los nuevos cristianos no tienen carácter ni madurez espiritual de forma automática.

4. Un no cristiano no puede satisfacer tu necesidad de amor o seguridad.

Si tratas de convertir a alguien a Cristo solo para poder salir con esa persona y casarte, nublas la decisión espiritual de la misma con el romance humano. Además, si alguien profesa fe en Cristo nada más que para poder tener citas amorosas contigo, es probable que la persona no sea cristiana. Una persona se convierte en cristiana cuando en verdad piden perdón por el pecado y aceptan a Cristo como Señor de sus vidas. Aun si conduces a alguien a aceptar a Cristo, quizá necesite años para desarrollar la madurez necesaria para el amor sacrificial en el matrimonio.

Además, si tienes citas amorosas con un incrédulo (o un cristiano inmaduro), casi siempre tú asumirás el papel de padre espiritual. Te conviertes en la conexión con Dios de esa persona y esta puede aferrarse a ti de manera inadecuada a fin de obtener dirección y madurez espiritual. Por lo tanto, tu relación de noviazgo se convierte en una malsana relación padre-hijo. Debido a que no puedes mejorar el carácter de otra persona, ambos se quedarán en niveles desiguales. Para cristianos y no cristianos, apoyarse el uno en el otro evita que aprendan a apoyarse en Cristo.

Los solteros con un desinterés espiritual pueden parecer divertidos para tener citas amorosas. No obstante, si te casas con alguien que no ama a Jesús, limitarás tu oportunidad de tener unidad. En su lugar, procura tener citas amorosas y casarte con un soltero cristiano maduro que acepte su matrimonio espiritual con Jesús. Entonces tendrás un compañero capaz de participar en la intimidad divina contigo.

2. ¿Pueden resolver juntos el conflicto?

Algunas parejas pasan de manera agradable por el noviazgo, se casan y luego reciben una conmoción cuando surge su primer asalto de conflicto. Son inconscientes de que dos personas imperfectas experimentan fricción a pesar de lo mucho que se quieren el uno al otro. El conflicto es una parte inevitable de la vida, y puede destruir a una pareja que no haya aprendido a resolverlo como es debido.

En el capítulo 6 hablamos de que el pecado mora en tu cuerpo y trata de influir en ti en maneras que son contrarias a los deseos que Cristo te pone dentro. Podrías sentirte tentado a ser insensible, avaricioso, egoísta, manipulador u hostil. Cuando sucumbes a esas tentaciones en una relación, un simple desacuerdo puede convertirse en una guerra declarada.

Reconoce que esos deseos egoístas se originan en el pecado que mora en tu interior y no en ti. Por lo tanto, parte de resolver un conflicto es recordar que, como cristianos, tú y tu pareja no son malos. Al separar al pecado de la persona, logras resolver con más facilidad los desacuerdos.

Por ejemplo, una noche en un restaurante, Todd criticó con sarcasmo a su novia, Jan, por la manera en que iba vestida. Sus palabras hirieron los sentimientos de Jan, pero en lugar de contraatacar, Jan respondió: «Todd, sé que no te gusta mi traje, pero lo que dijiste fue grosero. Lo que sea que te haya molestado está arruinando nuestra noche juntos. Podemos hablar de mi ropa, pero no hay necesidad de criticarme».

En esa situación, a Todd no se le ocurrió la idea de burlarse del traje de Jan. El pecado que mora en el interior inició el deseo de ser grosero, y él escogió responder por egoísmo a la tentación. Por fortuna, Jan vio el problema tal como era: el pecado instigando crítica en el interior de Todd. El que Jan fuera consciente de la verdad le permitió ayudar a Todd a discernir la mentira en lugar de responderle con despecho. Fue sabia al detectar el problema en la raíz, evitando que la situación progresara a más.

Saber que el pecado procura causar pelea no significa que puedas evitar el conflicto. En cambio, cuando distingues el pecado que mora en el interior de la persona, puedes reconciliar discusiones de manera positiva porque te centras en identificar las mentiras del pecado en lugar de atacar a la otra persona.

Un segundo aspecto importante para resolver los conflictos es permitirle a Jesucristo que viva su amor por medio de ti. Permitirle satisfacer tu necesidad de seguridad y significado disminuye tu motivación para atacar o manipular a otra persona. Sigues expresando tus opiniones y tus deseos, pero Cristo dentro de ti obra para lograr una solución que beneficie más tu relación. Eso significa que aprendes a dar y a tomar. En caso de que necesites dar, Cristo te impulsará a ser humilde. De igual manera, si es tu turno de recibir, Jesús te guiará a aceptar con gratitud.

Solo mediante tu fe Cristo puede ayudarte a resolver tus problemas. Como pareja, los dos tienen que rendirle sus deseos. Así que es importante que lidies con el conflicto varias veces antes de pensar en comprometerte. Determina si los dos han demostrado un deseo de ceder en discusiones pasadas. De lo contrario, ¿trata uno de los dos molestar al otro con estallidos de ira? Si has tenido problemas para manejar los desacuerdos, considera seguir con el noviazgo más tiempo para aprender a estar en desacuerdo de manera cooperativa. Si nada mejora, es posible que necesites ponerle fin a tu relación.

Las discusiones civilizadas pueden beneficiar a una relación sacando a la luz expectativas descuidadas o irrealistas, o diferentes puntos de vista. A veces, ninguna de las dos personas está equivocada. Solo que cada uno enfoca el mismo tema desde perspectivas únicas. Por lo tanto, no trates de evitar el conflicto, sino de resolverlo de manera amorosa y madura. Si no puedes expresar con libertad tus opiniones, vivirás en una miserable atadura a otra persona. Ambas partes deberían tener la libertad de expresar sus ideas y deseos.

Una relación sin conflicto puede ser señal de que uno de los dos o bien es demasiado pasivo, o tiene demasiado temor a ser genuino. Esas actitudes no conducen a un matrimonio íntimo, y no deberías continuar con el noviazgo si ambos no pueden ser auténticos el uno con el otro. Las relaciones sanas fomentan un ambiente en el cual tienes la libertad de estar en desacuerdo. Por consiguiente, antes de comprometerte, asegúrate de que ambos se sientan libres para ser ustedes mismos y sepan cómo resolver los conflictos con amor.

3. ¿Han tratado los dos con su bagaje?

En el capítulo 10 vimos cómo el bagaje relacional puede desarrollarse cuando alguien persigue la satisfacción mediante una persona, una posesión o una sustancia en lugar de hacerlo por el amor de Cristo. El bagaje puede salir a la superficie de diversas maneras, como adicciones, trastornos alimenticios, aborto, deuda o divorcio. Es lamentable, pero casi cada persona lleva algún tipo de bagaje, así que no supongas que tu novio o tu novia son inmunes. Antes de entregarle a alguien tu corazón, determina si batalla con cualquier problema de bagaje.

Asimismo, comprende que las consecuencias de cierto bagaje quizá nunca desaparezcan por completo. Una adicción puede hacer que alguien tenga una mala salud. Es posible que un soltero divorciado tenga a menudo problemas de custodia. Si quieres casarte con alguien que tenga ese tipo de problemas, podrías enfrentarte a algunas circunstancias muy difíciles cuando resurja el pasado de la persona. Si no estás preparado para tratar de modo realista con eso, las repercusiones podrían dominar tu relación con facilidad. Habla de tus preocupaciones con un consejero cristiano si te sientes inseguro acerca de cómo podría afectarte el pasado de alguien.

Por favor, no le restes importancia al bagaje relacional, pues tiene el poder de destruir tu relación. A veces, esos problemas complejos y negativos requieren años para resolverse. No esperes que el matrimonio los haga desparecer. Por lo general, tendrás que esperar hasta que una persona se sobreponga a su bagaje con la verdad del amor de Dios antes de que se produzca una verdadera sanidad. Por lo tanto, si tu pareja tiene bagaje emocional, por favor, lidia con ello de manera alerta antes de comprometerte. Los meses o años extra de espera valen la pena por casarte con alguien libre de bagaje.

4. ¿Tienen el apoyo de amigos y familia?

Después de que saliera con Ashley durante nueve meses, muchos de mis amigos íntimos y familiares comenzaron a instarme a que lanzara la pregunta. Cuando les preguntaba por qué, decían que pensaban que Ashley era una chica estupenda, o que creían que los dos encajábamos muy bien. Me consolaban esos comentarios. Ellos eran sinceros, porque Ashley y yo habíamos pasado mucho tiempo junto a nuestros amigos y familiares. Su opinión significaba algo porque formaron parte de nuestra relación. Desde que supe que querían lo mejor para nosotros, su emoción reforzó mi deseo de casarme con Ashley.

Del mismo modo, te aliento a que busques el apoyo de tus amigos y familiares. Ya que esas personas casi siempre te conocen bien, pueden ofrecer útiles puntos de vista sobre si los dos forman una buena pareja. Además, no están tan cegados en lo emocional como lo estás tú, y pueden identificar esferas problemáticas que quizá pasaste por alto.

En caso de que alguien plantee una preocupación acerca de tu relación, céntrate en los hechos y no ocultes la verdad. Disponte a admitir que podrías haber descuidado un problema. Los padres y los amigos no siempre tienen razón, pero deberías tener en cuenta sus legítimas opiniones. A lo mejor tienen años de experiencia matrimonial para apoyar sus preocupaciones, y pasarlas por alto sería una necedad. Escucha con una mente abierta lo que dicen acerca de tu relación. Sin embargo, recuerda que la decisión final descansa solo en tus manos. Los padres y los amigos pueden expresar sus sentimientos, pero no permitas que decidan por ti. En su lugar, deja que los seres queridos sean recursos a añadir en tu proceso de toma de decisiones.

Cuando tomas una de las mayores decisiones de tu vida, tener el apoyo de tu familia y tus amigos es una maravillosa bendición. No solo te da un sentimiento de paz, sino que también asegura que ellos estarán a tu lado si las cosas se ponen difíciles. Ninguna pareja casada es una isla. Necesitarás el aliento de otros, en especial si tienes hijos. Pones en peligro tu relación de noviazgo si la ocultas de la gente. En vez de eso, pregúntate si quienes están cerca de ti están emocionados porque tu relación avance, y examina el porqué es así o el porqué no es así.

Recuerdo estar delante de la multitud cuando el pastor nos anunció a Ashley y a mí como «el señor y la señora Eagar». Me di la vuelta y vi doscientas veinticinco caras sonrientes que parecían decir: «Estamos felices por ti y apoyaremos tu matrimonio en el futuro». Esa fue una maravillosa confirmación de que había tomado una sabia decisión. Hasta el día de hoy, nuestros amigos y familiares siguen emocionados por nuestro matrimonio y nos apoyan. Se esfuerzan por alentarnos y nos invitan a ser parte de sus vidas. Si necesitamos ayuda en cualquier aspecto, estarán a nuestro lado. No subestimes el beneficio que las personas que están cerca de ti pueden aportar a tu relación.

5. ¿Han buscado juntos consejería antes de comprometerse?

En el capítulo 9 hablamos de los beneficios de la consejería antes de comprometerse. Aun a riesgo de ser redundante, quiero sugerirlo una vez más porque es muy útil cuando estás interesado en casarte con alguien. Es imposible descubrir solo cada potencial esfera problemática de tu relación. Aun los sabios amigos y familiares pueden pasar por alto señales de advertencia negativas. Así que busca un consejero cristiano experimentado para hablar de los detalles de tu relación antes de comprometerte. Te prometo que vale la pena aun si tienes que esforzarte por encontrarlo.

Ashley y yo participamos juntos en ocho sesiones semanales de consejería antes de comprometernos. El formato era informal, lo cual nos permitió hablar con franqueza de nuestros temores y esperanzas. El consejero era perspicaz y nos mostró aspectos que podrían causarnos problemas en el futuro. Por ejemplo, descubrimos que manejábamos nuestro tiempo libre de modo muy distinto. Ashley prefiere hacer una lista de tareas y trabajar en proyectos, mientras que yo prefiero gandulear, leer y hablar. Al principio, esa fue una fuente de frustración porque no apreciábamos lo que la otra persona quería hacer. Ninguno de los dos tenía razón o estaba equivocado, sino que solo éramos distintos. Por fortuna, el consejero reveló este problema para ayudarnos a ser más sensibles el uno hacia el otro. En lugar de luchar por nuestro tiempo libre, aprendimos a valorar lo que prefiere la otra persona. Este es solo un ejemplo de cómo la consejería antes de comprometernos mejoró la armonía de nuestra relación.

La decisión de casarte con alguien es muy importante. Por favor, no pases por alto la sabiduría de un consejo de personas aparte de ti antes de comprometerte. Si logras reunirte con alguien formado para tratar con problemas de relaciones, puedes ahorrarte mucho dolor. Además, un buen consejero es capaz de ayudar a evitar que te cases con la persona equivocada.

6. ¿Sacan lo mejor el uno del otro?

Jane había tenido citas amorosas con Tedd durante diez meses cuando él planteó su primera conversación sobre matrimonio. A Jane le gustaba Tedd, pero se sentía incómoda en cuanto a su futuro. Hacía poco, una amiga señaló cómo Jane no parecía ser ella misma desde que había comenzado a ver a Tedd, y ese comentario captó su atención.

Jane comenzó a reflexionar sobre su relación y observó que Tedd rara vez parecía entusiasta por los intereses de ella. Siempre que le pedía que se detuvieran al lado de su clase de arte o que se prestaran voluntarios juntos en la iglesia, él ponía excusas. Jane comenzó a sentir que su vida giraba en torno a los calendarios de pesca, trabajo y béisbol de Tedd. No era posesivo; solo que no demostraba apoyo en las cosas que le gustaban a ella. Una relación con Tedd significaba que la individualidad y los intereses de Jane ocupaban un segundo lugar tras los de él. Cuanto más lo pensaba, menos cómoda se sentía Jane sobre avanzar en la relación.

Cuando pienses en el matrimonio con alguien, pregúntate: *¿Saca esta persona lo mejor de mí?* Quizá esa pregunta parezca trivial, pero su respuesta revelará mucho acerca de la calidad futura de tu relación. Como hemos visto a lo largo de este libro, el propósito de Dios para el noviazgo y el matrimonio es que dos personas compartan amor sacrificial. Por ese motivo querrás encontrar a alguien que sea apasionado en cuanto a invertir en tu vida y viceversa.

En las relaciones sanas, las personas se ayudan la una a la otra a desarrollarse. A eso le llamo «ánimo relacional». No hablo de palabras positivas para motivar. Más bien, el ánimo relacional es crear un ambiente alentador en el cual otra persona pueda probar con seguridad nuevas experiencias y crecer como individuo. Este tipo de atmósfera de apoyo fomenta la intimidad. Vas por encima de decirle a alguien: «Tú puedes hacerlo» y te implicas tú mismo en sus logros.

> Y considerémonos cómo estimularnos unos a otros al amor y a las buenas obras (Hebreos 10:24).

Antes de casarme con Ashley, nunca comprendí lo maravilloso que era estar con alguien que saca lo mejor de mí. Es una increíble bendición vivir con una pareja que diga: «Creo en ti», y «Estoy muy orgullosa de ti». Además, ella participa y me ayuda a seguir adelante cuando me siento deprimido, asustado o insensible. Su creencia en mí va más allá de simples palabras.

Permite que te dé una ilustración de primera mano. Escribir este libro había sido uno de mis sueños durante años. A pesar de eso, casi tiro la toalla cinco veces mientras trataba de finalizar el manuscrito. El proyecto se hacía cada vez mayor de lo que esperaba, así que con frecuencia me sentía abrumado. La emoción de Ashley por verme lograr mi objetivo fue determinante en gran medida. No solo me alentó cuando estaba frustrado, sino que también se involucró criticando lo que escribía cada semana. Sacrificó su tiempo, sus intereses y sus deseos para invertir en la realización de mi sueño. Ayudó a sacar lo mejor de mí.

Del mismo modo, te aliento a que evalúes con sinceridad qué tipo de influencia tienen tu novio o tu novia en tu vida. ¿Se interesa en verdad por tu crecimiento y madurez? ¿Te alienta a conocer nuevas personas, probar nuevos pasatiempos y mantener tu fe en Dios? ¿Tiene un historial de sacrificar tiempo, dinero o atención para apoyarte de manera física o espiritual? ¿O solo te utiliza para su propia felicidad?

Muchos solteros han quedado desmoralizados por tener citas amorosas con una persona inmadura. Salir con alguien que sea egoísta cierra el deseo de una persona de crecer en lo espiritual, de expandir sus intereses o de implicarse con el otro. En lugar de eso, Cristo quiere que los solteros se insten los unos a los otros a crecer en amor y madurez.

Puedes comenzar este proceso preguntándole a tu novio o tu novia acerca de sus sueños y objetivos. ¿Qué ha querido siempre hacer? ¿En qué campo podría utilizar tu apoyo? Determina cómo podrías ayudar de manera razonable a tu pareja a lograr su deseo. Luego tengan citas amorosas el tiempo suficiente a fin de que pueda emerger un patrón regular de conducta de apoyo. Recuerda que el noviazgo es un preludio del matrimonio, y el matrimonio es un compromiso con una persona imperfecta para su mayor bien. Casarse con alguien comprometido a ayudarte a que te desarrolles es un deleite. Por otro lado, vivir solo es mejor que casarse con alguien que no se interesa en lo profundo por ti.

7. ¿Está establecido como es debido el liderazgo en tu relación?

Cuando tienes citas amorosas, siempre tienes la opción de abandonar si alguien se comporta de forma irrazonable. En el matrimonio, sin embargo, haces un compromiso de por vida. Por lo tanto, elegir es imperativo con sabiduría, en especial cuando se trata del asunto del liderazgo. El líder casi siempre determina el nivel de madurez de una relación, y la mejor manera de discernir cómo maneja alguien el liderazgo es observarlo durante el noviazgo. El individuo que a menudo lidera durante las citas amorosas, lo hará también en el matrimonio. Es lamentable que muchos solteros batallen con el liderazgo relacional debido a dos razones: o bien entienden mal cómo alguien se convierte en un líder, o bien interpretan mal el verdadero propósito del líder.

Nuestra cultura sugiere que cualquiera que quiera liderar debe mostrar un rendimiento superior para ganarse ese título. Si un líder toma demasiadas malas decisiones, lo pueden despedir o sustituir. Con todo, esta definición no es la manera en que Dios determina al líder de una relación matrimonial.

> Pero quiero que sepáis que la cabeza de todo hombre es Cristo, y la cabeza de la mujer es el hombre, y la cabeza de Cristo es Dios [...] Porque el hombre no procede de la mujer, sino la mujer del hombre; pues en verdad el hombre no fue creado a causa de la mujer, sino la mujer a causa del hombre. Por tanto, la mujer debe tener un símbolo de autoridad sobre la cabeza, por causa de los ángeles. Sin embargo, en el Señor, ni la mujer es independiente del hombre, ni el hombre independiente de la mujer. Porque así como la mujer procede del hombre, también el hombre nace de la mujer; y todas las cosas proceden de Dios (1 Corintios 11:3, 8-12).

> Porque el marido es cabeza de la mujer, así como Cristo es cabeza de la iglesia, siendo El mismo el Salvador del cuerpo. Pero así como la iglesia está sujeta a Cristo, también las mujeres deben estarlo a sus maridos en todo. Maridos, amad a vuestras mujeres, así como Cristo amó a la iglesia y se dio a sí mismo por ella (Efesios 5:23-25).

Estos versículos explican con claridad cómo Dios estableció la estructura de liderazgo para esposos y esposas en el matrimonio. Su jerarquía va más allá de los papeles de hombres y mujeres. Considera los siguientes puntos:

1. Dios es la Cabeza de Cristo.

2. Jesús es la Cabeza de todo hombre y mujer.

3. El esposo es la cabeza de su esposa.

4. La mujer está sujeta a su esposo.

5. El esposo debe amar a su esposa de manera sacrificial, al igual que Cristo ama a la Iglesia.

6. Los hombres y las mujeres no son independientes los unos de los otros.

Observa cómo las personas reciben sus papeles por elección de Dios y no por su conducta. A Jesús y a los esposos se les asignan los puestos de liderazgo. A los ojos de Dios, sus actos no tienen peso en sus calificaciones como líderes. Él asignó a Cristo y a los hombres como los líderes, y ellos escogen si asumen esa responsabilidad como es debido. Es obvio que Jesús siempre obedece a su Padre y respeta su liderazgo (Juan 5:30).

Un esposo se enfrenta a la elección de seguir el liderazgo de Cristo. Cuando un esposo trata de guiar a su esposa separado del liderazgo de Cristo, peca. De igual modo, Dios llama a la esposa a seguir el liderazgo de su esposo, y ella peca si decide actuar separada de Cristo y de su esposo.

Dios hizo que el liderazgo fuera una organización sencilla. Hombres y mujeres complican el asunto cuando se niegan a someterse a Jesucristo. Por ejemplo, una esposa peca si menosprecia el liderazgo de su esposo porque él no la hace lo bastante feliz. Un esposo también peca cuando pasa por alto el liderazgo de Cristo debido a que Jesús no le proporciona unas circunstancias fáciles.

En cambio, cuando los hombres entienden el sacrificio que Jesús hizo por ellos, están más inclinados a respetarlo y seguirlo. A su vez, Cristo puede entonces vivir su amor sacrificial por medio de un esposo a su esposa. A medida que la esposa comprende que tanto Jesús como su esposo terrenal desean entregarse a sí mismos por ella, acepta con más naturalidad su liderazgo. Dios dice que tenemos el llamado a sujetarnos a nuestras respectivas cabezas sea cual sea su conducta.

¿Cómo sabes si la persona con la que tienes citas amorosas acepta la estructura de liderazgo de Dios? Observa su disposición a liderar o a someterse. Mujeres, ¿siguen sus novios a Jesús y las aman a ustedes de manera sacrificial? Hombres, ¿siguen sus novias a Jesús y respetan las decisiones de ustedes? Si no es así, puede que estés saliendo con una persona inmadura. Cuando alguien no está dispuesto a practicar su papel relacional en las citas amorosas, no es probable que lo acepte en el matrimonio. La conducta pasiva o dominante se reduce a una falta de fe en la autoridad de Cristo.

Aparte de equiparar el liderazgo con la conducta, algunos solteros no entienden lo que implica en verdad el liderazgo. La definición de Dios de un líder no es solo la de alguien «que toma decisiones». Un verdadero líder sacrifica sus deseos por el beneficio de su esposa. Dios dice que la tarea del hombre es amar a su esposa como Cristo amó a la Iglesia. ¿Cómo expresó Cristo amor por la Iglesia? Sacrificó su vida a fin de poder tener intimidad con nosotros.

De la misma manera, Dios insta a los hombres a amar a sus esposas de manera sacrificial. Las necesidades y preocupaciones de ella deben convertirse en su enfoque. Además, su papel incluye mantener un ambiente de intimidad. Eso significa aceptarla, perdonarla, protegerla y considerar sus intereses como más importantes que los suyos. Cuando un esposo ama a su esposa de manera sacrificial, crea una ilustración física del amor de Cristo por los creyentes. Por lo tanto, mujeres, observen si el hombre con el que tienen citas amorosas se comporta de ese modo. ¿Sabe lo que es importante para ustedes? ¿Sacrifica sus intereses por los de ustedes? ¿Está dispuesto a estar en desacuerdo cuando cree que es para beneficio de ustedes?

Ten en mente que no puedes liderar o someterte a alguien confiando en tu propia fuerza intelectual o en tu autocontrol. Por el contrario, Jesús quiere que desempeñes tus papeles asignados *permitiéndole a Él vivir su vida por medio de ti*. En una relación humana, Cristo puede expresar a la vez sumisión por medio de una mujer y liderazgo por medio de un hombre. Él demostró ambos papeles hace dos mil años en la tierra cuando se sometió a su Padre celestial a la vez que amaba de manera sacrificial a la humanidad. Jesús quiere hacer lo mismo hoy por medio de ti. Así que cuando tengas citas amorosas con alguien, considera si has sometido tu relación al liderazgo de Él.

8. ¿Están apasionados en verdad el uno por el otro?

Ahora que casi has terminado de leer este libro, comprendes que mi definición de la palabra *pasión* no se refiere a la emoción ni a la lujuria sexual. Jesús es el que mejor definió la *pasión* cuando con inocencia murió en una cruz por amor a ti. Estaba tan emocionado por casarse contigo que se sacrificó a sí mismo aun cuando tú no eres perfecto. Esto nos lleva a la pregunta final a considerar antes de comprometerte con alguien: ¿Están lo bastante apasionados para sacrificarse el uno por el otro, sabiendo bien que los dos son imperfectos? En otras palabras: ¿Están tan atraídos el uno al otro en lo espiritual, sexual, mental y emocional para aceptar los fallos feos, débiles y egoístas el uno del otro?

Hombres, ¿se sienten igual de interesados en sus novias cuando se quitan el maquillaje? ¿Están dispuestos a dejar su orgullo y quererlas durante sus cambios de humor? ¿Están dispuestos a esforzarse por asegurarse de que se sientan apreciadas? ¿Las aman lo bastante para buscar sus mejores intereses aun si eso significa negar sus deseos o decirle que no?

Mujeres, ¿están más preocupadas por deleitar a sus novios que por lograr ser felices ustedes? ¿Están dispuestas a amarlos aun cuando las pasen por alto o las ofendan? ¿Los adoran tanto que están preparadas para seguirlos dondequiera que guíe Dios?

El matrimonio implica amar a alguien aun cuando esa persona te decepcione, te irrite o te tenga a menos. Si no crees que tu novio o tu novia tiene defectos, te aliento a que tengas citas durante más tiempo. Nadie es perfecto, y te preparas para el fracaso relacional si esperas que el matrimonio sea suave y fácil. Jesús conocía la horrible realidad de tu pecado, pero Él sentía tal pasión que, aun así, decidió casarse contigo. Tú haces ese tipo de compromiso cuando decides casarte con alguien.

Dios quiere que la pasión pura de Cristo sostenga tu relación. Algunos días el romance se desvanecerá, y se sentirán aburridos el uno con el otro. ¿Cómo seguirán comprometidos? Su matrimonio espiritual con Cristo les proporcionará la fuerza necesaria cuando lleguen los momentos difíciles. Jesús sabe que tú no puedes mantener intimidad con alguien porque tu capacidad de amar es limitada. Sin embargo, su devoción hacia la persona con la que te casas nunca disminuye, así que Él puede sostener tu relación viviendo su pasión por medio de ti.

Como cristiano, ya no tienes que luchar por amar. Posees el amor de Cristo en tu interior, y el propósito del noviazgo y el matrimonio es unirse con alguien en la pasión divina de Él.

Examina tu pasión

Después de examinar tu relación de noviazgo a la luz de esas preguntas, es posible que no sientas paz en cuanto a comprometerte con tu novio o tu novia. Eso está bien. El noviazgo te beneficia porque puedes saber cómo es alguien antes de entregarle tu corazón. Tu incomodidad quizá se deba a que el Señor te insta a seguir más tiempo con el noviazgo o a separarte. Si rompes, debes estar contento de haber evitado una decisión matrimonial que no era sabia. Por otro lado, si respondiste de forma afirmativa a las ocho preguntas de este capítulo, puede que Jesús te esté guiando hacia el matrimonio.

Como esposo y esposa, Ashley y yo seguimos sorprendiéndonos al ver cómo nuestros corazones continúan uniéndose de maneras más profundas. Nuestro matrimonio ha sobrepasado todos mis sueños de lo que podría ser el romance, la amistad y el amor. Le debemos el placer a Cristo, quien nos buscó con tanto amor que quisimos compartirlo con otra persona. De igual manera, si Jesús te está inspirando a entregarte a alguien especial, aprovecha la oportunidad de derramar su amor sobre esa persona y saborea la relación apasionada que Él tiene esperando para que la exploren juntos.

Estudio bíblico personal

1. Lee 1 Timoteo 4:3-5. Dios estableció el matrimonio como un buen regalo para que nosotros lo recibamos con gratitud. ¿Deseas casarte dentro de esos parámetros o buscas el matrimonio para satisfacer tus necesidades?

2. Lee 2 Corintios 6:14 y 1 Corintios 7:39. ¿Por qué crees que el apóstol Pablo insta a los cristianos a casarse solo con otros cristianos?

3. Examina la afirmación de Jesús en Juan 5:30. A la luz del ejemplo de Jesús, ¿cómo deberían los hombres y las mujeres considerar los papeles de liderazgo y sumisión en el matrimonio (y en el noviazgo)?

4. Lee Efesios 5:21-33. ¿De qué modo instan estos versículos a los esposos y las esposas a amarse el uno al otro? Si estás teniendo citas amorosas con alguien, ¿son los dos conscientes de esos papeles y los aceptan?

5. Lee Hebreos 10:24 y Romanos 15:2. ¿Qué actitud en estos versículos puede ayudarte a desarrollar una relación de noviazgo madura y piadosa?

6. Según Oseas 2:19-20, ¿qué seis cualidades describen el modo en que el Señor se desposa contigo? Si estás pensando en comprometerte, ¿muestra tu relación esas seis cualidades?

Preguntas de discusión en grupo

1. Hablen de los paralelismos entre el matrimonio terrenal y su matrimonio espiritual con Jesucristo.

2. ¿Por qué resolver el conflicto de manera amorosa es provechoso para una relación de noviazgo?

3. ¿Se deberían incluir a los amigos y la familia en su decisión de casarse con sus novios o sus novias? Sí o no, ¿por qué?

4. Hablen acerca del porqué deberían tener citas amorosas con alguien que saque lo mejor de ustedes.

5. Enumeren tres ejemplos de cómo un esposo podría sacrificarse para beneficiar a su esposa.

6. Definan la *pasión pura* y dialoguen sobre el porqué es necesaria para una relación de noviazgo piadosa.

1 3

LA PASIÓN
TE ESPERA

Conclusión

Tengo un buen amigo que trabaja para un popular restaurante. Debido a su posición de gerente, puede invitar a personas a acompañarlo a cenar sin tener que pagar. Ashley y yo hemos sido afortunados de unirnos a él en varias ocasiones, y siempre disfrutamos de un maravilloso festín. Llegamos con hambre a fin de tener espacio para llenar nuestros estómagos de una sustanciosa cocina.

Ya que se nos permite pedir cualquier cosa que queramos, no nos refrenamos. Por lo general, comienzo con una gran ensalada llena de verduras frescas, y luego sigo con su pan de trigo especial. Mientras tanto, sigo guardando lugar para el plato principal: un delicioso bistec, un apetitoso pollo o un sabroso pescado... lo que yo quiera. Es una delicia para los sentidos.

Cuando terminamos, nuestros estómagos están llenos de alimentos sanos y nos sentimos satisfechos por completo. Yo me reclino en mi silla y disfruto de ese contentamiento. En ese momento, mi amigo casi siempre dice: «No se detengan ahora... tienen que probar nuestro postre de tarta de chocolate». Minutos después, Ashley y yo nos encontramos tratando de tragarnos deliciosos bocados de chocolate templado. Con todo, estamos tan llenos que rara vez somos capaces de terminar ese postre. Así que nos ponen el chocolate sobrante en una caja para llevarlo a casa y compartirlo juntos. Toda la experiencia de la cena es maravillosa, en especial cuando el camarero nos dice adiós sin dejarnos ninguna factura.

De muchas maneras, considero comer en el restaurante de mi amigo un cuadro de experimentar la pasión de Cristo por ti y por mí. Como Hijo de Dios, Jesús tiene la autoridad de otorgar de forma gratuita las riquezas de Dios a cualquiera que reciba su invitación. Él sabe que nuestros corazones tienen hambre de amor, y desea nutrirnos con su aceptación incondicional. Cantares 2:4 pinta un cuadro de esta verdad: «Él me ha traído a la sala del banquete, y su estandarte sobre mí es el amor».

Al igual que tu estómago tiene una necesidad constante de alimentos sanos, tu corazón tiene un anhelo constante de verdadero amor. Para satisfacer ese deseo, Jesús te ofrece una interminable provisión de su amor. Es como ingerir comidas gratis durante el resto de tu vida en un restaurante increíble. El perdón, la aprobación y la vida de Cristo actúan como la sopa, el entremés y el entrante para satisfacer tu hambre. Él proporciona todo para satisfacer el anhelo que hay en tu interior, lo único que tienes que hacer es recibirlo.

Una vez que Jesús llena tu corazón de su nutritivo amor, estás en posición de compartir romance con otra persona, lo cual es como comer un postre de chocolate después de una nutritiva comida. En el restaurante de mi amigo, Ashley y yo nos llenamos primero de alimentos sanos. Una vez que nuestros estómagos están nutridos a plenitud, disfrutamos de comer un gran pastel de chocolate. Como contraste, si lo único que comiéramos siempre fuera chocolate, nuestra salud se deterioraría.

De igual manera, cuando el amor de Cristo se convierte en tu principal fuente de alimento, te sitúas en la mejor posición para disfrutar del noviazgo y el matrimonio. En lugar de que el romance arruine tu vida, ofrece la oportunidad de que el abundante amor de Dios rebose de ti hacia otra persona. El romance puede beneficiarte solo cuando no dependes de él para sobrevivir. Por lo tanto, como soltero cristiano, puedes disfrutar de relaciones de noviazgo con responsabilidad porque no son necesarias para tu satisfacción en la vida. Además, si nunca te casas, no eres menos valioso ni completo porque ya estás casado con Cristo.

Dios nunca quiso que las relaciones de noviazgo y de matrimonio fueran el centro de tu vida. Por el contrario, Dios estableció el romance entre los seres humanos para ilustrar tu íntima unión con Jesús. Cuando eliges a alguien que te atrae en específico y amas de manera sacrificial a esa persona, pruebas la pasión que Cristo siente por ti.

Nadie en este mundo te ama más de lo que te ama Jesús. Él es la única Persona que promete quererte, celebrarte y vivir su vida en tu interior por toda la eternidad. Si nunca has experimentado la pasión pura de Cristo, te invito a que lo hagas hoy. Recíbelo en tu corazón como tu amoroso Esposo.

Amados, estamos reunidos hoy aquí para celebrar esta gozosa ocasión. Dos personas han venido juntas con una atracción concreta el uno hacia el otro y con el deseo de ser unidas en matrimonio como es debido. Estando seguros de que ninguna barrera legal, moral o religiosa obstaculiza su unión, ahora unirán sus manos y responderán a las siguientes preguntas:

¿Quieres tú, Jesucristo, tomar al lector de este libro como tu legítima esposa? ¿Prometes, en presencia de Dios y de estos testigos, aceptar sin condiciones al lector, amarlo de manera sacrificial y serle fiel para siempre?

Lo prometo.

¿Quieres, lector, tomar a Jesucristo como tu legítimo Esposo? ¿Lo tomarás como el sacrificio por tus pecados? ¿Le amarás, honrarás y adorarás? ¿Prometes, en presencia de Dios y de estos testigos, dejar de amar a otras personas con tus propias fuerzas y permitir que Cristo los ame con fidelidad por medio de ti mientras vivas?

Lo prometo.

Por la autoridad que se me otorga como Ministro del evangelio y el Creador del universo, ahora les declaro Marido y mujer. Lo que yo he unido, que no lo separe ningún hombre.

Amigo, espero que este libro haya revelado cómo el amor de Cristo es capaz de transformar no solo tus citas amorosas, sino también toda tu vida. Como la esposa de Jesús, ya no necesitas impresionar, controlar ni manipular a las personas para saciar el deseo de amor que tiene tu corazón. Jesús te ha liberado de la presión de encontrar afecto humano, a fin de que puedas deleitarte en el placer de su total aprobación.

Es mi oración que siempre consideres tu matrimonio espiritual como tu principal fuente de amor y mires el romance terrenal como el postre de chocolate. Que Jesús inspire y fortalezca tus citas amorosas. Sobre todo, que logres experimentar el poder de su pasión pura a lo largo de tu vida.

La pasión te espera...

NOTAS

1. El poder de la pasión pura

1. *Webster's New World Dictionary*, bajo la palabra «Passion».
2. *The New Testament Greek Lexicon*, bajo la palabra «Joy», www.biblestudytools.net.

2. Pasión desde el cielo

1. Mike Mason, *El misterio del matrimonio*, Editorial Vida, Miami, FL, 2004, p. 47 (del original en inglés).
2. *Webster's New World Dictionary*, bajo las palabras «Acceptance» y «Approve».
3. Steve McVey, *Grace Walk*, Harvest House, Eugene, OR, 1991, p. 63.
4. Bob George, *Growing in Grace*, Harvest House, Eugene, OR, 1991, p. 73.

3. ¿Dónde está la pasión?

1. Malcolm Smith, *No Longer a Victim*, Pillar Book and Publishing Co., Tulsa, OK, pp. 34-35.
2. *Ibíd.*, p. 37.
3. «Session 4: Journey to the Cross», *The Grace Life Conference Workbook*, Association of Exchanged Life Ministries, 1998, pp. 26-29.

4. Escoge tu pasión

1. Henry Cloud y John Townsend, *Personas seguras*, Editorial Vida, Miami, FL, 2004, p. 20 (del original en inglés).
2. *Ibíd.*
3. *Ibíd.*, p. 21 (del original en inglés).
4. Neil Clark Warren, *Cómo hallar el amor de tu vida*, Editorial Unilit, Miami, FL, 1994, pp. 59-62.

5. La búsqueda de la pasión

1. Joyce Cohen, «On the Net, Love Really Is Blind», *New York Times*, 18 de enero de 2001, www.nytimes.com/2001/01/18/technology/18date.html.

6. El enemigo de la pasión

1. Bill Gillham, *What God Wishes Christians Knew About Christianity*, Harvest House, Eugene, OR, 1998, p. 105.

2. «Session 2: The Nature of The Flesh», *The Grace Life Conference Workbook*, Association of Exchanged Life Ministries, 1998, p. 7.

3. Dan Stone y Greg Smith, *The Rest of the Gospel*, One Press, Richardson, TX, 1999, pp. 197-200.

7. El vínculo de la pasión

1. «Se une» es una traducción de la palabra griega *kallo*, que significa «pegar, pegar junto, cimentar, unir junto, sellar firmemente junto, unir el ser a o aferrarse a». El *New Testament Greek Lexicon*, www.biblestudytools.net.

10. El sabotaje de la pasión

1. Bill Gillham, *What God Wishes Christians Knew About Christianity*, Harvest House, Eugene, OR, 1998, p. 261.

2. *Ibíd.*, pp. 260-61.

3. Neil Clark Warren, *Cómo hallar el amor de tu vida*, Editorial Unilit, Miami, FL, 1994, p. 81.

4. *Ibíd.*, pp. 81.

Acerca del Autor

Rob Eagar conoce el dolor y la frustración que encuentran muchos solteros. Cuando tenía veintitantos años, Rob experimentó un intenso rechazo y desengaño al abandonarlo su esposa de repente. Sin embargo, su dolor se transformó en gozo cuando descubrió su verdadera identidad en Jesucristo. Desde entonces, Rob les ha hablado a miles de personas solteras, jóvenes adultos y estudiantes universitarios acerca del amor apasionado de Cristo, en todos los Estados Unidos.

Rob posee una licenciatura en mercadeo de la universidad Auburn y un doctorado en Citas Amorosas por la Escuela de Golpes Duros. Comenzó a enseñar a solteros en 1994 y ha hablado en iglesias, entre las cuales se incluyen *Willow Creek Community Church, Saddleback Church* y *Malean Bible Church.* Su mensaje se ha presentado por todo el país en el programa *CBS Early Show,* la *CNN Radio* y en la revista *Christian Single.* Rob reside en Atlanta, Georgia, con su esposa, Ashley, donde asisten a la iglesia North Point Community Church.

Cuando Rob no está hablando o escribiendo, disfruta del excursionismo, el tenis y tocar su batería tan fuerte como sea posible. Sin embargo, Ashley prefiere que se le una a fin de pintar con tranquilidad, trabajar en su jardín o ver películas de Jane Austen.

Para más información sobre Rob Eagar o para solicitar una cita para una charla, por favor, visite la página www.RobEagar.com.